Knowledge BASE 系列

一冊通曉 深入聖經故事中豐富的隱藏版訊息

圖解 **聖經** 更新版

生田哲 **監修**　銀色快手 **譯**

沉潛於聖經而體驗豐富的生命形貌

文◎陳建民（中興大學外國語文學系退休教授）

聖經盤根深植在世界、文化及日常生活中

　　偶然得了機會，面對這本《圖解聖經》，令我諸多心思，盤盤而上。我長年在大學開課，傳授聖經文學與希臘神話，已有二十多年了。平常既講述複雜的聖經內容，也不斷比較希伯來與希臘文學的形貌與特徵。深知聖經在人類文明、宗教、文學、日常生活上，所漬染而成的質地與痕跡，不是三言兩語所能述說清楚，即使在我們這華夏文明的區域，在儒、佛、道生根已久的所謂東方，同樣是關係深遠。聖經內容先是一點一滴滋潤各地，在世界不同處又逐漸滴應本土文化，而產生令人動容的本土化過程，共同為人的互愛生存，人的心靈度量，推展更豐富的文明生命力。

　　有時候，我們在生活中與聖經連上了關係，卻未必自知。例如，讀了諾貝爾獎美國小說家海明威的《旭日東昇》（The Sun Also Rises），可能沒想到這小說題目根本出自舊約的〈傳道書〉第一章，暗指「虛空」。英國小說家狄更斯的《雙城記》點破了新約的主題：最高境界的愛，是犧牲。俄國托爾斯泰的小說《伊凡之死》、《安娜卡列妮娜》映照了新約的生死道德觀，他的小說《復活》更採用新約的觀念，講人心真誠的改變向善，就是一種現世的復活。日本遠藤周作的小說《沉默》，探究聖經的神。近期拍成了電影的奇幻文學作品《魔戒》、《納尼亞傳奇》等，都大幅度呈現了聖經所珍視的人生、末日、來生、愛、信心、希望、犧牲等人性中極高貴的思想與特質。文學上如此，電影與其他藝術也脫不了與聖經內涵有相互交感的關係。

聖經是內涵豐富的「生命的書」

　　想想，我十三歲受了母親鼓勵，開始讀聖經，有時一卷卷快讀，但最常用的方法是細水長流的讀，每早晨讀一章、半章，經年累月，大約四、五年可讀完一遍聖經。因此我把中英文聖經各讀了好幾遍，如今還點滴讀著。多年來體會良多，藉聖經的記載看透了許多人情世故，生老病死，榮華衰敗，先知靈驗等，真是百讀不厭，而且隨著年齡不同，感觸有別。光看那些十幾、二十多

歲就繼位當王的歷史故事，還有三十出頭或四五十歲就死於人生變動的貴族高官，就覺得人生離奇，世事難料，在千古不變的上帝面前，人何等渺小！人沒有不謙卑的理由。

聖經之雜，堪稱與「人生」相仿。人生本來就「很雜」。難怪長輩常說聖經是一本「生命的書」。其中記錄了形形色色的人生或片斷，有君王、貴族、婦女、凡人、壞人、邪惡的力量、善良的靈、預言應驗、成功失敗、大傳記、小信件等，真是應有盡有，紛紛雜陳。

要認識聖經，必須按照其中各卷書的類型來讀。智慧書讀其智慧；歷史書讀其意外變化，讀其歷史預言與應驗；福音書讀耶穌說話與行為的內在意義，以及他與門徒的生命關係；詩歌讀人神交會與人神的親密來往；新約信件則讀其時局的艱難與人生苦難所尋得的化解與安慰。最終一定要讀出一種生命感！就是足以豐富人的心靈的那一種生命體驗感，並且持之以恆，一點一點的讀。顯然的，沒有細心與耐心，是讀不了聖經的。

本書由「前景」帶路而初探聖經

生田哲所寫的這一本《圖解聖經》，最大特色是「真誠」與「整理」。聖經紛雜的人生記事，他依次整理成一段段有標題的故事，讓人可輕易入門，一窺堂奧。他的文字處理與裁剪，給人一種真誠的印象，其研究與詮釋，也貼縫在書內。

聖經是一本前景少，背景多的書。書寫在前面供讀者直接閱讀的文字部分，叫「前景」（foreground），未寫出來卻蘊含在內的內斂信息、事實、時空、經驗等，叫「背景」（background）。生田哲體諒初讀聖經者的閱讀困難，特別拿前景做行文流動的主軸，配上深入淺出的背景內涵，還加上自己收集來的研究考證資料，期望一般讀者能感覺親切，有如相親一般，先是相會入門，有了好感之後，再進一步研讀聖經本文。書上有圖解，主要在增進讀者的內心抓力，好讓想像可以緊追文字的前進，這些圖解也提供了藏於背景內的許多歷史時空的資訊。

總之，最終要能體驗聖經所流傳下來的生命，才是真正的閱讀成就。針對此，本書是良好的引路者。

由本書俯瞰聖經全貌

　　美國及世界各國的旅館，在床頭櫃的抽屜裡都會擺放著一本聖經。此外，無論是音樂、繪畫及學術的背景裡，聖經都占有重要的地位。再者，契約的概念、公平、公正、公開等國際性原則，其背後的思想基礎，均來自於聖經。

　　近年來，在金融業與工業方面，都有大量的歐美人才在國內（指日本）與國人一同工作，他們的同事及上司以日本人居多，為了出人頭地，每天過著忙碌的日子。這些人即使現在已不太讀聖經，但大多數人幾乎從小就被父母親送往教會念主日學。俗話說得好：「三歲看大、五歲看老」，性格是從小養成的，歐美人對於事物的看法大多源自聖經，想理解他們的想法，就必須具備聖經的知識。若是對聖經的內容不甚了解，跟他們共事或在溝通上，恐怕也無法順利進行。

　　基於上述的理由，聖經知識對於國人來說除了是藉以認識基督教的橋樑之外，更是立足國際社會的必備常識。儘管如此，國內一般民眾對於聖經內容仍然所知甚少，這點令人相當憂心。

　　在此筆者將把自身的經驗介紹給各位。猶記當年我在美國伊利諾州芝加哥的某一所大學任教的時候，第一次拿到英文的聖經新譯本，新約和舊約的內容加起來約有一九五〇頁左右，原以為這種分量的書籍應該短期間就能夠讀得完，所以就抱著這種心態開始閱讀聖經，沒想到才讀到〈創世記〉與〈出埃及記〉就覺得興味索然，換來初嘗挫折的痛苦經驗。後來，我試著再次挑戰日文聖經，還是無法理解其中的內容，於是聖經就被我擱置在房間的角落。如今想來，之所以半途而廢，就是因為還沒理解聖經整體的面貌就開始閱讀。當我領悟到這一點時，已經是苦心鑽研並掌握聖經整體面貌之後的事情了。

後來讀聖經，才發覺這是一本字字珠璣的書，有著取之不盡的寶藏。從那以後，我每天早晨都會研讀聖經做為一天的開始，並養成每日如此的習慣，七年來從不間斷。愈了解聖經，愈覺得生活過得充實，人生也因此更加豐富多彩。

聖經是上帝賜給人類的寶典，書中昭示了上帝是如何拯救世人。上帝在埃及幫助身為奴隸的以色列人渡過紅海，並賜給他們巴勒斯坦地方做為應許之地。上帝將人從奴隸狀態中解放出來，給予他們真正的自由。同樣地，耶穌也藉著在十字架上復活，將人們從精神上的奴隸狀態解放出來。聖經上所記載的內容，就是像這樣將肉體及精神兩方面身為奴隸的人類解放出來，並使其獲得自由的故事。聖經依照時間的順序記錄了這些歷史，是劃時代的革命鉅作，並擁有使那些生命失去希望、宛如行屍走肉般的人們，繼續活下去的力量。因此，人類史上從沒有過像聖經這樣被無數的人們閱讀過、又如此具有影響力的一本書。此外，這也是全世界擁有將近十五億人以上信徒的基督教正典。雖說如此，它不僅是基督徒所獨有的教典，更是全人類的寶典。

很多日本人不願意閱讀聖經，這實在令人感到遺憾。聖經之所以不容易閱讀，是因為讀者沒有先掌握聖經的全貌。為了指引更多人了解聖經到底在寫些什麼，我因此動手寫了這本書。

本書的目的，即是「讓入門者閱讀之後，對於聖經的內容能有更進一步的了解」。當然，讀完本書之後，建議各位好好讀一讀聖經，倘若持之以恆，各位的人生將會更加豐富。此外，相信對於做人處世之道，也會有更積極正面的思考。在此感謝日本實業出版社的編輯部同仁、還有畫插畫的岡阪浩樹，謝謝大家。

生田　哲

第1章 記述宇宙、地球、生命、人類起源的〈創世記〉

《舊約聖經》的世界　24

Contents

第2章 以色列人蒙神拯救的歷史

出埃及

征服迦南與以色列首位國王掃羅

Contents

以色列從全盛走向滅亡

第3章 耶穌基督的生平

《新約聖經》的世界　208

耶穌誕生至傳道初期

Contents

COLUMN 不可思議的奇蹟　　　251

耶穌的傳道與受難

COLUMN 「所有的人都是罪人」是什麼意思？ **304**

COLUMN 耶穌再臨後的世界變遷 **306**

第4章 從耶路撒冷宣揚至世界的基督教

Contents

「聖經」是怎麼樣的一本書？

─聖經正典的構成─

聖經的主旨為上帝成就對人類的救恩

　　「聖經」是從〈創世記〉開始到〈啟示錄〉結束的一部經典，內容可區分為「舊約（聖經）」和「新約（聖經）」兩大部分。舊約有三十九卷書，新約有二十七卷書，共為六十六卷書。

　　〈創世記〉一開頭是「起初，神創造天地」，而〈啟示錄〉則是在最後預言了「我又看見一個新天新地；因為先前的天地已經過去了，海也不再有了。」〈創世記〉描述宇宙、地球、自然、生命、人類的一切，都是透過上帝奇妙的神能創造出來的，而〈啟示錄〉則是預言神的創造活動終有完成的一天。

　　也就是說，聖經記錄了神創造宇宙的起源、神創造了人類、人類反抗神以及神拯救人類的歷史，甚至更進一步直言地球及宇宙的末日。

　　聖經上闡述了透過上帝拯救人類這件事，自然界也因此將獲得拯救。這個拯救人類的過程，被透過詩歌、預言、歷史、情歌、傳記等各種體裁和文體來呈現。因此，聖經不僅是基督教信仰的根基，同時在文學方面或處世之道上，也具有高度的價值。

　　首先，要來看看上帝是如何拯救人類的。

　　我們一聽到要救助某人，很容易就會聯想到經濟方面的援助。

　　印度、中國、東南亞國家、非洲、南美各國，這些地方都面臨了貧窮、糧食缺乏、資金不足、惡劣的衛生環境、水電瓦斯等基礎設施不完備等困境，再加上政治腐敗、官僚腐敗、賄賂、侵占、不公平等社會現象，問題簡直是堆積如山。

　　這些開發中國家若透過經濟援助而得以順利發展國內經濟，他們的生活品質確實就能獲得提升。但是，這並不能解決

MEMO

《舊約聖經》三十九卷著作中最初的五卷（〈創世記〉、〈出埃及記〉、〈利未記〉、〈民數記〉、〈申命記〉），一般稱之為「摩西五經」。「摩西

他們心靈上的問題。過去，日本國內也曾經歷過一段糧食不足的貧困歲月，雖然戰後很快地復興，經濟發展突飛猛進，終於躋身世界一流國家，但國人在心靈層面的問題依然沒有獲得解決。這不僅僅是日本的問題，在許多先進國家，人們其實也是過著被命運操弄而隨波逐流的人生。

　　無論是經濟發展、經濟援助、哲學、道德、倫理、國際會議、聯合國組織的強化、經濟政策的變更、運用科學與高科技等的最先進技術，這些都是相當強而有力的武器。

　　然而，上帝拯救人類並不需要用到這些武器，因為任何武器對拯救人類而言都毫無幫助。

　　為了拯救人類，上帝從人類的最小單位「個人」開始拯救起。也就是說，上帝拯救人類的計畫，是先從個人拯救，再從個人擴及至家庭、國家，乃至於全人類，循序漸進地進行。從人的眼光來看，由「個人」如此細微的程度開始救贖起，感覺就像是在繞遠路般，需要耗費太長的時間。但是，上帝的眼光不同於人類。

上帝拯救人類的計畫

聖經的主題
上帝對人類的拯救

個人	亞伯拉罕個人
家庭	亞伯拉罕的家庭
國家	以色列國家
人類	全人類

五經」裡所記載的猶太人節期，有安息日、逾越節、除酵節、五旬節（也叫做七七節）、吹角節、贖罪日、住棚節。

上帝拯救了亞伯拉罕和他的家人、拯救以色列國家，並打算透過亞伯拉罕的子孫耶穌來拯救全人類的事，都通篇記載在舊約和新約聖經裡。換句話說，「聖經」是一部上帝成就對人類救贖所上演的一齣宏大劇碼。

何謂舊約？何謂新約？

如同前述，基督教聖經是「舊約聖經」和「新約聖經」兩部合在一起的一本經典。這當中所稱的「約」，指的是上帝和人類所締結的契約（或稱為「應許」），舊約即是舊的契約，新約則是新的契約。

首先具體來看看舊約裡頭有什麼樣的內容？

創造宇宙的神耶和華（以下通稱「神」或「上帝」）聽到了在埃及做奴隸的以色列人（也叫做猶太人、希伯來人）苦不堪言的哭嚎聲，於是上帝將他們從埃及救出來，引導他們前往應許之地迦南（巴勒斯坦地區），並且途中在西奈山上，透過摩西頒授了代表了律法的十誡（人類必須遵守的法律）給以色列人，這就是「西奈之約」。

西奈之約宣告了被上帝揀選蒙恩的以色列人，必須要遵守律法。然而，以色列人背叛了上帝的期許，一再違背上帝所賜的律法。因為如此，舊的契約便毀棄了。

保管神諭的先知們，對於以色列人不履行契約的行為加以譴責，不久後更預言了神將會降下懲罰；另一方面，也預言了上帝將會訂立新的契約。

先知耶利米曾預言新的契約會帶來赦罪的恩典，舊的西奈之約是將律法刻在石板上，但新約是將律法刻在人心上。

接著，讓我們來看看新約的內容。

由於以色列人不履行與神之間的西奈之約，上帝便不斷差派先知來傳達旨意，但人類依然沒有遵守契約。於是，上帝將自己的兒子耶穌以「彌賽亞」（希伯來語中「救世主」的意思，希臘語則稱為「基督」）的身分差派到地上來。

但是，以色列人不承認耶穌就是彌賽亞，反而疏遠他、輕蔑他，最後將他視為罪人釘死在十字架上。

MEMO

先知是上帝差派的使者（傳達信息的人），也是保管神諭的人。上帝所揀選的先知，肩負著將自己所聽到關於神的計畫或命令，傳達給以色列子民的重

何謂上帝和人類立的契約？

「約」是指上帝和人類立的契約（或稱「應許」），上帝和人類立的舊契約稱為「舊約」，新的契約稱為「新約」。

創造宇宙的神耶和華透過摩西頒授代表了律法的十誡 ── 舊約

⬇

以色列人破壞律法（背棄舊的契約）

⬇

上帝派遣先知和士師給以色列人

⬇

以色列人迫害先知和士師（背棄舊的契約）

⬇

上帝派遣神子耶穌到人間

⬇

然而，以色列人將耶穌釘死在十字架上

三天後，耶穌死而復活 ── 新約成立

基督教的信仰

耶穌之死是替全人類贖罪。藉由相信耶穌在死後三天後復活，人便能蒙受上帝的恩惠得救。

洗　禮

相信耶穌是救主的人，便能立刻得到來自上帝的靈（稱為聖靈）而得救。將上述內容以看得見的形式來呈現，就是所謂的「洗禮」儀式。洗禮是一種很美的儀式，但只是形式而已，儀式本身並不具任何拯救人的力量。

責大任。先知與預言家是完全不同的，預言家是像以手相或占卜來預言未來將會發生的事，並以此做為賺錢謀生的行業，先知則是傳達上帝話語的人。

然而，藉由耶穌在十字架上所流下來的寶血，人類過去所犯下的罪也因此獲得了救贖，接著死去的耶穌又在三天後復活了。一般人或許會認為「哪有這種荒唐的事，死人怎麼可能復活，以常理來說根本不可能」。的確，這種事在道理上說不通，常理上無法想像，相當令人無法置信；但正是如此，即使認為不可能而依然願意相信；才是真正的信仰。

比如說，看到工程師所寫的汽車設計圖，而認為這是可行的，這不是信仰；投資者看過洗練的商業企畫書，認為「這個應該可行」而決定投下資本，這也不是信仰。

所謂信仰，是指相信理論無法觸及的境界、相信肉眼看不見的東西、相信科學和常識無法接受的事物。

耶穌為贖人類的罪死在十字架上，並在死後三天復活，凡是相信這兩件事的人，上帝稱之為「義人」，並能夠獲得拯救。這就是新的契約（新約），是基督教的信仰核心。

此外，在浸信會教派的洗禮儀式當中，會在淺水槽中放滿水，由牧師站在水槽裡，支撐受洗者的身體將其放倒，全身都浸入水槽之後，再讓對方從水中起來。

洗禮是象徵耶穌的死和復活的儀式，以此代表著信徒和耶穌基督一起死，和耶穌基督一同復活。雖然依據不同的教派，洗禮的形式也不盡相同，但其意義都是讓從前的舊我死去、新的自我重生。

《舊約聖經》和《新約聖經》的內容架構

《舊約聖經》有三十九卷，《新約聖經》則是二十七卷，新舊兩部共合計六十六卷書。為了完成這部鉅作，上帝揀選了不同時代裡具有各種經歷、年齡、職業的人們，賜予他們聖靈（父神的靈），使他們成為聖經的記述者。

被聖靈充滿的他們，寫下了詩歌、預言、歷史、情歌、傳記等作品。當然，由於各個記述者的性格、教育程度、經歷、職業、時代都相差懸殊，因此文體風格也頗為不同。

MEMO

死海抄本（死海古卷）是公元一九四七年在位於死海北方昆蘭附近的洞窟所發現《舊約聖經》最古老的抄本（約兩百件），最早可以上溯至公元前二〇〇年，抄寫者是猶太教中的愛色尼派。這些古卷中，也包含了比先前已知

聖經最早開始記述的年代，大約為公元前一五○○年左右，最後的記述則為公元一○○年左右，撰寫期間橫跨了將近一千六百年，其中的登場人物也多達三千人。這段期間的記述者，有摩西、大衛、所羅門、保羅、約翰、馬太、馬可、路加、彼得等四十位，分別編寫了不同的部分。不過，聖經當中也有幾處像〈約伯記〉、〈希伯來書〉等記述者不明的經卷。

《舊約聖經》幾乎都用希伯來文寫成，只有極少部分使用了亞蘭文（公元前三世紀到公元七世紀，在敘利亞及巴勒斯坦一帶所使用的語言）。

《舊約聖經》當中，描寫了上帝揀選與耶穌有血緣關係的猶太人成為神的子民，以及上帝如何對待這些子民的歷史，並將這些歷史彙整形成猶太教信仰的基礎。

《舊約聖經》的三十九卷書，是由律法書（五卷）、歷史書（十二卷）、詩歌書（五卷）、大先知書（五卷）、小先知書（十二卷）所組成的。《舊約聖經》在約公元前四○○年左右，以預言彌賽亞（救世主）的到來畫下句點。

《舊約聖經》的時代結束後過了四百年，由耶穌的誕生開啟了《新約聖經》的時代。《新約聖經》的內容，則是描寫《舊約聖經》所應許的救世主耶穌誕生、被釘死在十字架上、又從死裡復活，以及希臘、義大利、小亞細亞等地早期教會的建立與發展的歷史。

整本《新約聖經》是用希臘語所寫成，內容大多是寫給教會和信徒的書信。除了這些書信集以外，還包括有耶穌的生平（馬太、馬可、路加、約翰所寫的四福音書）、使徒宣教的過程、初期教會的歷史，這些內容通常會被用來教育及勉勵基督教信徒們。

的抄本還要早大約一千年的古卷。此外，死海抄本和原本已知的抄本內容幾乎相同，因此可以確信，今日我們手上的聖經，和好幾世紀以前所記載的內容是一致的。

《舊約聖經》的結構

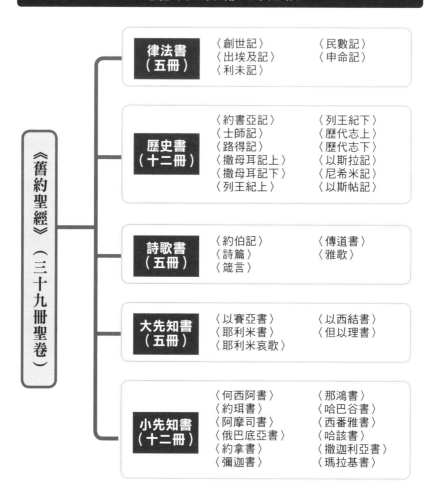

《舊約聖經》（三十九冊聖卷）

律法書（五冊）
〈創世記〉　〈民數記〉
〈出埃及記〉　〈申命記〉
〈利未記〉

歷史書（十二冊）
〈約書亞記〉　〈列王紀下〉
〈士師記〉　〈歷代志上〉
〈路得記〉　〈歷代志下〉
〈撒母耳記上〉　〈以斯拉記〉
〈撒母耳記下〉　〈尼希米記〉
〈列王紀上〉　〈以斯帖記〉

詩歌書（五冊）
〈約伯記〉　〈傳道書〉
〈詩篇〉　〈雅歌〉
〈箴言〉

大先知書（五冊）
〈以賽亞書〉　〈以西結書〉
〈耶利米書〉　〈但以理書〉
〈耶利米哀歌〉

小先知書（十二冊）
〈何西阿書〉　〈那鴻書〉
〈約珥書〉　〈哈巴谷書〉
〈阿摩司書〉　〈西番雅書〉
〈俄巴底亞書〉　〈哈該書〉
〈約拿書〉　〈撒迦利亞書〉
〈彌迦書〉　〈瑪拉基書〉

《新約聖經》的結構

新約聖經（二十七冊聖卷）

福音書（四冊）

〈馬太福音〉　　　　　〈路加福音〉
〈馬可福音〉　　　　　〈約翰福音〉

歷史書（一冊）

〈使徒行傳〉

保羅書信集（十三冊）

〈羅馬書〉　　　　　　〈帖撒羅尼迦前書〉
〈歌林多前書〉　　　　〈帖撒羅尼迦後書〉
〈歌林多後書〉　　　　〈提摩太前書〉
〈加拉太書〉　　　　　〈提摩太後書〉
〈以弗所書〉　　　　　〈提多書〉
〈腓立比書〉　　　　　〈腓利門書〉
〈歌羅西書〉

共同書信集（八冊）

〈希伯來書〉　　　　　〈約翰一書〉
〈雅各書〉　　　　　　〈約翰二書〉
〈彼得前書〉　　　　　〈約翰三書〉
〈彼得後書〉　　　　　〈猶大書〉

預言書（一冊）

〈啟示錄〉

MEMO

　　《新約聖經》的二十七卷經文當中，有十三卷是保羅寫給某人或某個教會的書信。形式上雖然是個人書信，其內容則主要是廣泛地探討基督教義。

耶穌復活後對門徒說：「你們要去使萬民做我的門徒，奉父子聖靈的名，給他們施洗，我吩咐你們的一切，都要教導他們遵守。」（太28：19～20）他的門徒聽了，便忠實地實踐耶穌所下的命令。

現今聖經被翻譯成世界上約百分之九十六的各國語言，將近有一千九百三十八種語言版本，銷售數字在全球每年達四千萬冊，可說是最暢銷的一本書。此外，在日本每年也售出約一百二十萬冊的聖經。聖經可說是對人類影響最大的一本書籍。

那麼，聖經又是如何傳播到全世界的呢？

公元前二〇〇年，有七十二位學者將希伯來文所寫成的《舊約聖經》翻譯成了希臘語，這就是「七十士譯本聖經」。以耶穌為首，初代教會裡學習《舊約聖經》的基督徒們，在當時所使用的聖經版本就是這個七十士譯本聖經。

除此之外，當時還有其他許多部經卷，內容也包含了並非出於神的話語而被稱做「異端」的教義。

因此，公元二世紀時，教會不得不從中篩選何者是出自於神的內容，何者又不是。此後約一百年間，教會的神職人員會定期召開會議，討論哪一部經卷才能納入聖經裡。

會議討論的內容，包括能否判斷出何者是出自於神所賜的經卷？是否符合神學的正確性？經卷上記載的事實是否正確？諸如此類。

四世紀中葉，這些討論終於告一段落。對於所有經卷何者該納入聖經、何者該排除，已獲得一致的共識。

就這樣，現今的正典被決定了出來，當中包括了《舊約聖經》的三十九冊經卷、以及《新約聖經》的二十七冊經卷。

MEMO

　「基督徒」這個名詞最早出現在公元四四年左右，當時由於敘利亞安提阿教會的信徒經常討論有關耶穌基督的事，教會以外的人們便以此稱之為基督徒。如今，基督徒指的是信仰基督及其教義的人們。

第 1 章

記述宇宙、地球、生命、人類起源的〈創世記〉

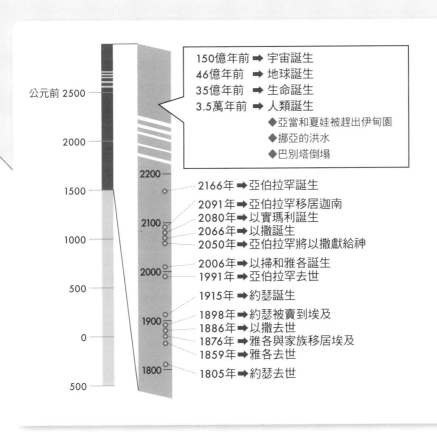

150億年前 ➡	宇宙誕生
46億年前 ➡	地球誕生
35億年前 ➡	生命誕生
3.5萬年前 ➡	人類誕生

◆亞當和夏娃被趕出伊甸園

◆挪亞的洪水

◆巴別塔倒塌

公元前 2500

2000

1500

1000

500

0

500

2200

2166年 ➡ 亞伯拉罕誕生

2100

2091年 ➡ 亞伯拉罕移居迦南
2080年 ➡ 以實瑪利誕生
2066年 ➡ 以撒誕生
2050年 ➡ 亞伯拉罕將以撒獻給神

2000

2006年 ➡ 以掃和雅各誕生
1991年 ➡ 亞伯拉罕去世

1915年 ➡ 約瑟誕生

1900

1898年 ➡ 約瑟被賣到埃及
1886年 ➡ 以撒去世
1876年 ➡ 雅各與家族移居埃及
1859年 ➡ 雅各去世

1800

1805年 ➡ 約瑟去世

《舊約聖經》的世界

透過摩西所授予的十誡律法

　　《舊約聖經》的第一卷〈創世記〉，內容主要講述神創造了宇宙、地球、生命、人類。此時世界上有一個被稱為「伊甸園」的地方，人與自然界尚處於完全和諧的狀態。亞當和夏娃代表著人類，他們很妥善地管理著自然界。

　　然而，亞當和夏娃被化身為蛇的撒但（惡魔）所引誘，而背叛了神、違背了神的旨意，因此被趕出了伊甸園。他們在樂園以外的地方開始過著新生活，並生下子孫且不斷地繁衍。

　　亞當和夏娃的後代子孫裡有一個叫做亞伯拉罕的人，信仰相當虔誠，因而被神特別挑選出來。

　　有一天，神出現在亞伯拉罕的面前，吩咐他捨棄家鄉前往遙遠的迦南。亞伯拉罕雖然感到相當驚訝，但因為信仰堅定，而仍然決定服從神這看似毫無道理的旨意。

　　他的信仰受到神的稱許，於是神將迦南地賜給了亞伯拉罕的子孫以色列人，並賜予他們繁榮，將他們視為神的子民，也宣告地上所有的民族都因亞伯拉罕而獲得祝福。

　　在那之後過沒多久，住在迦南的以色列人為了逃避饑荒，輾轉移居到異地埃及。

　　儘管以色列人的人口不斷增加而興盛，但是後來他們在埃及卻淪為奴隸而過著艱苦的生活。

　　神聽到這些苦難的聲音，便選立摩西為領袖，行無數的神蹟將以色列人救出埃及。逃出埃及的途中，神又透過摩西將代表了律法的「十誡」頒佈給以色列人，這就是「西奈之約」。

● 因子民不斷墮落而降下神的審判

返回迦南地的以色列人，在這塊土地上建立王國繁榮起來。

然而，他們漸漸捨棄了真神，開始拜偶像（崇信真神以外的偽神），這樣的行為被稱做「偶像崇拜」。這是神最厭惡的罪行，也是十誡中第一條所界定不可犯下的重罪。

就這樣，以色列人破壞了十誡。神想要讓破壞契約的以色列人自願重回到神的面前，因此把他們交到敵人的手裡，也就是神的審判。

以色列人因為敵人的攻擊而生活苦難，便大聲哭喊祈求神的憐憫。於是，神又派遣先知與士師救助他們。

但是，獲得援救的以色列人很快就忘記了神，開始迫害神所派遣的先知和士師們，甚至將他們殺害，並且重新拜起偶像。

這樣的過程不斷反覆上演，使得神對以色列人發怒，將以色列的統一王國分裂成北邊的以色列王國以及南邊的猶大王國，並讓敵國變得更強盛。

北邊的以色列王國在公元前七二二年被亞述帝國所滅，人民被當做俘虜帶回，分散在亞述帝國境內的各處。於是，以色列人失去了自己的國家與民族身分，就這樣被消滅掉。

現在，存在於世界上或以色列地方的，就只剩下猶太人（猶大王國人民的後代）而已了。

何謂基督教的聖經？

基督教的聖經	舊約聖經	猶太教的聖經。彙集猶太教信仰根基的「律法」而成的經典。反覆描述猶太人不斷背叛神的歷史，以期盼彌賽亞的到來做為結束。內容當中預言了「救世主即將到來」
	新約聖經	講述眾人所期盼的救世主耶穌被派遣到地上來的事蹟。內容當中宣告了「救世主已經到來」。

《舊約聖經》終結於彌賽亞即將到來的預言

公元前六一二年，南邊的猶大王國被巴比倫王國消滅，猶太人淪為巴比倫之囚被強制帶往巴比倫，但在帝國寬大的懷柔政策下，而被允許聚在一起共同生活，因此仍能維持原有民族的身分。

淪為俘虜的猶太人悲嘆著，承認自己對神犯下的錯，並誓言悔改。神聽到了他們的祈求，憐憫這些悔改的猶太人，於是在波斯帝國的古列王（編按：居魯士大帝）打敗巴比倫王國之後，便藉由他讓這些猶太人得以從俘虜的身分獲得釋放，回到耶路撒冷城。

接著，猶太人想起了士師及先知曾不斷重覆講述──神將派遣救世主以大衛王子孫的身分來到以色列──的預言，於是，他們殷切地等待著救世主的到來。《舊約聖經》的內容即到此終結。

舊約的時代結束後，並沒有立刻銜接上新約時代。意即，舊約與新約之間約四百年的期間，聖經上所預言的人物並未出現。因此，這段期間被稱做「沉默的四百年」，此時歷史上征服世界的新帝國接二連三出現，可謂是一段風起雲湧的動盪時代。

小國以色列陸續被希臘帝國、埃及帝國、羅馬帝國等當時的霸權國家所統治。

許多對此感到屈辱的猶太人，以武力和帝國戰鬥，強烈地希望以色列國家能爭取獨立的主權，並認為誰若是能帶領他們達到這個目標，那個人就是彌賽亞。

〈創世記〉1章1～31節
神創造了世界及生命

神花了六天的時間創造了天地、生物及人類，創造人類可說是其中的最高潮之處。接著，人類又分成了男和女兩種。

神是從初始就存在的創造主

〈創世記〉一開始即提到：「起初，神創造天地。地是空虛混沌；深淵上一片黑暗；神的靈運行在水面上。神說：『要有光！』就有了光。」（創1：1～3）

〈創世記〉是聖經最開頭的一卷，開頭的幾行所表現的就是猶太教、基督教、伊斯蘭教所共通的上帝，而當中所提及的「起初」，又是指什麼東西的初始呢？事物有始必有終，然而，上帝既不是創造或受造之物，也不是降生或受孕之物，祂是來自永恆並活在永恆之中的存在。因此，這裡所謂的「起初」，指的並不是上帝存在之初。

聖經記載著從太初就存在的上帝，在六天之內創造了宇宙、地球、生命及人類，因此，上帝被稱為創造主，或是稱呼為主。〈創世記〉主要就是記載上帝創造宇宙、地球、生命和人類的過程為何。

第一天：光從黑暗裡被分了開來。上帝稱光為「晝」，稱暗為「夜」。

第二天：上帝稱穹蒼為天空，並把穹蒼以下的水和穹蒼以上的水分開。

第三天：穹蒼以下的水匯集在一起成為海，乾燥的地方成為陸地，陸地上有植物開始生長。

第四天：太陽、月亮、星星被創造出來置放在天上穹蒼。就這樣，世界有了光和四季。太陽掌管晝，月亮掌管夜，而星星則在夜間閃耀。

第五天：神在水中創造了各種魚類等生物，在陸地上繁殖了各種飛鳥。

MEMO

美國名校加州大學第九校區的校徽上，刻著上帝在創造天地時所說的話：「要有光」，以此象徵知識是照亮黑暗的光。

在植物之後出現的是水生動物,而在章魚、烏賊等軟體動物、魚類、爬蟲類之後,接著又出現了鳥類。

神創造了魚類和鳥類,又有植物從土地裡生長。而地面上動物的出現,則更彰顯了神特別的恩賜。具有本能、意志、智能的動物,迥異於只具備攝取養分能力的植物。如同聖經上所記載:「要繁殖增多,充滿海洋;雀鳥也要在地上增多!」(創1:22),動物在誕生之初,就蒙受神的賜福。

第六天:神創造了陸地上的野獸、家畜、在地上行走的一切生物。接著,神照著自己的形象造人,並創造了男人與女人。

將完全的人分為男人和女人

創造人類是神進行創造的高潮。聖經上寫著「我們要照著我們的形象,按著我們的樣式造人」(創1:26),其中的「我們」使用的是第一人稱複數形,然而神不是只有一位嗎?神當然只有一位。關於這點有如下的說法。

依據某位學者的推測,這是因為古猶太人認為神在天上的法庭被天使們圍繞的緣故。此外,也有別的學者主張這是要表現聖父、聖子(耶穌基督)、聖靈為三位一體的意思。

神按照自己的形象造人之際,創造的是完全的人,並將其分為了男人與女人。以神創造人類的觀點來看,當男女合而為一時,才是真正完全的人。

〈創世記〉1章1～31節
〈創世記〉與《達爾文進化論》

神創造生物的順序，與最尖端的科學研究成果幾乎一致。

最初的生
命是由無
生物而來

很多基督徒都認為，《進化論》違反了聖經〈創世記〉所主張一切是由神所創造的記述，特別是以美國南部地區為重心的浸信會及基本教義派的基督徒，都激烈地反對《進化論》，甚至主張公立學校的生物課程應停止教授《進化論》，帶給當地的教育當局相當大的困擾，如此並不能使居住在美國南部地區的人民學力低下的情況獲得改善。然而，《進化論》的主張其實並沒有和聖經教義相衝突，而是極為簡要地陳述創世的重點。

　　生物的誕生源自其母體，這是生物學的鐵律。舉例來說，哺乳類的幼兒是由雙親所生，而單細胞生物如真菌也適用於這項鐵律。然而，這項鐵律過去在地球最早的生物(生命)真菌誕生時曾一度被打破。唯有這個時候，生物是由無生物衍生而來。正常的情況下，這種事是不可能發生的，可說是一大奇蹟。

生命的誕
生不管如
何都需要
奇蹟

　　關於生物的起源眾說紛紜，然而無人能夠得知詳情，只能大略揣摩出當時的情況。首先，在原始的地球上有氨、二氧化碳、水等單純的化學分子，受到紫外線及熱等能量的影響，進化成了醣類、胺基酸、鹽基等複雜的化學分子。

　　這些複雜的化學分子又進一步變得更為複雜，產生了可做為遺傳因子的DNA（去氧核糖核酸）及RNA（核糖核酸）。這就是分子進化的過程。經由分子進化，產生了遺傳因子及細胞成分的生命分子。如此所產生的生命分子，被海的泡沫形成的膜所包覆，單細胞生物的真菌於焉誕生。這就是地球最早出現的生命。

　　然而，生命分子在膜中隨機集合成正確序列的發生機率微乎

MEMO

聖經上說，人是從塵土造的。這個塵土，以今日來說就相當於氫、氧、氮、硫等原子。構成人體的基本成分有蛋白質、遺傳基因、醣類、脂質，而組成這些複雜分子的零件即是原子，也就是上述的塵土。

其微，就好比將汽車的零件放進一個大容器裡隨意攪拌，期待其能夠偶然組裝成一輛汽車般地痴人說夢。當然，其發生的可能性並不為零，只是在現實裡不大可能會發生。就算退一步，先假設細胞內所有的分子都排列成了正確的序列，但即使如此，生命也未必就會誕生。孕育生命不光只靠分子的力量就能達成，還需要另外的（神祕）力量來催化。即使站在《進化論》的觀點來看，生命的誕生無論如何都需要有奇蹟才能發生。

摩西受到神的啟示而寫下〈創世記〉

聖經上記載著「神讓生物誕生」。簡要來說，聖經主張生物的誕生是由神所創造，生命並不是從原始湯（譯注：生命起源的理論之一，主張生命是由沉積了許多有機物、如同熱湯般的原始海洋裡所產生）裡偶然發生的，認為肉眼所看不見的神設計了生命的誕生，並周全地做了各種準備使其發生。如此一來，就能理解單細胞生物如何能夠藉由持續進化而成為多細胞生物，而孕育出各式各樣的植物及動物。

聖經上記載，神在第三天創造了植物，第五天創造魚類→兩棲類→鳥類，第六天創造了哺乳類（野獸、家畜），最後才創造人類。而根據最尖端的生命科學研究，生物進化的發生順序是（植物→）魚類→兩棲類→爬蟲類→哺乳類→猿猴→原人→現代人。

在此有兩點令人驚異的事實。第一點，聖經所記載神創造生物的順序，與最尖端科學的研究成果幾乎是一致的；第二點，摩西完成〈創世記〉的撰寫，是在公元前一四○○年左右，相當於日本繩文時代結束正要進入彌生時代的時候（譯注：即中國殷商後期）。這時候，古代日本人終於開始使用土器，稻作技術也從中國傳到了日本。

總而言之，摩西撰寫〈創世記〉是非常久遠以前的事，當時既沒有顯微鏡，也沒有放大鏡，摩西當然也沒有學過生物的分類法。然而，當時摩西所寫的〈創世記〉中關於生物創造的順序，竟然和現代進化論的結果相當一致。

如此，只能認為摩西是受到了神的靈感才能寫下〈創世

MEMO

所謂《進化論》，是主張物種並非由神所創造，而是單純從原始生物逐漸演化而來的學說。認為「物種並非由神所創造」的這個部分與科學無涉，而只

記〉。這個靈感是由神所賜的，也叫做聖靈。

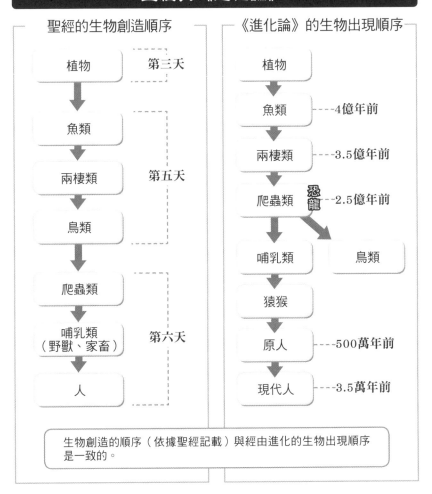

聖經與《進化論》

聖經的生物創造順序

植物 ┈┈ 第三天

↓

魚類

↓

兩棲類 ┈┈ 第五天

↓

鳥類

↓

爬蟲類

↓

哺乳類
（野獸、家畜） ┈┈ 第六天

↓

人

《進化論》的生物出現順序

植物

↓

魚類 ┈┈ 4億年前

↓

兩棲類 ┈┈ 3.5億年前

↓

爬蟲類 ┈┈ 2.5億年前

恐龍 ↓ → 鳥類

哺乳類

↓

猿猴

↓

原人 ┈┈ 500萬年前

↓

現代人 ┈┈ 3.5萬年前

生物創造的順序（依據聖經記載）與經由進化的生物出現順序是一致的。

是一種對事物的想法；但是，認為「物種從原始生物演化而來」的部分不僅是事實，而且科學與神創造之說兩者在這點的看法上相當一致。

〈創世記〉2章1～24節
生活在伊甸園的亞當和夏娃

上帝雖然造了夏娃來協助亞當，但其實上帝起初造的是雌雄同體的人。

一週有一天為記念上帝的聖日

　　在名為天與地的自然環境、植物、動物以及人類等一切的生物依序誕生之後，上帝的創造完成了。因此，上帝在第七天停止了所有的工作，祝福這一天，並定其為聖日，也就是安息日。

　　為何上帝要休息？是因為祂累了嗎？不，上帝與我們人類不同，全能的上帝是不會累的。雖然真正的原因並不清楚，但聖經當中的上帝，親自實行示範祂期許人類所行的作為，而在創造後的第七天休息也是其中之一。

　　將一週當中的一天定為神聖的安息日，用意在於讓人們從疲勞中恢復體力，以及記念上帝的創造。現代人在禮拜天休息的習慣，其實就是源自《舊約聖經》將一週當中的一天定為聖日的習俗。

　　到這裡我們看到了上帝實行創造的全貌，接著要來看創造人類的部分。

亞當原本享有自由和一份好工作

　　根據〈創世記〉的記載，上帝用塵土造出人的形貌之後，接著宛如施行心肺復甦術般，從躺著的人鼻子裡吹進生命的氣息，就這樣人開始呼吸並有了生命。由於上帝是用土（希伯來文的「土」為「Adama」）造人的，因此便將他起名為亞當（Adam），並讓他住在位於東方的伊甸所設立的樂園裡。

　　伊甸園裡到處是樹木、河川和食物。據說伊甸園位於底格里斯河與幼發拉底河的交匯處，在今日的伊拉克南部地區。

　　伊甸園的中央生長著兩棵重要的樹木，分別是生命之樹以及分別善惡的智慧之樹。這個時候的世界仍處於上帝創造之初

MEMO

本節內容與第28頁所說「創造完全的人，並將其分成男人與女人」的內容看似相互矛盾，其實不然。聖經上只是將造亞當和夏娃的最後結論提前說明而

的完全樣貌，也就是說，此時世上沒有罪惡，人也不會死亡。

上帝給予亞當幾乎可說是無限度的自由與一份良好的工作，他負責為伊甸園中的動物取名字，並巡視管理整個伊甸園。為動物們取名字，意味著亞當負責管轄所有的動物。

亞當受惠於上帝，而擁有自由和一份好工作。不過，上帝只限制他一件事不能做。上帝告誡亞當：「園中任何果實你都可以摘來吃，唯獨不能吃分別善惡的智慧樹果實。你若是摘來吃就必定會死。」

亞當與夏娃是人類男女的總稱

亞當每天的工作，就是為植物及動物取名字，觀察鳥或蜜蜂的行動。雖然過著非常充實的生活，但亞當總覺得獨自一個人似乎欠缺了什麼。這是很理所當然的，因為神起初所設計的人類是雌雄合體的。

上帝聽到亞當的煩惱，決定給予他一名助手。上帝首先讓亞當沉睡，然後從他身上取出一根肋骨，用這根肋骨替他造了一名助手，也就是最初的女人夏娃，並把她帶到亞當面前。

「因此人要離開父母，和妻子連合，二人成為一體。」（創2：24）這是西方婚禮上經常可以聽到聖經中的一節經文。聖經上說夏娃是亞當的分身，然而，在亞當之後出生而結婚的男女，如果從遺傳基因的角度來看，很顯然都是不同的個體。這樣乍聽起來似乎互相矛盾，其實不然。如果追溯到上帝創造人類之初，夫婦無論在精神上或肉體上都意味著對彼此是最親密的存在。意即，若以上帝的創造為基準來看，夫婦關係是優先於親子關係的。

在這裡必須特別注意的一點是，「亞當」與「夏娃」是人類男與女的總稱，所以生活在伊甸園裡的並不只有亞當和夏娃兩人個而已。

已。婚姻是神聖的，其理由在於上帝創造之初時被一分為二的男人與女人，透過性交將身體與心靈合而為一，而能夠再次成為完全的人。

夏娃受到蛇的誘惑及亞當墮落

偷吃禁果的原罪是從女人而來，救贖也是從女人而來，這是聖經上所記載的預言。

亞當和夏娃吃了禁果後產生羞恥心

在伊甸園裡生活的亞當和夏娃原本赤身露體，從來不覺得有何羞恥。根據聖經上所寫，兩人直到犯了罪並且意識覺醒之後，才開始產生羞恥的感覺。

亞當和夏娃在伊甸園裡過了不知道多久幸福的日子。然而有一天，卻發生了一件蛇引誘人犯罪的重大事件。

在聖經裡蛇代表了撒但（惡魔）。蛇為了要誘惑人，便狡猾地選擇了欺騙亞當的「助手」夏娃。雖然夏娃和亞當是一心同體，但夏娃並沒有直接受到上帝旨意的命令。

蛇對女人說：「神真的有說過不許你們吃園中所有樹上的果子嗎？」

女人回答：「不，我們可以吃園中樹上的果子。但神曾經說過不可以吃園中央那棵樹上的果子，也不可以摸，因為這樣我們會死。」

蛇對女人說：「你們絕對不會死。神知道你們若吃了那果子眼睛就會明亮，變得像神一樣能夠分辨善惡。」

聽了蛇這番話的夏娃看向樹上的果子，果實色澤美麗，令人垂涎。「原來如此，吃下果子就能變得像神一樣聰明」，夏娃一邊想著便伸手從樹上摘下果子嚐了一口，果然很可口，就立刻把果子遞給亞當，他也吃了。亞當和夏娃沒有遵守上帝的命令，就在犯下偷嚐禁果之罪的瞬間，兩人墮落了。接著，他們發現自己是赤身裸體的而感到羞恥，就拿無花果樹的葉子覆蓋住自己的腰間。

MEMO

安息日是以色列人最獨特的節日。上帝為了讓人們休息定第七天為安息日，不過在以色列人的習俗裡，原本為禮拜六才是安息日。

最邪惡的是化身為蛇的撒但

蛇竄改了上帝所說的話，給予夏娃一種假象，以為上帝也許是想要約束人的行為，所以不允許他們吃樹上的果子。夏娃向蛇轉述時，甚至把神沒有說過的「也不可以摸」的話，自己添加了上去。蛇對女人說「神知道你們吃那果子眼睛就會明亮，你們就能像神一樣分辨善惡」，如此慫恿她吃下果子，夏娃就這樣掉入蛇所設下的陷阱。

過沒多久，亞當和夏娃發現上帝在園中四處走動，便躲藏在樹蔭底下。

上帝問他們為何要藏起來。如果此時他們坦承說是因為吃了不可以吃的果實，並求神原諒就沒事了，但是他們沒有這麼做，還向上帝撒謊，說是因為赤身裸體感到害怕，所以才躲藏起來。

上帝質問他們：「是誰告訴你這樣是赤身裸體的呢？莫非你吃了我吩咐過不可以吃的那棵樹上的果子了嗎？」

結果，亞當向上帝辯駁：「是你所賜給我待在我身旁的這個女人讓我吃的。」將責任推給夏娃，強力地指責她。

夏娃則說：「是蛇誘騙我，我才吃的。」把責任推給了蛇。亞當和夏娃兩人變得自私而狡猾，然而，這當中罪惡最深重的是蛇。

亞當與夏娃成為帶罪且必死之身

亞當和夏娃渾然不知自己犯下了違逆上帝的重大罪行，兩人從原本完全沒有罪的狀態，變成了帶罪且終須一死的情況。

對於犯下違逆之罪的兩人，上帝宣判了他們往後將受到懲罰。

身為女人的夏娃及其後裔的懲罰是，必須經歷懷胎生子的痛苦，女人將戀慕丈夫，受丈夫所管轄。而亞當及其後裔，則必須終生勞苦以獲得溫飽，直到死後歸回塵土為止，因為人是泥土所造的。

至於罪惡最深重的蛇，上帝給予了最為嚴厲的懲罰。上帝如此訓斥蛇道：「你要用肚子行走，一生都吃泥土。」（創3：14）

那麼，亞當犯下了違逆上帝之罪，身為他子孫的所有人類，會不會因此與惡魔一起落入地獄呢？不，上帝不會這麼做。上帝預先設計了拯救的措施。

　　神這麼告訴蛇：「你的後裔和女人的後裔，也彼此為仇，女人的後裔要傷你的頭，你要傷他的腳跟。」（創3：15）當中隱藏了拯救未來人類的用意。

　　為什麼呢？說到女人的後裔，身為彌賽亞（救世主）的耶穌基督，並不是人類的父親約瑟所親生，而是處女馬利亞因上帝的奇蹟而懷胎所生的。雖然偷嚐禁果違逆上帝旨意的罪，是透過女人降在人類的身上，但上帝對蛇所說的那句話，也同時預言了拯救也是透過女人來到世上的。對蛇宣判的內容當中隱含了拯救人類的約定，這段經文可說是意味深長。

受到蛇的慫恿，吃了禁果的亞當和夏娃

〈創世記〉3章21節～4章9節
亞伯與該隱的獻祭

上帝選中了亞伯獻給神的祭品，而拒絕該隱的祭品，結果引發了悲劇。

阻斷往生命之樹道路的失樂園

　　亞當與夏娃犯下了違逆神的重大罪行，土地也因而受到詛咒，長出荊棘和蒺藜來。以前輕易就可獲得的農作物如今收成不易，兩人甚至也被趕出了伊甸園。

　　蛇說的話只對了一半。吃了禁果的的人，確實變得能分辨出善惡。

　　然而，犯了罪的兩人也因此面臨死亡的命運，蛇所說的「你們絕對不會死」是騙人的。因為上帝是信實的，絕對不會破壞約定。

　　上帝很快就將亞當和夏娃趕出了伊甸園，這是為了避免讓他們也去摘取另一棵生命之樹的果實來吃。如果說他們吃下了生命之樹的果實會變得如何呢？他們將會處於有罪而不完全的狀態之下永遠地活下去。為了避免演變成這樣的狀況，上帝在伊甸園的東方安放一把燃燒著火焰的劍，讓他們無法進入前往生命之樹的道路。這就是失樂園的情形。

　　上帝對於自己親手所造的人類未來將何去何從，感到十分擔憂。因為不忍心看著被趕出去的兩人只在腰間圍著無花果的葉子，於是替他們製作了皮衣以禦風寒。被趕出伊甸園的亞當和夏娃，開始過著新的生活，然而等待著他們的竟是意想不到的悲劇。

　　亞當家族發生了人類史上第一宗凶殺案，亞當家的長男殺死了次男。對於做父母的來說，這是多麼令人痛心疾首啊！

上帝沒有接受該隱的祭品

　　亞當和夏娃生了兩個男孩，即長男該隱和次子亞伯。兩人長大之後，哥哥該隱在田裡耕作成為了農夫，亞伯則飼養羊群成為了牧羊人。

MEMO

將人類的食物當做神的食物獻上的時候，稱之為「供物」；而「供物」伴隨著血祭儀式的時候，則稱之為「祭品」。猶太人會將家畜、穀物、油、酒、麵包等做為「供物」或「祭品」獻給神。

人類被允許食用肉類，是在挪亞洪水以後的事情，這個時期的人類還處於以果菜為食的階段，就像是現代的素食主義者一樣。因此，亞伯飼養羊群並不是為了吃羊肉，而是取其羊乳、羊毛及羊皮來使用。

兄弟兩人為了對神所賜予的恩惠表達感謝的心意，便獻上了供物給神。哥哥該隱獻給神田裡所採收的作物，弟弟亞伯則是把羊群所生的頭胎小羊中最肥美的一頭拿來獻給神。

從前在中東地區，無論人或動物，頭一胎所生下的幼子（長男）都具有極大的價值。這個狀況在以農業為重心的社會裡也是差不多的。

上帝歡喜地收下亞伯的獻祭，卻沒有收下該隱的供物，該隱對此感到相當氣忿和沮喪。

〈創世記〉裡並沒有記載上帝只收下亞伯的供物，而拒絕了該隱的原因是什麼。不過到了後來在聖殿裡獻祭的時代，無論是動物、穀物、油脂、麵粉，都完全可以當做供物。所以，上帝不接受該隱供物的理由，應該和該隱獻上什麼東西是沒有關係的。

在新約的〈希伯來書〉裡曾經提到，重要的在於獻祭者的態度。

意即，亞伯是出於誠意地感謝上帝，而這正是該隱所欠缺的部分。然而，特意準備的供物卻不被接受，該隱對此相當忿怒。

上帝當然知道該隱的忿怒，並提醒他要打消自己的怒氣以避免入罪，但氣得失去理智的該隱，對於上帝的警告根本聽不進去。

忿怒的該隱將亞伯約到草原上，然後從背後襲擊並殺了他。哥哥殺害自己的親弟弟，這就是人類史上第一宗有所記錄的殺人事件。當上帝向該隱問起：「你的弟弟亞伯在哪裡？」該隱卻裝做毫不知情的樣子回答：「我不曉得。我又不是負責看守我弟弟的。」後面這句話即使是現代，也還是常常被拿來使用，將句子中的「弟弟」代換成別人。這段文字的出處，就是出自亞當家兄弟的殘殺事件。

〈創世記〉4章10～25節
從墮落至殺人的亞當家族悲劇

父母親墮落，長男該隱又成為了殺人者，然而上帝仍然賜給亞當第三個兒子塞特繼承家業。

殺人是違逆神的行為

　　殺人行為是不被允許的，這是世界上文明國家的基本常識，法律上也明令禁止殺人，如果違反了這項規定，將會受到法律嚴厲的制裁。殺人與竊盜、放火、詐欺等行為，同樣被視為對個人與社會秩序的重大違反行為之一。

　　那麼，聖經上是如何看待殺人這樣的罪行呢？首先要問的是，「人」是什麼？人是神按照自己的形像所造，就如同神的孩子一般。因此，殺人不僅違反個人和社會秩序，更是對神的違逆，所以殺人的罪比起一般犯罪還要更加嚴重。

上帝憐憫該隱，保障他的人身安全

　　在聖經〈創世記〉九章六節裡明白記載著「流人血的，人也必流他的血」，也就是指犯下殺人罪行的人，必須用自己的生命來償還這個罪，這是最基本的原則。

　　上帝對該隱宣告：「你將受到土地的詛咒，農作物無法收成，而成為流浪者到處漂泊。」如同上帝所宣告，再也無法待在農業社會的該隱，變成了流浪者在世界各處到處漂泊。

　　該隱無法負荷這樣重的懲罰，「會有人想要殺我」的念頭在他心中縈繞不去。他害怕得不得了，向上帝哀求說請不要任人置他於死地。由此可見，該隱珍惜自己的生命，但對於親弟弟這樣的他人（除了自己以外所有的人）的生命卻不當做一回事。

　　上帝憐憫該隱的哀求，於是給予他一個特殊的記號，使遇見他的人們不會殺害他。藉由這個記號，原本應該會被殺掉的該隱，人身安全受到了保障。

　　如此一來，亞當家的兩個兒子都不在身邊了。因背叛神被逐出樂園的亞當和夏娃得到神所賜的兩個兒子，拚命地工作終於有了幸福的家庭。可惜好景不常，長男該隱因為殺害了弟

弟而被放逐在外。這對亞當和夏娃來說是多麼感慨與悲傷。然而，不久後兩人又生下了第三個兒子塞特。塞特這個名字意味著「另一個兒子」的意思。次男亞伯被殺害，長男又被放逐在外，塞特就成了神賜給亞當家的繼承人。

於是，亞當的系譜就有該隱與塞特兩個族系。但是，目前為止聖經的內容裡只出現了亞當和夏娃、該隱和亞伯以及塞特五人，亞伯被殺害、該隱被流放後，應該就只剩下亞當、夏娃和塞特三人，那麼為什麼該隱也有自己的家庭呢？

亞當家的成員

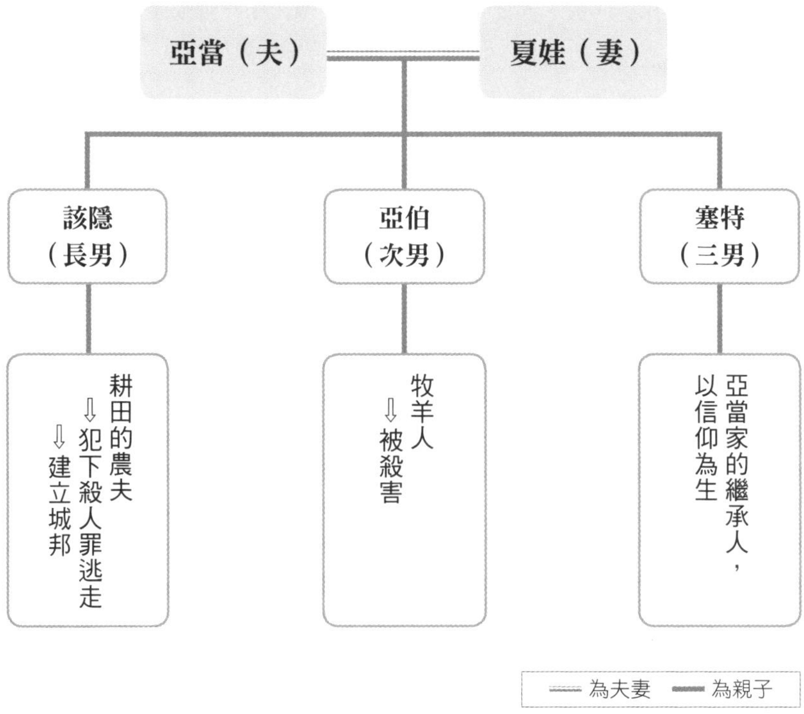

亞當（夫）━━━━━ 夏娃（妻）

該隱
（長男）

亞伯
（次男）

塞特
（三男）

耕田的農夫
⇩ 犯下殺人罪逃走
⇩ 建立城邦

牧羊人
⇩ 被殺害

亞當家的繼承人，
以信仰為生

━━ 為夫妻　━━ 為親子

〈創世記〉4章17節～6章8節
由於人口暴增，人類更加地墮落

許多信仰虔誠的「神之子」，之後都變成了凡人「人之子」，最後只剩下挪亞是正直的人。

該隱與塞特的族系形成強烈對比

聖經上雖然沒有明確記載，但亞當和夏娃應該也生了很多女兒。由於聖經在撰寫的時代，女性並不受到重視，所以即使她們沒有被記載在聖經上也不足為奇。此外，亞當和夏娃被逐出樂園的當時，名單中除了他們自己之外，應該也包括了亞當的家族。

一般認為，該隱是和自己的妹妹或是亞當一族中的女子結婚。該隱的族系一直綿延繁衍，後代子孫發展成了游牧民族貝都因人、青銅與鐵器的工匠、以及彈奏豎琴和笛子的樂器演奏者。此外，該隱的族系也建造了最早的都市城邦。

另一方面，塞特的族系則一直虔誠地活在信仰中。亞當之子塞特的後代，陸續由以挪士、該南、瑪勒列……等繼承，從亞當算起的第十代，便是以建造方舟聞名的挪亞。

根據聖經上的記載，這個時代的人們壽命相當長。舉例來說，亞當活到九三〇歲、塞特是九一二歲、以挪士是九〇五歲、該南是九一〇歲、瑪勒列則是活到了八九五歲，以今日看來相當地長壽。然而隨著時間的流逝，人的壽命逐漸縮短了。

許多「神之子」喪失了原本的資格

隨著陸地上的人口日益增加，文明也開始形成，伴隨而來的是城市建立，產生了各式各樣的職業，音樂及繪畫等藝術也變得受到重視。由這個時候起，人們開始以上帝的聖名祈禱。和現今一樣，人類當中有信仰虔誠的人，信仰薄弱的人，也有不信仰上帝的人。

信仰虔誠的人，拚命地工作並將成功歸於神的眷顧，謙虛自持（這就是所謂的「將榮耀歸於上帝」），懷著感謝神的心過著每一天。像這樣對神懷抱著信仰的人就叫做「神之子」。另一方面，想成為世上偉大的人物，受到人們的尊敬，甚至是

使役別人，將這些事視為莫大的榮譽並深信不疑的凡人，則稱為「人之子」。

然而，許多「神之子」無法維持他們心中的信仰，和「人之子」結了婚，結果喪失了信仰的信念。

這些「神之子」們為了在人世追求出人頭地，而擴展自己的人際範圍，想藉由人世的力量發展自己的勢力。就這樣，他們喪失了原本身為「神之子」的資格。

社會發展的樣貌

| 地上的人口持續增加 | 建立城邦，產生各式各樣的職業，都市不斷發展 | 娛樂、運動、音樂與繪畫等藝術蓬勃發展 |

組成社會的各種人

信仰虔誠的人

社會

信仰薄弱的人

不信仰神的人

神將人的
最高壽命
定在一百
二十歲

　　看到人類演變如此而失望的上帝，決定減短人類的壽命，最多只能活到一百二十歲。

　　發現了巨噬細胞並在一九〇八年獲得諾貝爾獎的俄國偉大免疫學者梅契尼可夫，曾在距今一百年前，提出人類能夠活到一百二十歲的說法，但由於他自己只活到了七十歲，因此這樣的說法過去並未被採信。然而，現代的分子生物學已經推定出人類的壽命極限就是一百二十歲。聖經〈創世記〉的寫作年代約為公元前一千四百年左右，然而其所記載人類的最高壽命，與現代科學推論的數字相比之下，可說準確到驚人的地步。

　　隨著人口的增加，人也在欲望的驅使下不斷做出人性本惡的淫行，程度愈演愈烈。這裡所說的淫行，包括了詐欺、偷竊、殺人、嫉妒、說謊等一切惡行。

　　上帝認定了人在世間所做的淨是罪惡的行為而感到痛心，強烈地後悔將人創造出來。於是，上帝決意將祂所創造的人類以及動植物，從這個世界上完全抹殺。在這當中，惟獨挪亞是能夠符合上帝心意的正直之人。

「神之子」失去了信仰，變成「人之子」。

神之子

即信仰虔誠的人。
將榮耀歸於上帝，對神抱著感謝的心情過生活。

失去信仰

人之子

即指凡人。
意欲成為世間的偉大人物。

1傳到至世界各地的聖經譯本

過去聖經的解釋權是由教會所獨占

聖經不僅在基督教書店可以看到，即使一般書店也都看得到聖經的陳列。各式各樣的聖經排列在架上，每一本都是使用優美的活字印刷，版面極易閱讀。

從前既沒有印刷機，也沒有影印機，信仰虔誠的人們完全靠手寫的方式傳抄聖經。然而，自一四五五年古騰堡將聖經印製成書以來，印刷技術突飛猛進地發展，聖經不只攜帶方便，內容版面也印刷精美。

最早的日文聖經是郭實臘所翻譯的〈約翰福音〉，於一八三七年在新加坡發行。從那以來，日文聖經版本還相繼出版過「文語譯本聖經」、「口語譯本聖經」，還有易讀的「新改譯本聖經」、新教方面與天主教會共同翻譯的「共同譯本聖經」、「新共同譯本聖經」等，目前仍有許多種聖經譯本持續出版發行中。

接著簡要來看聖經翻譯的歷史。

隨著傳教士將福音向海外傳播，聖經便也產生了翻譯成各種外語版本的需要。在當時拉丁文是最普遍通用的語言，因此聖經被翻譯成了拉丁文譯本。

公元三八六年，《舊約聖經》從希伯來文翻譯成了拉丁文，這本聖經被稱做《武加大譯本》，其拉丁文名稱「Vulgata」意味著「通俗」的意思。

之後，從羅馬帝國傳到英國的《武加大譯本》，在十四世紀由牛津大學的學者威克里夫將拉丁文翻譯成了英文版本。

但是，聖經的解釋權一直是由教會所獨占，個人從事解經或翻譯的行為不但被視為重罪或異端，甚至會處以死刑。

因為這個緣故，威克里夫遭受到來自教會的迫害，遭遇悽慘。一四一五年，在他死後沒多久，羅馬天主教會挖出他的遺體火化，宣稱他是異端，然後將他的骨灰撒在河裡。

然而，如此仍然無法平息教會的怒氣。教會更進一步以暴力的手段將威克里夫譯的聖經全數沒收，加以焚毀。

MEMO

「三位一體」的意思是，上帝是唯一的存在，並且同時擁有創造主（聖父）、贖罪主（聖子）、來自神的靈（聖靈）三種位格。傳統的猶太教只確信創造宇宙的唯一真神的存在，完全不認同有其他的可能性；不

⬤ 靠著許多人流血犧牲，各種語言版本的《聖經》得以流傳

約在此時，古騰堡發明了活字印刷機，掀起了一場新的技術革命。拜活字印刷之賜，人們可以輕易取得聖經。

古騰堡在一四五五年印製了第一本拉丁文聖經，接著又在一四六六年印製第一本以德文書寫成的「曼特林聖經」。

接下來在一五二一年，馬丁路德批判天主教會在教義上的謬誤，因而被逐出教會。

馬丁路德主張神的話語「聖經」應高過於教會的權威，人必須透過外在的行為與內在的信仰方能獲得救贖。他的主張透過活字印刷向大眾傳播，掀起了宗教革命，並催化了「新教」的誕生。

在英國也發生過類似的事件。

一五二五年，牛津大學的另一位學者威廉·丁道爾捨棄拉丁文譯本，直接根據聖經原文（由希伯來文及希臘文寫成）翻譯成英文版本。

然而，他也受到了天主教權威人士嚴厲的迫害，於一五三六年被逮捕燒死。不過，英文聖經的翻譯工作由繼承他遺志的人接手，仍然在翌年的一五三七年完成了。

約翰·羅傑參考了丁道爾的聖經譯本，打算翻譯另一版本的「大聖經」卻未能如願，長久以來憎恨新教徒的蘇格蘭女王瑪莉一世，逮捕了包括羅傑在內的許多新教徒，並將他們殺害。為此，英國的許多基督徒潛逃到瑞士的日內瓦，在該地於一五六〇年翻譯出了「日內瓦聖經」。

這是最早將內容區分出章、節、段落的聖經版本，因此廣受大眾的歡迎，但英國教會卻以此版本帶有偏見為由摒棄不用。

一五六八年，英國教會自行頒布了「主教聖經」，卻沒有像「日內瓦聖經」那樣獲得大眾的青睞。

過，《新約聖經》的作者則認為耶穌是道成肉身（人的形態）的神，以及神會化成靈的形態出現。

於是，英國的詹姆士一世（詹姆士國王）命令國內最優秀的學者依據「主教聖經」為基礎，製作新的聖經。就這樣，英譯版本中譯文最雅且相當具影響力的「欽定譯本聖經」於一六一一年完成了。這個譯本在接下來的三百年間，始終在英譯版本裡居於主流地位。

在這之後，陸續有一九〇一年的「美國標準本聖經」，以及一九七八年的「新國際版研讀本聖經」等多種版本的聖經被翻譯出來。

今日隨手可得的聖經，由整體發展的歷程來看，是許多人抱著必死的覺悟和犧牲才能換來的。

聖經翻譯的歷史

386年	希伯來文的《舊約聖經》被翻譯成拉丁文版本（武加大譯本）
14世紀	牛津大學的學者威克里夫，將拉丁文聖經翻譯成英文，受到教會的迫害
1455年	古騰堡印製拉丁文聖經
1466年	古騰堡印製德文版聖經
1537年	將希伯來文及希臘文寫成的原文聖經翻譯成英文版本
1560年	在瑞士的日內瓦翻譯「日內瓦聖經」
1611年	詹姆士國王的「欽定譯本聖經」完成，橫跨三百年間在英語圈中居於主流地位
1837年	最早的日語版本聖經在新加坡印製發行
1901年	「美國標準本聖經」被翻譯出版
1978年	「新國際版研讀本聖經」被翻譯出版

〈創世記〉6章9節～9章19節

挪亞的洪水使生物滅絕

洪水將陸地上的動植物全數滅絕，只有相信神的話語搭上方舟的人與動物得以倖存，並受到神的祝福。

不願悔改的人們招致神怒

上帝決定要引發大洪水，滅絕掉地上所有人類和動物。神將這個決定告訴了挪亞，並且吩咐他去實行以下三件事。

第一點，建造一艘長一百三十三公尺，寬二十二公尺，高十三公尺的方舟。這艘方舟相當於排水量達四萬噸的船。

第二點，將所有種類的生物各帶一對公的及母的進入方舟。此外，鳥類除了要保存種族之外，還要做為獻祭之用，因此要各帶七公七母進入方舟。

第三點，要為進入方舟內的所有生物貯存足夠食用一年份的糧食。

挪亞將上帝因人們多行不義將引來大洪水的事，告訴了鄰居及附近地區的居民，拚命規勸大家要悔改從前的作為。但是，人們只顧著關注買賣、利益聯姻、生意興隆等事情，對信仰完全漠不關心，甚至還說：「神的懲罰在哪裡？如果有的話還真想看看！」挪亞認真地規勸他們改過遷善，卻屢屢遭到眾人的嘲笑。

人們生活在經濟繁榮、生活富裕的社會，沉溺在背德與淫行的生活裡，即使挪亞告誡他們若不願意悔改，將招致神的忿怒爆發，引起大洪水將一切都毀滅掉，但人們依然我行我素，不願聽信忠告。

挪亞與犯下惡行的人們不同，他相信神的話，並且照著神的吩咐做好了一切的準備。看在人們眼裡，挪亞這麼做簡直是愚蠢的行為。

終於，方舟建造完成了，挪亞帶著他的妻子、三個兒子以及他們的媳婦進入了方舟。一行八人搭上船後，上帝就將方舟的大門關了起來。

MEMO

「全燒的祭品」，是指將獻祭的生物宰殺後整隻燒烤。

就在那一刻，傾盆大雨降了下來，連續四十個晝夜完全沒有停歇，放眼所見全是汪洋一片，完全看不見地面。於是，生長在地面上的所有植物和動物都死亡了。接著的一百一十天，水量仍不斷地增加，結果，挪亞和他的家人在方舟裡住了一年以上的時間。

神宣告將永不再毀滅的生物

方舟持續在水面漂蕩，最後停靠在亞美尼亞境內的亞拉臘山山麓。一般認為方舟是由底格里斯河、幼發拉底河出發，漂流的移動距離大約八百公里左右。由於已經可以看見山脈露出水面以上，挪亞想知道洪水是否已經消退，便利用鳥類到方舟外探測天候。

首先他放出了烏鴉，但是烏鴉飛來飛去，始終等不到洪水從地表退去。接著挪亞又放出了鴿子，由於鴿子找不到落腳的地方，於是又飛回船上。

經過了七天，挪亞再次放出鴿子。到了傍晚鴿子才飛回來，嘴裡還啣著一片橄欖的嫩葉。由於橄欖樹並不是生長在高地的植物，所以能夠斷定洪水已經完全退去了。之後又過了七天，挪亞再度放鴿子出去，這次鴿子就沒有再飛回來了。

這麼一來，就能夠確定地面已經恢復正常適合居住了，不過，挪亞仍然等到神下達命令後才從方舟裡出來。

挪亞下了方舟之後，最先做的事就是立即獻祭給上帝。他為神建造了一座祭壇，並挑選了幾隻潔淨的家畜和鳥類，在祭壇上全燒做為祭品獻給上帝。

上帝被挪亞正直的心和行為所感動，便承諾將不再因人類的罪惡而毀滅地上所有的生物，並在天空和雲裡掛上彩虹做為這個約定的記號。

上帝賜福給挪亞和他的兒子們說：「你們要生養眾多，遍滿全地！」於是，他的三個兒子（閃、含、雅弗）所生育的子孫便在地上繁昌而興旺。

MEMO

「三位一體」的觀念可以利用水分子的概念來理解。水分子在攝氏零度以下是「固態的冰」，從零度到攝氏一百度是「液態的水」，在攝氏一百度以上

伊甸園所在地及挪亞方舟的漂流路線

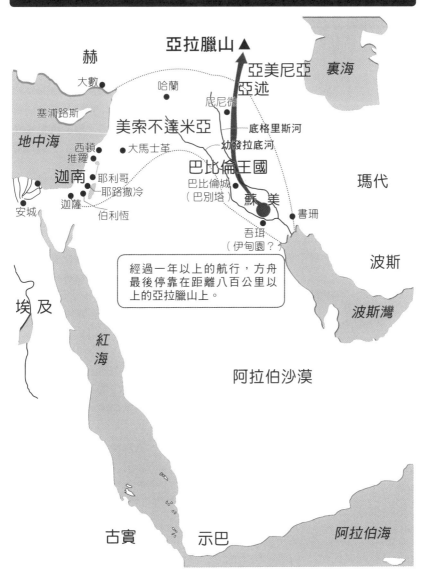

亞拉臘山▲

赫

大數

哈蘭

塞浦路斯

地中海

美索不達米亞

西頓
推羅

迦南

大馬士革

耶利哥
耶路撒冷

迦薩

安城

伯利恆

亞美尼亞
亞述

裏海

尼尼微

底格里斯河

幼發拉底河

巴比倫王國

巴比倫城
（巴別塔）

蘇　美

書珊

瑪代

波斯

吾珥
（伊甸園？）

波斯灣

經過一年以上的航行，方舟
最後停靠在距離八百公里以
上的亞拉臘山上。

埃及

紅海

阿拉伯沙漠

古實

示巴

阿拉伯海

則成為「氣態的水蒸氣」，雖然形態改變，但本質是水分子這點是不變的。
同樣地，神也能夠改變形貌為聖父、聖子或聖靈，但神的本質是不變的。

〈創世記〉9章18節～10章32節
挪亞與他的三個兒子

閃族（猶太人）奪取迦南地，應驗了挪亞對兒子含的詛咒。

以色列與巴勒斯坦紛爭的緣由

以建造方舟與航行於大洪水之中的偉大事蹟而聞名的挪亞，後來重拾農耕，栽種葡萄園為生。有一天，挪亞喝了過多的葡萄酒而醉得不省人事，由於體溫升高熱得受不了，於是他把衣服全部脫掉，光著身子睡在帳蓬裡。

他的兒子含發現父親裸身睡在帳蓬裡，就把這件事情告訴了另外兩位兄弟。閃和雅弗聽說了之後，就拿著父親的衣服向後退著走到父親身邊，幫父親蓋上衣物，所以兩位兄弟沒有看見父親裸著身子的模樣。

挪亞清醒後知道了事情的經過，於是對含大聲叱責，詛咒他成為兄弟的奴僕；此外，又大大地祝福了閃和雅弗，並告訴他們將來會成為含的支配者。

含的子孫後來成為迦南人，分布在埃及到阿拉伯半島一帶。迦南人也就是現在的巴勒斯坦人。

閃的子孫成為了閃族，也就是猶太人、亞美尼亞人、腓尼基人、阿拉伯人、亞述人的祖先。身為閃族的猶太人在掃羅王、大衛王、所羅門王的時代（公元前一〇四四～公元前九三一年），以及在二十世紀第二次世界大戰以後，先後多次奪取了迦南地，應驗了挪亞對含的詛咒。

此外，雅弗的子孫分布在愛琴海到裏海之間，成為印歐語族的祖先。

以色列和巴勒斯坦之間紛爭的源頭，可回溯至人類極早的時期就開始了。由此看來，他們可說是執念相當深的民族。

MEMO

「迦南」在公元前一三〇〇年左右，指的是黎巴嫩、敘利亞南部及巴勒斯坦三個地區；如今所謂的「迦南」，則僅限於巴勒斯坦。此外，「迦南人」是指住在迦南地的人們的總稱，當中也包括了亞摩利人等其他的土著民族。

挪亞三個兒子的後代

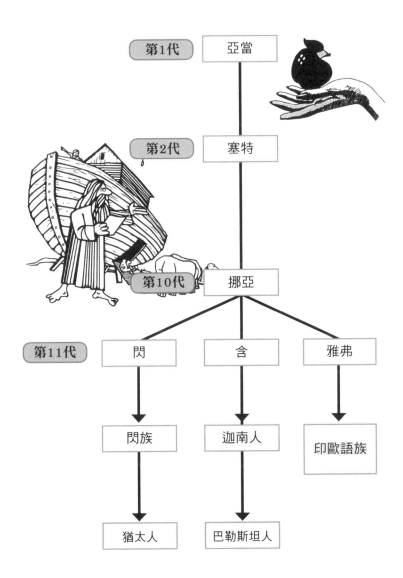

第1代　亞當

第2代　塞特

第10代　挪亞

第11代　閃　含　雅弗

閃族　迦南人　印歐語族

猶太人　巴勒斯坦人

〈創世記〉11章1～9節

建造巴別塔

人類若沒有蒙受上帝的恩惠是無法繁榮的，因此建造巴別塔顯示出人無視
於神的傲慢態度。

**成功使人
心智蒙蔽
而模糊應
有的分際**

　　自從該隱殺害亞伯以來，隨著人類繁衍遍及全地，各種惡行
惡性也跟著不斷增加，大洪水則是上帝對人類的「總決算」。

　　只有聽從上帝的指示建造方舟的挪亞和他的家人，得以在
洪水中逃過一劫，倖存下來。

　　大洪水之後，挪亞三個兒子（閃、含、雅弗）的子孫不斷
繁衍增加，分散在中東地區各處，並各自建立了國家。

　　這個時候的人們仍然使用單一的語言，農業和商業順利地
發展，都市文明也相當發達。

　　然而，如此的成功反而間接使人們的信仰逐漸遠離先祖挪
亞所秉持的純正信仰之道。

　　於是，隨著世代交替，人類的信仰日漸淡薄，最終演變成
人們認為成功並非來自神的恩賜，而是憑藉著自己的才能與努
力獲得的結果。

　　他們對於自己的能力太過於自信，進而高傲地認為只要制定
周全的計畫，即使不倚靠神，也能以自己的力量完成任何事。

　　這樣的傲慢態度最具代表性的行為，就是人們計畫要建築
一座大城市，並在當中建造一座通天的巨塔，完全不求神的協
助，而要讓自己的名字傳揚於世。

　　人們過於被自己意欲揚名立萬獲取名譽的野心所矇蔽，而
模糊了人所應守的分際。

**停止建造
巴別塔，
人們分散
到各處**

　　天地創造之初，人與神的關係是和睦的，但亞當犯了罪而
違逆了神，原本和睦的關係被破壞，神與人因此分離。

　　這樣分離的狀態，藉由神所宣告即將差遣到世上來的彌賽亞
（基督，或是救世主），應該就能獲得解除，恢復和睦的關係。

　　然而，人們不藉助神的力量，只依靠自己的力量來完成任何事，如此等於是將神和人永遠地分離，神不會容許讓這樣的事情發生。

　　可是，神已經答應過挪亞，不再引發洪水消滅地上的人類和動物。因此，神決定混亂人類共通的語言。

　　語言被混亂的人們，主張各自的利益，彼此互不相讓，或是意見不合而吵成一團。於是，他們停止了在城市中建造高塔的計畫，分散到各地去。

巴別塔

這個城市的名字叫做「巴別」，其中有兩個涵義，第一個是「混亂」的意思，第二個則因為這個事件發生在「巴比倫」（Babylon），因此取名叫巴別（Babel）。巴比倫位於底格里斯河與幼發拉底河的旁邊，大概是今日伊拉克首都巴格達西南方約五十公里處。

語言混亂使世界的統一宣告失敗

何謂「語言的混亂」？在這裡，指的並非像是一直以來講德語的人，突然間講起中國話或是越南話那樣，人和人之間講的話語變得無法理解。這裡的「語言混亂」，指的是人們所使用的語言雖然仍和以前完全相同，但由於他們的理念和思想分裂了，因此無法同心協力完成工作。

這樣的情形不僅在國際政治上可見，在國內執政黨與在野黨的國會運作上，也經常可以見到這種情況。

揚名立萬、宣示權力、發展經濟、一統世界，這些都是好事，然而過去像希臘的亞歷山大大帝、法國的拿破崙等英雄，都曾經嘗試統一世界，最後卻都終告失敗。根據聖經的說法，失敗的原因是因為沒有順從神的心意，不仰賴神的協助。

一七七六年，美國為了擺脫英國的殖民統治，政治領袖們齊聚一堂準備起草「獨立宣言」，當時班傑明·富蘭克林向議員們建議「像這樣重大的議題，應該先向上帝祈禱再做決定，每天早上應該先召來牧師祈禱之後，再開始進行議會程序。」

如此推動下所完成的美國獨立宣言，主張「自由、平等、追求幸福的人生」是造物者賦予所有的人不可被侵犯的權利，稱得上是一篇格調高尚的正式文稿。

美國比起其他國家強盛的地方在於位居世界第一的科技成就，不過，這只是從表面上的認識。在背後支持著美國強盛的真正力量，來自於遵循上帝話語的強烈信仰基礎。從這點來看，我們可以說美國在本質上是一個宗教國家。

〈創世記〉11章27節～12章5節
亞伯拉罕，前往迦南吧！

亞伯拉罕遵守神的吩咐且信仰虔誠，神應許將賜予他無限的祝福和庇佑。

神賜給亞
伯拉罕的
應許，成
為基督教
的起源

　　猶太人的歷史是由亞伯拉罕開始，並一脈承接至後來的救
世主耶穌。在《新約聖經》裡所說的猶太人先祖，指的是亞伯
拉罕、以撒、雅各，由此來看，神所賜予亞伯拉罕的應許，可
說就是基督教的發展源頭。

　　亞伯拉罕原本名為亞伯蘭，後來才改名為亞伯拉罕，他的
妻子撒萊也改名為撒拉。在本書中為了避免混淆，一律統稱為
亞伯拉罕與撒拉。

　　首先，先來認識亞伯拉罕的家族。挪亞的子孫裡有個人
名叫他拉，也就是亞伯拉罕的父親，出生於公元前二一六五年
左右。他拉的故鄉位於迦勒底（為巴比倫王國南部地區）的吾
珥，是一座農業及商業發達的城市。

　　他拉有三個兒子，分別是長男亞伯拉罕和另外兩個兄弟拿
鶴及哈蘭。哈蘭英年早逝，留下了兩個女兒和一個兒子；拿鶴
和他的姪女，也就是哈蘭的女兒密迦結了婚；此外，亞伯拉罕
則是和同父異母的妹妹撒拉結婚。

　　他拉一族之所以近親結婚，是基於特殊的理由。他拉家的
故鄉迦勒底的吾珥是一個熱鬧的城市，當地盛行偶像崇拜，比
方說將一些如月亮等不是神的東西，也當做神來膜拜。因此，
為了維持崇敬唯一真神（創造宇宙的神）的純正信仰，所以才
會有近親聯姻的情況出現。

　　亞伯拉罕最早出現在聖經上時已經七十五歲了。在當時的
時代，人類的壽命已經大幅地縮減，亞伯拉罕雖然活到了一百
七十五歲，此時卻不像五百歲左右時開始建造方舟的挪亞那樣
活力充沛。

MEMO

迦勒底是亞伯拉罕一族的故鄉，指的是巴比倫王國的南部地區。這裡也是不
斷侵略分裂的以色列王國與猶大王國的亞述人與巴比倫人的居住地。

亞伯拉罕
順從神的
命令

　　很早就在迦勒底的吾珥定居的亞伯拉罕一族，擁有羊群和奴隸，生活相當安逸。

　　然而，有一天神告訴亞伯拉罕，要他收拾行李，即刻前往迦南（今日的巴勒斯坦地區）。

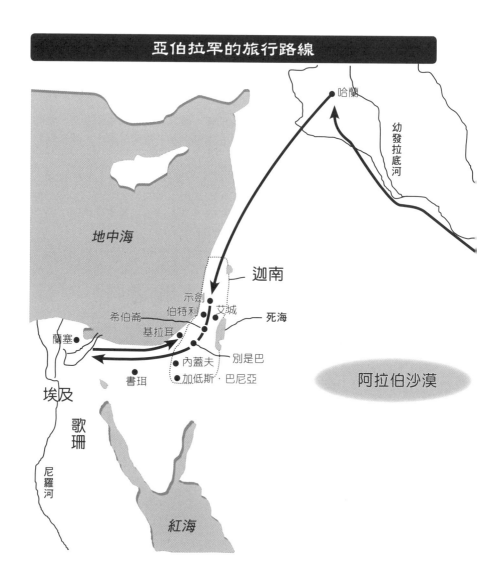

亞伯拉罕的旅行路線

哈蘭

幼發拉底河

地中海

迦南

示劍

希伯崙　伯特利　艾城
　　　　基拉耳　　　　死海

蘭塞

內蓋夫　別是巴

書珥　　加低斯‧巴尼亞

阿拉伯沙漠

埃及

歌珊

尼羅河

紅海

神要亞伯拉罕離開生活安逸的家鄉，前往人生地不熟的迦南，然而就算是出於神的命令，安逸的生活也不是說放棄就能放棄的。尤其若是年輕時出外旅行或經歷冒險、住在陌生的環境等，或許還會覺得新奇而興奮，可是隨著年紀增長，就會因為傾向於追求安逸的生活，想要在固定的地方安頓下來。

而且，對於現代大多數的日本人來說，求神拜佛只是為了考上大學、生意興隆、順利生子、出人頭地、保佑交通安全的一種手段，就算去神社或廟宇參拜、去教會做禮拜，表面上看起來參加了各種宗教儀式，心中卻沒有信仰。

不過，亞伯拉罕是個有信仰的人，他決定順從神看來如此無理的要求。然而，身為長男的亞伯拉罕要離開家鄉並不是件容易的事，年邁的父親、奴隸、羊群、兄弟和親戚都要隨行，亞伯拉罕的家族必須一起遷徙至迦南。

他們的目的地迦南，到底位於何處呢？其實，就位在他們所居住的吾珥的正西方。從吾珥朝著迦南的方向一路直走是最短的距離，但必須橫越大約一千公里的沙漠。

亞伯拉罕判斷橫越沙漠的路線，並不太適合帶著老人、羊群和積蓄的財物遷徙，因此他們選擇了繞遠路，沿著幼發拉底河北上，經由哈蘭前往迦南地。

底格里斯河

吾珥

波斯灣

亞伯拉罕獲得上帝的應許

亞伯拉罕為何捨棄安逸的生活，啟程前往人生地不熟的城市呢？對於信仰上帝的亞伯拉罕而言，光是「神是如此吩咐的」這樣的理由就很充分了。

此外，神還應許了亞伯拉罕

其他幾件事情。

在〈創世記〉十二章一至三節有著如下的記載：「你要離開本地、本族、父家，到我指示你的地方去。我必使你成為大國，賜福給你，使你的名為大，你也必使別人得福，給你祝福的，我必賜福給他；咒詛你的，我必咒詛他；地上的萬族，都必因你得福。」如此，神賜給了亞伯拉罕極大的應許。

亞伯拉罕一行人從吾珥出發，不久抵達哈蘭並住了下來，亞伯拉罕的父親他拉則在此結束了他兩百零五年的人生歲月。之後沒多久，亞伯拉罕又帶著他的妻子撒拉、姪子羅得以及奴隸再度展開漫長的旅途，最後終於到達了應許之地迦南。

亞伯拉罕的族系

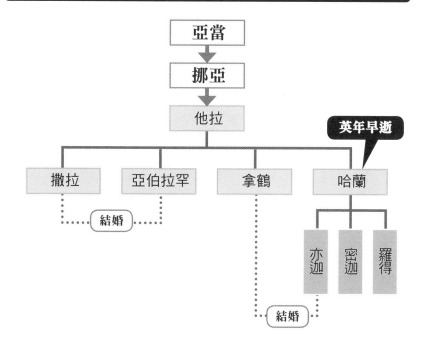

MEMO

吾珥是位於巴比倫（今伊拉克）南部的古代城市，公元前三○○○年左右蘇美人在此建立了青銅器文明，公元前二五○○年左右的「烏爾（即吾珥）第一王朝」時期是國力最頂盛的時代。

〈創世記〉12章7～20節
偽稱妻子為妹妹的亞伯拉罕

無論處於任何狀況下，都不應該為了保護自己而說謊；然而，神還是幫助了亞伯拉罕一家，讓他們度過危機。

亞伯拉罕
來到埃及

亞伯拉罕終於千里迢迢抵達了迦南，正當他環視四周的時候，神突然顯現在他面前，告訴他：「我要把這地賜給你的後裔。」（創12：7）在往後的故事裡，像這樣神顯現並應許的情況也不斷地反覆出現。聖經內容所構成的模式，便是要先能夠絕對地信仰神，爾後便能得到神所賜予的恩惠做為報酬。

聽到神的這番話而欣喜之餘，亞伯拉罕同時也面對著非常嚴酷的現實。迦南（巴勒斯坦地區）一帶由於水源不足，正處於嚴重的饑荒及糧食危機。為此，亞伯拉罕決定帶著全家南下埃及尋找食物。

位於尼羅河畔的埃及，水源的供給比起迦南來得穩定，因此每遇饑荒，總會有大批的迦南人湧入這裡。

亞伯拉罕原本在吾珥過著優渥的生活，如今卻不過是個單純的游牧之民，再加上來到埃及後，他的身分就只不過是個外邦人，對於自己來到此地處於弱勢的情況，亞伯拉罕有著充分的自覺。

撒拉被法
老召入宮
中為妻

這個時候，撒拉雖然已經有六十五歲了，但以當時的人們來說，她還稱得上是相當年輕，足以引人注目的美女。

亞伯拉罕擔心埃及人見到撒拉的美貌，恐怕就會殺害自己，奪走撒拉並將他的財產沒收。

當時，國王將美女召進宮中是很平常的事，就算美女已為人婦，只要被國王看上眼，甚至不惜殺了丈夫也是有可能的。在不畏懼神的異邦社會裡，亞伯拉罕認為這種事極有可能會發生，因此他心生一計，當問題發生時，就把撒拉當成自己的妹妹獻給埃及人。雖然撒拉的確是亞伯拉罕同父異母的妹妹，這樣說也不算是撒謊，然而這絕對不是冠冕堂皇的藉口。

亞伯拉罕的不祥預感果真發生了。

埃及的高官一見到撒拉，就將她舉薦給法老（古代埃及最高統治者的稱謂，相當於現在的總統或首相）。

法老以及其他人對於亞伯拉罕非常禮遇，送給他牛、羊、驢子、奴隸和駱駝等眾多禮物，相反地，撒拉也必須受召入宮成為法老的妻子。

得知真相的法老釋放了亞伯拉罕一家

若是神沒有在此時介入的話，可能就會變成一樁悲慘的故事。然而，神還是無法捨棄擁有信仰的亞伯拉罕，眼看著他陷入絕境。

神因為撒拉受召的事，讓法老和他的家人染上莫名的怪病。法老直覺這件事是因亞伯拉罕而起，於是將他召見入宮問清楚事實的真相，亞伯拉罕這才從實招來，坦承撒拉不只是自己的妹妹，實際上也是自己的妻子。

法老聽了大受打擊，說道：「你為什麼要說她是自己的妹妹呢？因此我才將她召入宮為妻的啊。」

不過，法老不但完全沒有追究懲罰亞伯拉罕和撒拉，也沒有取回先前賜給他們的一切，並將他們平安無事地遣返回應許之地迦南。

亞伯拉罕在迦南鬧饑荒的時候，為了尋找食物前往埃及，寄居當地而遭遇困難，後來拜神所賜得以再度回到應許之地迦南。這樣的過程，後來也在猶太人身上上演了相同的模式。猶太人前往埃及，在那裡成為了奴隸而受苦，最後藉由神的幫助返回應許之地迦南，與亞伯拉罕的經歷如出一轍。

亞伯拉罕撒了小謊，使得妻子遭遇千鈞一髮的危機，若不是神的特殊介入，其妻撒拉的貞節將難以保全。這個故事隱含著告誡人們不可隨意撒謊，以免因小失大的涵義，即使撒謊會讓事情變得比較容易，也不應該這麼做。

亞伯拉罕與猶太人民經歷的相同模式

亞伯拉罕

為了購買糧食前往埃及，
結果滯留在當地遭逢厄運

平安地回到應許之地迦南

因神所應許的福分

猶太人民

在埃及成為奴隸境遇艱苦

平安地回到應許之地迦南

因神所應許的福分

從危機中被解救出的亞伯拉罕與從奴隸身分中被解放的
猶太人民，都經歷了相同的歷程。
兩者皆是因神的應許實現而得救。

〈創世記〉13章1節～14章24節
亞伯拉罕與姪子羅得分家

亞伯拉罕讓姪兒羅得優先選擇土地，而且還拯救了成為俘擄的羅得，完全不抱有任何私心。

為了杜絕紛爭而與羅得分家

從埃及返回迦南的亞伯拉罕一族，在伯特利與艾城之間的地區（參照第56頁地圖）生活了一段時日。他們擁有金銀、牛羊等家畜，過得相當富裕。

在古代，人的富裕並不是以所擁有的土地大小來衡量，而是以擁有的金銀珠寶及牲口數量來判定。羅得一路跟隨著蒙神祝福的亞伯拉罕，因此也受到神的祝福成了富翁。

然而，他們兩家由於牲口過多，造成牧草不足的情形，如此就無法繼續待在同一個地方一起飼養牲畜；此外為了爭奪牧草，亞伯拉罕與羅得兩家的牧人也開始產生口角。

為了解決這個問題，亞伯拉罕於是向羅得提議分家。由於亞伯拉罕是羅得的叔父，所以擁有優先選擇土地的權利，但是，他卻讓姪兒羅得先行選擇。羅得看見約旦河平原土地肥沃，最適合飼養牲口，便選擇了這塊土地全區，並移居繁榮的所多瑪城。羅得選擇了自己看中的沃土，而且絲毫沒有禮讓長者的謙遜之心，把好的土地全部納為己有。

夜襲拯救被俘擄的羅得一家

另一方面，亞伯拉罕只能獲得剩下盡是塵埃的荒地，因此，他為了尋找牧草，就必須不斷從一地移動到另一地，過著逐水草而居的游牧生活。以世人的眼光來看，亞伯拉罕的行為早就遠遠超出了好人的範疇。

然而，神重視的並非人在他人眼中的表現，而是人的內心。神對亞伯拉罕說：「你抬起頭，從你所在的地方往東南西北四處觀望，你所看見的任何土地，我都永遠賜給你和你的後裔。」這是神賜給亞伯拉罕寬待姪子羅得的報償。

過了一段時日，原本過得相當順遂的羅得遇上了變數。以

MEMO

游牧民族指的是為了尋求牧草和水源，而在一定的區域範圍裡帶著馬、牛、羊等家畜一起遷徙的畜牧者。

攔王基大老瑪聯合東方的三位國王，組成聯合軍隊攻打死海周邊如所多瑪與蛾摩拉等繁榮的城市，這場戰役中侵略軍贏得了勝利，將所多瑪與蛾摩拉等地的全部財產與糧食搜刮一空。

住在所多瑪城的羅得及其家人淪為俘虜，這個消息也傳到了亞伯拉罕那裡。得知自己的親戚淪為俘虜，亞伯拉罕立刻率領家中壯丁三百一十八人追趕在大軍後面，並發動夜襲勇猛地擊潰侵略軍，將姪兒羅得一家以及被擄掠的一切財物全部奪回來。

亞伯拉罕雖然愛好和平，但在面臨危機時，仍能展現出勇猛果敢的一面。

不接受所多瑪王的任何餽贈

由於基大老瑪的侵略，使亞伯拉罕得以發揮他的勇敢，但是他所參加的戰爭僅限於這一役。馳名世界的亞伯拉罕，並不是在戰場上屢建功勞的戰士，也不是為權利伸張的擁護者，而是愛好和平、謙虛的居家之人。

當亞伯拉罕擊敗侵略者凱旋歸來時，所多瑪王慎重地出面迎接他，並說要將那些從侵略軍手上奪回的財物分給他，但亞伯拉罕斷然地拒絕了。為什麼呢？這是因為所多瑪王的主張相當無禮。所多瑪王打了敗仗，家人和財產被敵人奪去，自己沒有能力搶奪回來，卻在亞伯拉罕將人與財物奪回後，大言不慚地的提出「你把人民交還給我，財物全歸你所有」的決定。

對於這個提議，亞伯拉罕向創造天地的神起誓，凡屬於所多瑪王的東西，就算是一根線、一根鞋帶，一概都不會拿，這是為了避免往後被別人說他是因腐敗之城的王的援助而富裕，所做出的宣言。不從罪惡之城所多瑪王的手中拿走任何一樣東西，無論是在人前或是神的面前，都是明智的抉擇。

此外，亞伯拉罕在將奪回來的財物還給所多瑪王之前，把其中的十分之一獻給了當地崇拜真神的祭司麥基洗德。由此可看出亞伯拉罕對信仰的重視。

〈創世記〉15章1～21節
上帝與亞伯拉罕締結契約

亞伯拉罕被神歸為擁有信仰的「義人」，神還預告他將會享有相當長的壽命。

亞伯拉罕相信神的應許

當自己的姪兒淪為俘虜時，亞伯拉罕率領家中的壯丁前往搭救，對於崇拜真神的聖者表示尊敬之意，並斷然拒絕來自腐敗之王的獻金。藉由基大老瑪所發動的侵略行動，亞伯拉罕展現了他充滿勇氣、敬虔、無私、謙遜的特質。

為此，神顯現在他面前，並給予極大的褒獎和應許。亞伯拉罕感謝神，並回答所有需要的東西神都已經賜予他了，唯獨自己連個兒子都沒有，將來能夠繼承家業的，恐怕就只有他的奴僕以利以謝了。

然而，神告訴他並不會如此，並預告他將會生下兒子。神把亞伯拉罕帶到外面讓他望向星空，應許道：「抬起你的頭看看天空，你能把天上的星星都數盡嗎？以後你的子孫將會如同這天上的繁星一樣多不勝數！」

這真是個宛如做夢般不真切的約定，換做一般人或許無法相信這樣的事情。但是，亞伯拉罕並不是普通人，他是信仰之父，對於神所說的話他深信不疑。為此，神將亞伯拉罕歸為了義人。

所謂的「義」，指的是人與神之間的正確關係，因此這並不代表著亞伯拉罕是正義的人，而是指他是有信仰的人，能毫不懷疑地相信神的命令，並且按照神的指示徹底實行。

神在契約上沒有附加任何條件

一般世俗所說的正義之人，必須要有正確的行為舉止。相對來說，「義人」或是「神人」在正確的行為舉止之前，還必須先相信上帝，信靠上帝。「世俗的義人」與「神人」乍看之下似乎很相似，但其出發點卻截然不同。

上帝應許了亞伯拉罕有關他所擁有的土地（應許之地）

MEMO

神賜給亞伯拉罕的「應許之地」，即是被形容為「流著奶和蜜之地」的豐饒土地迦南區域，也就是今日的巴勒斯坦地區。

與其後裔的約定，最重要的是，這份契約是無條件賜予的。上帝並沒有以亞伯拉罕必須忠於神做為契約成立的條件，也就是說，今後無論亞伯拉罕的心意如何轉變，或有了什麼樣的行為，上帝都會履行這份承諾。

上帝與亞伯拉罕之間的契約，必須經由慎重的儀式予以確認。在這個儀式進行到一半的時候，亞伯拉罕因為太疲倦而陷入了熟睡當中。

於是上帝在夢中對他說：「你的後裔必將移居到不屬於自己的國家，他們將成為奴隸，在那裡受苦達四百年之久。不過，我將會對苦待他們的那個國家施以懲罰，而你的後裔將會帶著許多財物，從那裡離開。」

雖然上帝告知了這些事，但亞伯拉罕並沒有親眼目睹這些事情發生。之後神也預告他將享有很長的壽命，並且身後會被安葬在列祖之墓。

亞伯拉罕被歸於義人

> 亞伯蘭信耶和華，耶和華就以此算為他的義了。（〈創世記〉15章6節）

這節經文經常被拿來引用，用以強調人得救並不是出於宗教上的儀式等行為，而是出於信仰本身。

〈創世記〉16章1節～17章27節
撒拉讓夏甲代為生養後代

上帝為亞伯蘭改名為亞伯拉罕，也為他的妻子撒萊改名為撒拉，並追加了兩項契約，「割禮」的儀式便是由此開始。

夏甲的優越感招致撒拉的欺壓

雖然亞伯拉罕從上帝那裡獲得其子孫將多如繁星的應許，但他依然一直沒有生下子嗣。在當時的中東地區，生育後代是女性的天職，被認為是女性存在的最大價值，若沒有生育後代，會是一件可恥的事，所以妻子撒拉比亞伯拉罕更加感到不安。

這時已經七十五歲的撒拉，以一般常理來推斷，早已超過了生育的年齡。依據當時中東的習俗，無法懷孕的正妻，必須將侍女送給丈夫為妾代為生育後代，並將出生的孩子視為繼承人撫養長大。

於是，撒拉便向亞伯拉罕提議迎娶侍女為妾，為他生育子嗣。

亞伯拉罕接受了這個提議，撒拉就把從埃及帶來的侍女夏甲送給了丈夫。正如期待的那樣，夏甲沒多久就懷孕了。

然而，得知自己有了身孕的夏甲卻開始得意忘形，瞧不起撒拉，態度也變得輕蔑而傲慢。撒拉後悔當初的決定，並向亞伯拉罕哭訴自己所受的委屈，亞伯拉罕便給予她隨意處分的權利。從此以後，撒拉就百般地虐待夏甲，使得她受不了而赤腳逃到了沙漠中。

夏甲獲知以實瑪利的命運

夏甲獨自佇立在沙漠的湖水邊，這時候上帝的使者——天使出現在她面前，並告訴她說：「回到撒拉那裡去吧，老老實實地服從她的吩咐。不久妳將會生下一個兒子，要為他取名叫以實瑪利。」以實瑪利這個名字，意謂著「神聽見了（她的辛酸）」的意思。

MEMO

天使也被稱為「神的差使」，指的是由神所差遣的超自然受造物。

接著天使又對她說，以實瑪利的後裔將會興旺且多不勝數，他將成為強者，攻打所有的人，所有人也會攻打他，並預言他將會和所有的兄弟們敵對。

回到撒拉身邊的侍女夏甲，不久後生下了以實瑪利，這時候亞伯拉罕已經八十六歲（公元前二〇八〇年）了才初為人父，而正妻撒拉也還沒有任何子嗣。

追加兩項契約的附帶條件是實行「割禮」

從那以後過了十三年，神再度顯現在亞伯拉罕面前，再次確認了先前的契約，同時將他的名字從亞伯蘭（意為「偉大的父親」）改為亞伯拉罕（意為「眾多國民之父」），並將撒萊（意為「我的公主」）改名為撒拉（意為「公主」），去掉了原本在意義上具有限制意味的「我的」，因為她將成為多國之母。

此外，神在之前的契約上再追加了兩個契約：第一，將迦南全地永遠賜給亞伯拉罕和他的後裔；第二，撒拉將會懷孕，且會在一年之內生下一個兒子。

為了確立這兩項契約，神命令所有男子在出生後第八天要接受「割禮」（將包皮切除的儀式），以做為信仰神的人在肉體上的一種記號，這也是神立約的依據。凡是不受割禮的男子，就是破壞了與神之間的契約，他的名字將會從神的選民中刪除。因此，割禮可說比起握手或宣誓等一般確立契約的形式，還富有更重大的意義。

亞伯拉罕立刻遵照上帝吩咐的旨意，在當天召集了家中全部的男子，包括他自己和以實瑪利在內都施行了切除包皮的割禮。此時亞伯拉罕九十九歲，以實瑪利則是十三歲。

從這天起，猶太男子在出生後第八天就會接受割禮；此外，傳統上一般被視為以實瑪利後裔的阿拉伯人，則多在十三歲的時候進行男子割禮。

〈創世記〉19章1～26節

所多瑪與蛾摩拉滅亡

聚集了許多淫邪之輩的所多瑪與蛾摩拉，被從天而降燃燒著火焰的硫磺所毀滅。

遭神破壞
的所多瑪
與蛾摩拉

傳說所多瑪與蛾摩拉是位於鹽海（今日的死海）的城市，住在那裡的居民在性方面極盡淫亂之能事，城內滿是淫邪之徒，因此引發神的震怒而被毀滅，如今已完全找不到這兩座城的任何殘跡。因此，所多瑪與蛾摩拉可說是遭神完全破壞的典型例子。

羅得與亞伯拉罕離別之後，住在當時非常繁榮的城市所多瑪，和他的妻子以及兩個女兒過著美好的生活。但是，有一天兩位天使為了要毀滅所多瑪而造訪了這座城市。

羅得並不知道天使的意圖，親切地招待他們到家中休息。天使原本打算在戶外的廣場上過夜就好，但禁不住羅得一再地勸說，只好接受了他的邀請。

從他們這段對話當中，可以感覺到所多瑪是一個相當危險的城市，一般的旅人並不適合在這裡逗留露宿。

就在羅得與天使們用完餐以後，一群所多瑪的男人將羅得家團團包圍住，對羅得呼喊道：「今晚到你這裡來的人在哪裡，把他們交出來任我們狎玩！」羅得走出家門，拚命地勸他們不要做這樣的壞事。

為了保護家中的客人不落入所多瑪人的手中，羅得還提議說：「我有兩個女兒都還未經人事，我願意把她們交給你們。」但所多瑪人完全不予理會，還試圖破門而入擄人。

羅得何以為了拯救客人甚至願意交出自己的女兒，原因不得而知。或許羅得一開始就察覺到他的客人並不是普通人；另一個可能的原因，則或許因為古代的中東把招待客人視為一種美德，因此寧可犧牲自己的女兒，也要保護客人的安全。

MEMO

所多瑪城與蛾摩拉城因墮落和罪惡觸怒了神，最後沉入死海當中。這個罪惡，指的是同性和異性間異常的性交、人與動物之間的人獸交等，在性方面

從毀滅的所多瑪逃出的羅得和兩個女兒

極度淫亂的惡行。異常性交被稱為「sodomy」，就是由《舊約聖經》中所多瑪城（Sodom）的典故而來。

然而，情勢突然逆轉，先前待在羅得家裡的兩位天使將羅得拉入屋內，並使那些所多瑪人的眼睛看不到東西，這樣他們就無法找到羅得家的出入口進入屋內。兩位天使警告羅得要盡快離開所多瑪，因為接下來所多瑪城就要毀滅了。

羅得把天使的話告訴了自己的妻子、兩位女兒以及女兒的未婚夫，但是女兒的未婚夫卻把熱鬧繁華的所多瑪城將要毀滅的說法當成笑話，不把天使的警告當一回事，反而嘲笑天使和羅得。

黎明將近，所多瑪滅亡的時刻就要來臨，可是相信天使的話準備離開所多瑪避難的人，就只有羅得和妻子以及兩個女兒。

天使鄭重地告誡他們：「我們就要毀滅這座城市了，你們趕快逃命去吧！不管發生什麼事都不要回頭看，也不要停留，直接逃往山上，否則你們也會跟著遭殃。」但羅得的家人卻遲遲沒有動身。情況已經刻不容緩了，於是兩位天使牽住這四人的手，將他們從城裡拉到了郊外。

雖然天使指示他們逃到山上去才能保住性命，但羅得覺得往山上的路途太遙遠，於是向天使哀求希望能逃到附近的小城瑣珥（位於死海的南端，已經沉沒的五個城市之一），天使也答應了他的請求。

羅得一家一抵達瑣珥，上帝就使燃燒的硫磺如降雨般落在所多瑪城與蛾摩拉城，所有城中的居民都被消滅了。然而，羅得家雖然得以事先逃出城外，但羅得的妻子因沒有遵守天使的忠告回過頭看，就變成了一根鹽柱死去了。

就這樣，在所多瑪與蛾摩拉城要被毀滅之際，亞伯拉罕的姪兒羅得因上帝的恩惠得以逃過一劫。

〈創世記〉19章28～38節
與父生子的兩姊妹

兩姊妹灌醉父親的目的不是為了滿足一己之欲，而是為了留下後代，因此獲得了諒解。

逃往山上與世隔絕

　　被毀滅的所多瑪城變得像是一個冒著煙的巨大火爐，只有逃出城外的羅得和他的兩個女兒倖存了下來。

　　由另一方面來看，羅得真的是那麼具有堅定信仰的人嗎？羅得比起叔父亞伯拉罕的確是信仰薄弱，但與腐敗至極的所多瑪城中眾多不信仰上帝的人相比，已稱得上是義人。

　　羅得與女兒們九死一生活了下來。在所多瑪毀滅之後，他們立刻離開瑣珥，在山上的一個洞穴裡住了下來，過著與世隔絕的生活。兩個女兒擔心自己一輩子都不會結婚了，但她們卻非常想要留下後代。

亂倫行為沒有受到上帝的懲罰

　　於是，她們刻意勸父親喝酒，等到羅得喝得酩酊大醉，就輪流由其中一人與父親同寢。羅得醉得不省人事，完全不知道發生了什麼事。

　　之後，兩個女兒都懷了孕並各自生下了一個男孩。姊姊生下的孩子叫做摩押，成為後來摩押人的祖先；另一方面，妹妹生下的男孩叫做便亞米，就是後來亞捫人的祖先。

　　雖然她們犯下亂倫的滔天大罪，可是上帝並沒有懲罰她們。因為她們的目的不是為了滿足自己的欲望，而是為了留下後代。

　　雖然羅得的家族曾有過這樣不名譽的事，但在大衛王的祖先、同時也是耶穌的祖先當中，其實也包括了摩押人出身的路得這樣的人物。

MEMO

死海附近蘊藏了豐富的硫磺和天然瀝青，若經由地震噴發至地表後又被雷擊中，就會造成猛烈的大火。這很有可能就是羅得之妻所遭遇的真相。

羅得的系譜

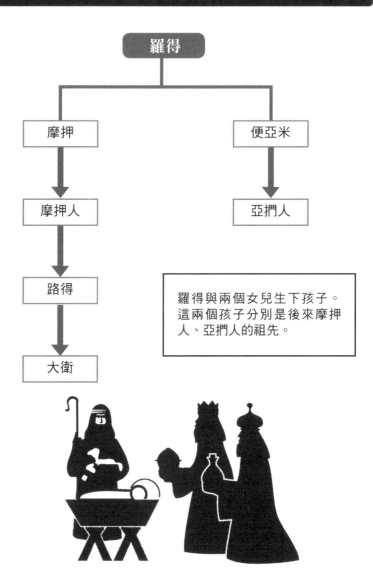

羅得

摩押　　　　　便亞米

摩押人　　　　亞捫人

路得

大衛

羅得與兩個女兒生下孩子。
這兩個孩子分別是後來摩押
人、亞捫人的祖先。

〈創世記〉20章1節～21章21節
夏甲與以實瑪利被逐出家園

倖存的以實瑪利成為阿拉伯人的祖先。自此亞伯拉罕成為世界三大宗教信仰的共同祖先。

撒拉生下兒子以撒

　　亞伯拉罕寄居在加低斯‧巴尼亞與書珥之間（參照第56頁地圖）的時候，與撒拉一同前往基拉耳旅行。

　　然而，亞伯拉罕因為對基拉耳王亞比米勒心懷畏懼，便偽稱妻子撒拉是自己的妹妹。這和從前因為鬧饑荒南下埃及避難時的做法，可說如出一轍。

　　亞比米勒對撒拉一見鍾情，便將她召入宮，而這次也是由於上帝的介入而拯救了她。

　　另一方面，亞伯拉罕和撒拉聽從上帝的吩咐，離開故鄉寄居在異邦已經過了二十五年的歲月。公元前二〇六六年，亞伯拉罕一百歲、撒拉九十歲時，上帝終於履行了對亞伯拉罕的約定，使撒拉生下了一個兒子。

　　在此之前，撒拉因為不信仰上帝，所以並不相信神所說會讓她生子的承諾，還曾經為此訕笑過，因此生下來的孩子便取名為以撒，代表「他笑」的意思。此外，以撒出生後第八天，亞伯拉罕就為他施行了割禮，做為以撒信仰上帝的證明。

將夏甲母子放逐至曠野

　　以撒的誕生，使得撒拉和侍女夏甲之間的內心衝突更形激烈。當撒拉看見十八歲的以實瑪利和年約三歲的以撒一起嬉戲時，就會感到相當地焦慮。侍女的兒子不但和自己的愛子一起成長，而且撒拉也認為以實瑪利時常欺負以撒，因此更加無法容忍將由以實瑪利繼承亞伯拉罕家業的事。

　　於是，撒拉向亞伯拉罕要求把夏甲和以實瑪利從家中趕出去。愛家的亞伯拉罕感到相當苦惱，進退兩難的他便認真地向上帝祈求解決的辦法。

　　上帝安慰亞伯拉罕：「你不必為這個孩子和夏甲擔心，他們自有我來看顧，就照著撒拉所說的去做吧。不要忘了以實瑪利也是你的親生骨肉，我也會讓他的後裔形成一個大國。」

第二天早上，亞伯拉罕只給了夏甲一些麵包和水，便將他們母子放逐至曠野（沙漠）中。若不是上帝從中協助，夏甲母子倆恐怕是凶多吉少。

他們不斷地在沙漠中行走，漸漸地帶在身上的水都喝完了。以實瑪利呈現脫水狀態，已經無法靠自己的力量再前進任何一步了。

夏甲讓他躺在一棵樹下，然後就離開了那裡。為何在自己的兒子如此痛苦時，做母親的卻要離開他呢？這是因為夏甲不忍心親眼見到自己兒子死去的那一刻，這對她來說簡直是心如刀割。

夏甲忍不住放聲大哭。然而，就在她遠遠地聽到以實瑪利的呻吟時，上帝也聽見了他痛苦的聲音。於是，上帝指示夏甲附近有一口水源豐富的井，並告訴她上帝自會看顧這名少年，讓他成為一個偉大的人物。

在上帝的庇佑下，以實瑪利活得很長壽，他的子孫也成為了後來的阿拉伯人。

因為這個緣故，伊斯蘭教、猶太教、基督教等世界三大宗教都共同尊亞伯拉罕為信仰的教祖。

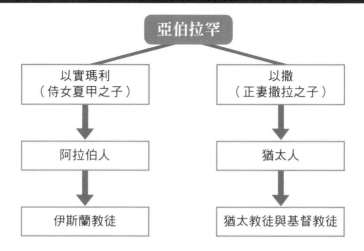

世界三大宗教都尊亞伯拉罕為教祖

亞伯拉罕

以實瑪利
（侍女夏甲之子）

以撒
（正妻撒拉之子）

阿拉伯人

猶太人

伊斯蘭教徒

猶太教徒與基督教徒

被趕出家門的夏甲和以實瑪利

亞伯拉罕為了順應妻子撒拉的心意，將夏甲和以實瑪利放逐到曠野中。

亞伯拉罕受試煉

亞伯拉罕聽從上帝的話，將心愛的獨子獻給上帝的行為，是他在信仰方面的極致表現。

亞伯拉罕聽從神的吩咐行事

夏甲和以實瑪利離開亞伯拉罕家之後約過了十年，以撒已經長成一位十五歲的少年。對於老來得子的亞伯拉罕夫妻來說，以撒比世上所有的寶物還要珍貴，守護著他成長是兩人重要的生存意義。

不過，亞伯拉罕突然面臨了一項驚人的考驗。公元前二〇五〇年左右，有一天，上帝吩咐亞伯拉罕帶著他的愛子以撒到摩利亞地的山上去，將以撒做為全燒的祭品獻給上帝。

聖經上記載著，上帝為了測試亞伯拉罕的信仰夠不夠堅定，因此下了這道命令。

上帝在亞伯拉罕面前稱呼以撒為「你心愛的獨生子」，因為侍女夏甲所生的長男以實瑪利，已經從亞伯拉罕的人生中完全消失了。因此，亞伯拉罕長久以來苦苦盼望到的以撒，才是上帝所許諾賜予的唯一獨子，也是實現上帝與亞伯拉罕所交換契約（後裔多如繁星的應許）的唯一繼承者。

然而，現在神卻要他將唯一的兒子獻為燔祭，對於亞伯拉罕來說，打擊一定相當大。

但是，亞伯拉罕並沒有對上帝的吩咐表達任何質疑，既沒有滿口怨言，也沒有出言不遜，對於上帝所說的話他完全地服從。

上帝再次確認亞伯拉罕的信仰

隔天早上，亞伯拉罕準備了獻上全燒祭品時所使用的柴薪，為驢子套上鞍，然後帶著以撒和兩個年輕的僕人前往上帝指定的地點。第三天，他們便抵達了摩利亞。

亞伯拉罕對他的僕人說：「你們在這裡等候，我和以撒去禮拜獻祭給上帝，結束後再回來這裡與你們會合。」然後將兩名僕人和驢子留在山腳下，讓以撒背著柴薪，自己則帶著尖銳的刀和用來點火的火炬，兩人朝著山頂上走。

亞伯拉罕將自己的獨子以撒獻為祭品

〈創世記〉22章14節：「在耶和華的山上必有預備。」

在往山上走的途中，以撒問父親：「火與柴都已經準備了，但最重要的燔祭羊羔在哪裡呢？」亞伯拉罕則回答他：「我兒呀，上帝自會預備好做為燔祭的羊羔。」

到達山頂後，亞伯拉罕設置了一座祭壇，並把柴薪放好，接著把以撒綁住，讓他躺在祭壇上。正當亞伯拉罕下定決心揮起刀子，就要殺掉自己愛子的那一瞬間，天使突然現身阻止了他。天使對他說：「你不可以殺了這孩子。你的確是敬畏上帝的，因為你不惜將自己的獨子獻給神。」

這時，亞伯拉罕望向了旁邊，那裡正好有一隻羊角被樹叢纏住了的公羊，亞伯拉罕便抓住這隻公羊，代替自己的兒子做為全燒的祭品獻給上帝。他將那個地方取名叫「耶和華以勒」，就是「耶和華必預備」的意思。

亞伯拉罕展現了信仰的極致典範

如果說聽從上帝的聲音，離開吾珥及哈蘭是亞伯拉罕信仰的出發點；那麼，聽從上帝的話語，將心愛的獨子獻祭給神的作為，則可以說是亞伯拉罕信仰的極致表現。

《舊約聖經》從這裡開始，故事的重心便從亞伯拉罕轉移到了以撒，而以撒、雅各以及以後的子孫們之所以能夠世代承繼神的祝福，都是拜亞伯拉罕堅定偉大的信仰之賜。

〈創世記〉23章1節～25章10節
不遠千里而來的新娘利百加

亞伯拉罕讓以撒繼承他所有的家業，平安活到了一百七十五歲才離開人世。

希望以撒娶信仰虔誠的人為妻

　　亞伯拉罕和以撒從山上平安地回到家裡與撒拉團聚。十五歲的以撒興奮地將自己在山頂上的遭遇告訴了母親，聽聞此事感到悲傷的撒拉，沒過多久便以一百二十七歲的高齡去世了。亞伯拉罕為撒拉的死感到深切的悲痛，他在死海東方四十公里處希伯崙附近的城鎮麥比拉買下了一塊土地，將撒拉埋葬在那裡的一處洞穴裡。

　　年邁的亞伯拉罕有感於自己死期將近，但他希望看到兒子以撒娶了賢慧的妻子擁有家庭之後，才能放心地離開人世。亞伯拉罕一族定居於迦南，那麼何不在當地找一個好女孩給以撒為妻呢？但是亞伯拉罕不願意如此。因為迦南人崇拜許多異教神祇，像是專管農作物豐收的男神巴力，以及他的妻子——愛與戰爭的女神亞斯他錄等。亞伯拉罕擔心夫妻之間會互相影響，如果跟身為外邦人的迦南人通婚，很容易破壞亞伯拉罕家族的純正信仰，甚至忘了亞伯拉罕家族是信仰上帝的子民。

　　亞伯拉罕對此感到相當擔憂，於是決定要從哈蘭找一位信仰真神的女孩給以撒為妻，也就是從外地娶媳婦進來。可是，離死期不遠的亞伯拉罕，已經沒有體力踏上前往哈蘭的漫長旅途。

　　因此，他把自己最信賴也最年長的僕人以利以謝叫到面前，吩咐他前往亞伯拉罕家族原本所居住的哈蘭，為以撒找一位條件最合適的女孩帶回來這裡。他所說的條件，指的當然就是要有虔誠的信仰。

利百加強烈感受到神的指引

　　亞伯拉罕差派僕人以利以謝啟程前往人生地不熟的地方，為兒子找尋合適的女孩，雖然看似是魯莽的命令，以利以謝還是忠實地遵從了主人的吩咐。他到達了哈蘭之後，由於得到上

MEMO

摩利亞也稱做「摩利亞山」，便是位於耶路撒冷、後來建造了所羅門聖殿之處。

帝大力地協助，很快就找到一位符合條件且心地純潔又美麗的女孩利百加，而且她正好是亞伯拉罕的親戚彼土利的女兒，更是親上加親。於是，以利以謝便前往造訪利百加的家，向她和她的家人陳述事情的原委。

彼土利家的當家是利百加的哥哥拉班，他聽了以利以謝的陳述後，表示這件事必須尊重利百加的意見，而利百加因強烈感受到上帝的引導，便同意嫁給以撒為妻。於是，利百加在家人的祝福之下啟程前往迦南，而以撒也對於來到了迦南的利百加一見傾心，就在他四十歲那年成了家，過著幸福的婚姻生活。

就這樣，亞伯拉罕的僕人以利以謝，順利為以撒找到條件合適的女孩並將她帶回迦南，完成了主人的重大託付。

這段戲劇化的故事詳細記載在〈創世記〉二十四章當中，非常值得一讀。亞伯拉罕在臨死之前，將全部的遺產都由以撒繼承，然後在公元前一九九一年，享盡一百七十五歲的長壽安然辭世。他的喪事是由以撒主持，以實瑪利也參加了葬禮，他們將亞伯拉罕埋葬在撒拉所長眠的墓穴中。

迦南人信仰的神祇

神的名字	別名；與其他神祇的關係	職掌
巴力	主神，亞斯他錄的丈夫	有「雷雨之神哈達」的稱號，專司農作物豐收的男神
亞斯他錄	巴力之妻（別名雅典娜）	愛情與戰爭的女神
伊勒	巴力的父親	眾神之父
亞舍拉	伊勒之妻	繁殖女神，海洋女神
夏瑪希		太陽神
瑞舍夫		戰爭與陰間之神
大袞		穀物之神

〈創世記〉25章19～34節
換取長子權利的雅各

以掃接受雅各以紅豆湯做為交換的條件，讓出了原本長子所享有的權利。

**個性迥異
的兩兄弟**

　　以撒和利百加結婚後過著幸福美滿的生活。兩人唯一的煩惱是沒有子嗣。和撒拉的情況一樣，利百加也遲遲生不出孩子。

　　儘管如此，以撒並不想要另外找人為他生下子嗣，因為他深深記得父親亞伯拉罕為了後代而娶了夏甲，結果鬧得家裡雞犬不寧的痛苦教訓。他只不斷地向神祈求，希望神能賜給他們孩子。

　　以撒持續盼望了二十年，神終於聽到了他們的祈求，而且一次就賜給他們一對雙胞胎。懷孕的利百加，可以感覺到腹中的胎動非常厲害。

　　利百加內心十分不安，於是向神認真地祈禱。神告訴她，在她的腹中有兩個國家在爭鬥，兩兄弟即使長大了也決不會相處融洽，而且將來哥哥要服侍弟弟。由此看來，弟弟雅各似乎在還沒出生之前，就已經被神所選中了。

　　於是，在公元前二〇〇六年，健康的雙胞胎兄弟誕生了，這時以撒六十歲。最先生出來的孩子皮膚是紅色的，而且渾身長滿了毛，因而取名為「以掃」（「紅人」的意思）；接著晚了幾秒出生的孩子，則因為出生時小手抓著以掃的腳跟，因此取名叫「雅各」（「抓住腳跟」的意思）。

　　隨著兩兄弟逐漸成長，他們在性格上的差異也愈來愈明顯。

　　以掃的個性外放活潑，善於狩獵，成天都在山野裡追捕獵物。相反的，個性文靜沉穩的雅各則大多待在家中陪伴母親。

　　父親以撒因為喜歡吃肉，所以對於經常獵取野味做成料理供他享用的以掃寵愛有加；另一方面，母親利百加則是較為疼

MEMO

麥比拉位於死海東方四十公里處，即亞伯拉罕為了埋葬妻子撒拉，用四百枚舍客勒銀幣向赫人以弗崙所購買的土地。亞伯拉罕、撒拉、以撒、利百加、

愛個性沉穩的雅各。想當然爾，個性完全相反的兩兄弟，彼此的關係也不是很融洽。

以紅豆換取長子的權利

終於，使兩兄弟關係惡化的決定性事件發生了。

有一天，雅各正在熬煮紅豆湯（一種豆類，富含百分之廿五的蛋白質，營養價值相當高）的時候，正好哥哥以掃從山野裡狩獵回來，餓著肚子且疲累不堪。

以掃聞到了紅豆湯的味道，就對雅各說：「給我喝這個紅豆湯吧，我快要餓死了。」因為這個典故，以掃又被叫做「以東」，即希伯來語中「紅」的意思，而他的子孫也被稱做以東人。

哥哥餓著肚子從外面回到家裡，弟弟剛好熬了湯給哥哥喝，這情節看起來似乎很溫馨，但雅各對於哥哥所要求的紅豆湯卻有個附帶條件，就是以掃必須把長子的權利讓給自己。

也就是說，雅各提議讓以掃以長子的權利來換得紅豆湯。

然而，以掃餓得發慌，不假思索便答應了雅各的要求，卻萬萬沒想到自己輕率做出的決定有多麼失策。由此也可以知道以掃是如此輕看了這長子的權利。

除了出生時抓住哥哥以掃的腳跟這件事之外，這是雅各最早展現出他狡猾聰明、足智多謀的一面。

既然如此，為何上帝選擇的會是這樣狡猾善謀略的雅各呢？

雅各以及妻子利亞都葬在這裡。後來大希律王為了紀念，就在這裡建造了一座聖殿。如今，洞窟前建了一座伊斯蘭教的清真寺，並規定禁止進入洞穴當中。

〈創世記〉27章1節～28章5節
雅各欺騙以撒奪取祝福

雅各將以掃支開，奪取了父親以撒全部的祝福，之後便離家藏身在哈蘭。

雅各與母親共謀假扮成以掃

　　以撒年事已高，雖然視力衰退，眼睛看不見東西，但食欲仍然很旺盛。有一天，他把以掃叫到跟前來，要他去野外打獵，並把帶回來的獵物做成美味的料理。以撒打算在吃了料理之後，就把財產渡讓給身為長子的以掃，並給予其祝福。

　　然而，妻子利百加聽見了以撒對以掃所說的話。由於利百加比較希望能由自己疼愛的小兒子雅各來繼承財產，因此她吩咐雅各，在以掃打獵回來之前，先煮好美味的料理端給父親吃，搶先一步獲得父親的祝福。這樣的做法，其實就是欺瞞視力退化的父親，搶奪原本應該給哥哥的祝福。

　　母子倆立刻就實行了這項計畫。他們宰殺了肥嫩的小山羊，做成以撒愛吃的料理，並且為了讓皮膚光滑的雅各偽裝成體毛濃密的以掃，利百加將小山羊的毛皮披在雅各的手和脖子等露出來的皮膚光滑處，然後要他穿上以掃的外出服，讓雅各身上散發出以掃的體味。

雅各遠走哈蘭避禍

　　以撒雖然眼睛看不見，但神智還是相當清楚的，對於「以掃」這麼快就獵到野味煮成料理給他吃，不禁抱持著疑心。但當他提出疑問時，雅各卻大膽地向父親撒謊：「這是因為你的神庇祐我的緣故。」

　　雖然以撒察覺到這聲音聽起來像是雅各，但是手的部分摸起來卻像是以掃的感覺，因此他想再次確認而說道：「你確實是我的兒子以掃沒錯吧？」雅各則回答：「我是。」於是，等以撒用完餐之後，便祝福了假扮成以掃的雅各。

　　過了一會兒，打獵回來的以掃把煮好的美味食物端到父親面前，期待接受父親的祝福，但以撒卻驚訝地問他：「你是誰？」接著，搞清楚事發情況的以撒告訴了以掃，弟弟雅各已

經取代他奪取了長子的祝福。

　　父親以撒已經把所有的祝福都給了弟弟雅各，沒有留下其他任何祝福可以給他，以掃對此忿怒不已，決定要殺了雅各。得知此事的利百加趕緊告訴雅各，並且要他逃往自己的故鄉哈蘭，去投奔她的哥哥拉班。哈蘭正是亞伯拉罕的僕人遇上利百加的地方。

　　利百加告訴雅各，等以掃怒氣消了，自己會再派人去把他帶回來，便要他趕快動身離開，然而卻沒料到這是母子倆最後一次的會面。雅各接受了以撒臨別的祝福，並且也被提醒不要和身為外邦人的迦南女子結婚之後，便離開了位於別是巴的家，啟程前往哈蘭。

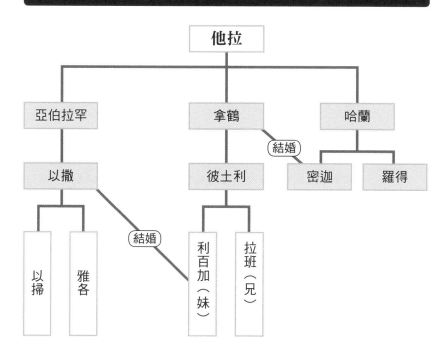

至雅各為止的亞伯拉罕系譜

他拉
　亞伯拉罕
　　以撒
　　　以掃
　　　雅各
　拿鶴
　　彼土利
　　　利百加（妹）
　　　拉班（兄）
　哈蘭
　　密迦
　　羅得
　結婚

〈創世記〉29章1節～30章24節
服事拉班將近廿年的雅各

如同佛教所說的因果報應般，雅各被拉班所騙，可說是自己當初種下的惡因所造成的。

雅各和拉班之間的交易

雅各持續地向東方走，終於抵達了利百加的哥哥拉班所居住的哈蘭。

雅各詢問圍繞在井邊的牧羊人認不認識拿鶴的兒子拉班，恰好這時候拉班的女兒拉結趕著羊群走了過來。

拉結是個相當漂亮的女孩，雅各看見她走過來，便汲水給她的羊群喝，和她相處得很融洽，並且向她表明自己是利百加的兒子，請她帶自己去和拉班見面。拉班相當歡迎雅各這個客人，雅各也把以撒家所發生的事情都告訴了他。

拉班有兩個女兒利亞和拉結。姊姊利亞比較起來不像妹妹那麼有魅力，而妹妹拉結則是和利百加一樣都是相當漂亮的美女。

雅各被拉結深深吸引，心想無論如何都要跟她結婚，另一方面拉班也想雇用有才能的雅各替他工作。就這樣，雅各和拉班之間進行了一項交易，只要雅各在拉班那兒工作七年，拉班就把女兒拉結許配給雅各為妻做為報酬。

再工作七年才把妹妹也許配給雅各

對於深愛著拉結的雅各來說，七年的時間就像是只有短短幾天般，一下子就過去了。

七年的期限結束，期盼已久的大喜日子終於到來。拉班舉辦了盛大的宴會來慶祝女兒的婚事，然而當晚，他卻是將頭上罩著新娘長紗的姊姊利亞交給雅各。由於天色昏暗，新娘的臉又被長紗所覆蓋住，雅各完全沒發覺這個新娘其實並不是拉結。

隔天早上雅各醒來之後，看見睡在一旁的妻子相當地驚訝，那竟然不是妹妹拉結，而是姊姊利亞。雅各心想：「這樣

MEMO

所謂「祝福」多半是指神所賜予的幸福，另外也有著禮物、恩惠、和解的意思。

的欺騙實在是太過分了！」憤而前往找拉班理論。

　　然而面對雅各的逼問，拉班卻提出了狡猾的說法。他辯解道，在哈蘭有個不成文的習俗，姊姊必須先嫁了，妹妹才能嫁人，並提議如果雅各願意再為他工作七年，就把妹妹拉結許配給雅各為妻。

　　對於深愛著拉結的雅各來說，這樣的提議根本沒有選擇的餘地。於是，他決定接受再為拉班工作七年的交換條件。

經歷長久
煎熬的拉
結生下約
瑟

　　這件事情，透露出兩點耐人尋味之處。

　　第一是假扮成哥哥騙走長子祝福的雅各，這次卻被拉班所騙，與假扮成妹妹的姊姊結了婚。

　　第二則是雅各欺騙視力不好的父親以撒，這次則換成拉班利用夜黑欺騙了自己。這若依佛教的說法來看，就是所謂的因果報應。簡言之，種什麼因就會結什麼果。

　　雖然結了夫妻，但利亞並不得雅各的寵愛。上帝同情她的遭遇，於是賜給她七個孩子（六個兒子、一個女兒）。因為當人被遺棄的時候，上帝仍會眷顧他。

　　另一方面，雅各所深愛的拉結並不承認利亞是雅各的妻子，而對她態度冷淡，上帝因此讓拉結無法生育。

　　不過，上帝對於盼子渴切的拉結也不是全然視若無睹。拉結因遲遲未能懷孕而經歷了長久的煎熬，最後慈悲的上帝終於還是賜給了她一個兒子。

　　拉結感謝神道：「感謝上帝除去了我的污名。」由於她還希望能夠再生下一個兒子，因此便將這個孩子取名為「約瑟」，意思是「神的增添」。

　　約瑟的誕生，是公元前一九一五年時候的事。

〈創世記〉31章1節～35章18節
雅各返回迦南地

從以掃與雅各的例子也可以明白，父母對孩子的偏愛，很容易破壞兄弟之間的關係，引起嚴重的問題。

雅各改名為以色列

雅各在拉班家工作總共過了二十年的光陰。有一天，上帝在他面前顯現，告訴他應當離開這裡，返回迦南地。

拉班原本不願意讓雅各離開，雅各好不容易才帶著兩位妻子、兩名侍女和十一個兒子朝著迦南出發。

但是，雅各也害怕二十年前被自己所欺騙的哥哥仍然懷恨在心，想要殺害他，而為此向神懇切地祈求。這時候，忽然有一位天使擋在他的面前，於是他們進行了一場摔角，直到天明為止。之後，天使要雅各從此以後改名為「以色列」，意思是「與神較力並且得勝」。

以色列對約瑟的溺愛造成悲劇

隔天，以色列終於與以掃見了面，二十年前的仇恨早已煙消雲散，兄弟的感情也變得親密，這是因為上帝聽見了以色列的祈禱。

以色列家中除了約瑟以外，還有利亞所生的六個兒子以及侍女所生的四個兒子。這十個兒子都比約瑟年長，但以色列最寵愛的還是小兒子約瑟，因為這是愛妻拉結所生，而且也是他步入老年後好不容易才生得的兒子。之後，當以色列一家來到位於耶路撒冷北方十九公里處的伯特利時，愛妻拉結又為以色列生下了第二個兒子，也就是最小的么子便雅憫。

然而，以色列對約瑟的偏愛，為家庭內部帶來了嚴重的問題。因偏愛而破壞了兄弟之間的關係，以雅各與以掃的例子最為顯著。接下來聖經的內容，便是敘述約瑟因父親以色列的偏愛而成為導火線，致使他一生都在國外度過的經歷。

MEMO

以掃四十歲的時候娶了兩個赫人的女兒為妻。由於她們崇拜外邦人的異教諸神，因此為以撒和利百加帶來了相當大的煩惱。

〈創世記〉37章1～36節
少年約瑟被兄長賣為奴隸

哥哥們聽從猶大的提議，將討厭的約瑟賣給以實瑪利人為奴。

約瑟將夢境內容告訴兄長

　　以色列十分溺愛約瑟，可以說是從小寵到大，因此將他養成了一個自視過高的狂妄小孩，常常會打哥哥們的小報告，為自己更加贏得父親心中的地位。而以色列偏愛約瑟，甚至讓他穿著色彩繽紛的美麗外衣，和其他哥哥們都不同。在這樣的差別待遇之下，使得同父異母的哥哥們都相當痛恨約瑟，內心都暗暗想著總有一天要讓他嚐嚐苦頭。

　　有一天，年滿十七歲的約瑟將自己的夢境告訴了哥哥們。夢的內容是，當大家在田間捆麥子時，哥哥們的麥捆全都圍繞著向自己的麥捆下拜。哥哥們聽到他的話，全都忿忿不平。隔沒幾天，約瑟又做了一個夢，這次的內容是太陽、月亮和十一顆星星都向自己下拜。這番話讓哥哥們聽了更加地厭惡約瑟，而這次連寵愛約瑟的父親，也都大聲斥責了他一頓。

　　之後，哥哥們為了幫父親趕羊去吃草，而出發到了示劍這個地方。以色列為了確認兒子們是否安好，便要約瑟前往探視。當哥哥們看見弟弟約瑟從遠方慢慢走來時，就互相說著：「你們看！那個做白日夢的人來了。」

把約瑟賣給以實瑪利人為奴

　　哥哥們心想，現在正是個復仇的好機會，於是決定把約瑟殺掉，再告訴父親說他是被野獸攻擊給吃掉了。

　　不過，大哥流本有一顆善良的心，他反對將約瑟殺害，而建議將他丟入坑洞裡。其實他心中正盤算著，等晚一點再回來救約瑟，將他帶回父親那裡。

　　於是，其他的兄弟們都尊重大哥的意見，便打消了殺弟弟的念頭。這時候因為一些其他的事情，流本便從眾人的面前先行離去。

　　於是，哥哥們抓住了約瑟，脫去他身上鮮艷美麗的外衣，接著把他扔進坑洞裡，然後就圍著坑洞坐下來享用食物。

　　就在他們吃著午餐的時候，有一群從基列來的以實瑪利人
商隊從他們的旁邊經過，正要前往埃及去。此時，兄弟之中的
猶大有了新的提議，既然當初原本是打算要殺掉約瑟，倒不如
現在將他賣給以實瑪利人當做奴隸。

　　兄弟們都贊成猶大的提議，便改變了原來的計畫，於是
以當時奴隸的行情價二十舍客勒銀子，把約瑟賣給了以實瑪利
人。過了一會兒，當流本返回坑洞這裡時，約瑟已經不在那裡
了。雖然他相當生氣，但也已經於事無補。

　　兄弟們當然無法跟父親說，他們把約瑟當成奴隸賣掉了，
於是就照著最原先的計畫，先把一頭公羊殺了，將公羊的血沾
在約瑟的衣服上，拿給父親看做為約瑟遇襲的證明。以色列見
到血衣，便相信約瑟確實是被野獸吃掉了，為此悲慟不已。

　　以實瑪利人後來把約瑟帶到埃及，賣給了法老（埃及國
王）身邊的高官波提乏。就這樣，約瑟在公元前一八九八年被
賣到了埃及變成奴隸。

約瑟被帶往埃及的路線

約瑟被兄長們賣到埃及
為奴

地中海

迦南

示劍 ●

希伯崙 ●

死海

尼羅河

埃及

約瑟被誣陷入獄

歷盡種種磨難的約瑟，琢磨出了自己卓越的生存之道，因此受到了神的祝福。

無論任何事約瑟都盡全力做好

狂妄自大的約瑟，因哥哥們的詭計而陷入困境。從小生長在富裕家庭中的約瑟，如今的身分卻只不過是個被賣到埃及的奴隸罷了。

不過，相當難得的是，無論他遭遇了何種處境，都決不會怨恨上帝；而且即使淪落至此，他還是全力地為主人做事，無論他被賦予了什麼樣的工作，都一定盡全力達成目標。這可說是邁向成功的致勝之道。

對於如此不屈不撓的約瑟，上帝也相當祝福他。約瑟無論做什麼事情都是一帆風順，主人波提乏也對他完全地信賴，將家裡所有的財產都交給他管理。

約瑟深知姦淫是不可犯的惡行

約瑟不只相當有才幹，他也遺傳了母親拉結的美貌，是個長相俊美的年輕男子。然而不幸的是，波提乏的妻子也因此看上了他。

她是個行為相當不端的女人，每天都誘惑約瑟與她同寢，但都被約瑟斷然地拒絕。

為何約瑟會如此堅定地拒絕誘惑呢？換做文學家的話，或許會把姦淫之事經過美化寫成動人的故事；或即便從學術的角度進行多元的思考，也不見得會得出姦淫就是罪惡的結論。然而，上帝禁止姦淫的行為，若是做了姦淫之事，就是犯了違逆上帝之罪。因此，敬畏上帝的約瑟，即使美色當前也會斷然拒絕。

能夠使約瑟脫離婦人誘惑的原因，就在於他對上帝的忠誠和敬畏，以及強烈的感謝之念，感謝因神與他同在，他才能享有今日的成果。

　　然而，擁有強烈的信念而逃過劫難至今的約瑟，最後卻因為女主人的誣陷而被捕入獄。

　　有一天，女主人悄悄地來到在屋裡工作的約瑟身邊，從後方一把摟住他，並扯住他的衣服想要強迫他。

約瑟被惡人誣陷入獄

　　約瑟拚命地掙脫逃開了，然而他的上衣卻在掙扎間被女主人扯了下來。這一瞬間，女主人心裡浮現了可怕的想法。

　　她大聲呼叫，把家中的僕人都引了過來，給他們看約瑟的上衣並說：「約瑟闖進我的房間想要調戲我，他一聽到我大聲呼救，就慌忙地把衣服丟在這裡逃走了。」等到丈夫回到家中，她又把同樣的謊言告訴了他。波提乏聽了之後大怒，完全不聽約瑟的解釋，就立刻將他關進了監獄裡。

　　但是，上帝並沒有遺棄約瑟，仍然與他同在，約瑟因此能夠取得典獄長的信任，並讓他負責管理監獄裡其他的囚犯。

　　後來，宮中的酒政因冒犯了法老，被關在與約瑟同一所監獄中。酒政是法老重要的親信，不僅負責在法老王用膳時為其試毒，也負責提供法老諮商。

　　有一天，酒政做了一個夢，但不明白夢所代表的意思，於是拜託約瑟替他解夢。約瑟聽了夢境內容，便說這代表著酒政將會獲得法老的赦免，恢復他原來的職位。到了第三天，這個夢境果然實現了。

　　約瑟把自己因為莫須有的罪被誣陷入獄的事告訴了酒政，請求他出獄之後，替自己在法老的面前洗刷冤屈。然而，從監獄中被釋放出來的酒政，卻把當初約瑟的託付忘得一乾二淨。

〈創世記〉41章1～57節
從奴隸變成埃及宰相的約瑟

約瑟為法老王解夢，因而當上了宰相。他將解夢視為神賜予的力量，對於這個能力謙虛以對。

約瑟替法老解夢而出獄

　　酒政出獄後，約瑟又在牢裡待了兩年。有一天，法老做了兩個不可思議的夢，

　　第一個夢裡頭，在尼羅河畔有七頭醜陋瘦弱的母牛，將另外七頭肥壯的母牛吃掉；另一個夢裡頭，則是有七個乾癟的麥穗，將另外七個豐碩的麥穗吞下去。

　　這兩個夢之間有著一些共通點，似乎隱含著什麼重大的意義，令法老百思不得其解。

　　於是，他召集了埃及全境最優秀占卜師和智者，但沒有任何人能解開法老的夢。

　　這時候，酒政忽然想起在牢獄裡的約瑟，於是將那時和他關在一起的一個希伯來人善於解夢的事情，告訴了法老。

　　法老聽了立刻派人把約瑟從監獄裡帶出來，並對他說：「沒有人能夠解得開我所做的夢，聽說你擁有解夢的能力，請務必替我解夢。」

　　約瑟回答法老：「解夢不在於我，而是來自上帝的啟示。」他並不誇耀自己的解夢能力，而是謙虛地將這光榮歸於上帝。

約瑟始終保持謙虛的態度

　　法老把自己的夢告訴約瑟，約瑟聽完後立即就解出了夢的含義。其實，這兩個夢都代表著相同的意思。

　　約瑟解讀法老的夢是上帝預告了埃及將會有七年的大豐收，接著又會遇上七年的饑荒。他更進一步向法老王提出了兩個建言，其一是在接下來的七個豐年期間，收集穀物並貯藏起來，等到大饑荒來臨時，便可運用這些囤糧支應國家所需；第二項建言則是，雇用最優秀的人材來執行這項工作。

　　約瑟不僅解讀出法老夢中的意思，還告訴他如何因應的對策，更值得注意的是，約瑟並沒有推薦自己就是最適合執行這項工作的人選。

　　不過在法老的眼中，約瑟就是最適任這項工作的人，於是當場任命他為埃及的宰相。約瑟確實是個了不起的人物，同時法老也是一位能夠知人善任的賢明領導者。

　　約瑟從監獄被釋放，從階下囚的身分一躍成為地位僅次法老的宰相。法老拿下自己的戒指戴在約瑟的手指上，讓他穿上特製的衣服，並在他的脖子上掛上金項鍊，然後宣布：「你要為我治理我的國家，我的人民都要聽從你的命令，惟獨我的王位高過於你的權力。」

　　此外，法老還為約瑟賜婚，可以想見法老多麼期待他的能力。這時候，約瑟已經三十歲了。

　　在一開始的七個豐年期間，埃及的作物多到數不盡，由於豐收的程度超乎預期，穀物的記錄工作甚至因此一度中止。約瑟建造了巨大的穀倉，在裡面為即將而來的大饑荒儲存了大量的食糧。

　　約瑟三十歲就任埃及宰相時，是公元前一八八四年的事情，當時正值埃及第十二王朝的時代。

　　在七個豐年之後，果然緊接著就是七年的饑荒來臨。於是，約瑟打開了糧倉，將大量囤積的穀物拿出來賣。這個消息一傳開來，不只是埃及全境，甚至連其他國家的人民也都遠道前來買糧。

〈創世記〉42章1～38節
兄長向約瑟跪拜請求原諒

約瑟從前做過的夢如今成真，他打算試探兄長們的誠意，父親以色列卻拒絕了他的要求。

兄長們前往埃及買糧

　　被哥哥們當做奴隸賣到埃及時，約瑟還只是個十七歲的少年。之後的十三年間，他過著奴隸和囚犯的生活，然後在三十歲那年成為埃及宰相，之後又再過了七年。此時從他離開家鄉迦南算起，已經過了二十個年頭，約瑟也已經三十七歲了。

　　約瑟和妻子生下了兩個兒子，長男名叫瑪拿西，次男名叫以法蓮。

　　瑪拿西代表「忘記」的意思，因為上帝使約瑟能夠忘懷在父親老家被哥哥們欺侮的過往回憶。

　　以法蓮則是「茂盛」的意思，因為上帝使約瑟在受苦的地方昌盛起來。

　　饑荒不僅發生在埃及一地，連迦南也遭逢荒年，使得以色列一家面臨嚴重的糧食危機。因此，以色列派十個哥哥們前往埃及買糧，只將么子便雅憫留在身邊陪伴自己。

　　因饑荒而糧食不足的哥哥們，此次必須低下身段向身為埃及宰相而握有權力的約瑟求取食物，可是說是相當奇妙的命運轉折。

約瑟試探兄長們的誠意

　　抵達埃及的哥哥們，向成為宰相的約瑟伏地跪拜，這情景簡直就像從前約瑟所做的夢一樣。

　　約瑟馬上就認出了哥哥們，卻假裝不認識他們，哥哥們也完全沒發現大國埃及的宰相，竟然就是從前被他們當做奴隸賣給了以實瑪利人，那個傲慢自大的弟弟約瑟。

　　兄長們告訴宰相，家中本來有十二個兄弟，最小的弟弟現在留在迦南陪伴父親，還有一個弟弟已經死了。約瑟決定要測試他們，確認哥哥們是不是還像當初出賣自己時那樣地壞心。

成為埃及宰相的約瑟

約瑟十七歲時夢見兄長
向自己伏拜，這個夢境
在二十年後實現了。

約瑟故意裝做懷疑他們是敵國的間諜，如果要證明他們不是間諜的話，就必須派其中一人回到家鄉，把他們最小的弟弟帶來埃及，以確定他們所說的是真話，然後就將他們關進了監獄三天。

到了第三天，約瑟前往監獄探視，這次提出了較為寬鬆的條件，要他們留下一人在埃及當人質，其餘的九個人則可以帶著糧食回去，然後把留在迦南最小的弟弟帶過來，這樣的話就相信他們不是間諜。

哥哥們聽了這樣的命令彼此低聲交談，說是因為二十年前把弟弟當做奴隸賣掉，如今才會受到神的懲罰。

由於他們和約瑟之間的對話是透過口譯，因此以為埃及宰相聽不懂他們的語言，但其實他們所說的內容，約瑟全部聽在耳裡。

約瑟走出了房間以後，便在沒有人注意的情況下，悄悄地落下淚來。

以色列拒絕宰相約瑟的要求

約瑟當著他們的面前，把次男西緬用繩索綁起來，然後讓其他人帶著裝滿穀物的糧袋回到迦南。不過，約瑟也把哥哥們買糧所付的銀子，又偷偷裝回了袋子裡。

回到迦南的兄長們打開糧袋一看，發現應該已經付出去的銀子都裝在袋子裡，嚇得渾身發抖。於是，他們把在埃及發生的事告訴了父親。以色列聽了悲嘆地說：「我已經失去了我的兒子約瑟，現在西緬又被囚禁了起來，如今還要帶走我的小兒子便雅憫嗎。」

於是，儘管兄弟們盡力地說服父親，以色列仍堅決反對把便雅憫帶到埃及去。

〈創世記〉43章1節～44章34節
通過約瑟考驗的哥哥們

約瑟的哥哥們深切反省從前犯下的過錯，使得約瑟相當地高興。

哥哥們依約前往埃及

　　饑荒的情況不僅沒有好轉，反而有愈演愈烈的趨勢。兄長們從埃及買回來的糧食，很快就吃完了。雖然埃及還存有大量的糧食，但哥哥們也知道如果沒有把便雅憫帶去埃及滿足宰相的要求，糧食是絕對不會賣給他們的，這樣下去以色列全家都會餓死。

　　於是，四男猶大向父親發誓將承擔起全部的責任，請父親答應讓便雅憫一同前往埃及。起初堅決反對的父親，由於眼看著快要斷糧了，最後只好答應了猶大。

　　他們為了能夠順利買糧，便準備了迦南的名產（譯注：包括乳香、沒藥、香料、蜂蜜、杏仁、粟子），銀子也準備了上次歸還他們袋裡的兩倍，然後帶著弟弟便雅憫前往埃及。

　　約瑟見到了便雅憫相當高興，就派人從監獄裡把西緬帶出來，邀請所有的兄弟們到家中用餐，命令管家設宴款待他們。

　　哥哥們害怕宰相會因為上次買糧的銀子而將他們逮捕，抓去做奴隸，因此向約瑟的管家說明了事情的原由，但管家卻回答他們：「不用擔心，那一定是上帝賞賜給你們的銀子。」

　　所有的兄弟們伏在地上向約瑟低頭跪拜。約瑟從他們那裡聽說父親仍然很健康地活著，而感到相當安心。

　　接著眾人一起用餐，然而便雅憫的桌上卻擺放了比其他兄弟多出五倍的佳餚。

以銀杯製造偷竊的嫌疑

　　之後，正當兄弟十一個人把糧食裝入袋子裡，準備打道回府的時候，約瑟卻召來管家下了一道祕密的指令。

　　這道祕密的指令，就是要管家將自己常用的銀杯，偷偷裝在便雅憫的袋子裡。

於是，在兄弟們從埃及出發後沒多久，約瑟的管家就從後面追上來，指責他們偷竊而嚴厲地質問：「主人待你們如此親切，你們為什麼要偷走主人重要的銀杯呢！」

當然他們並沒有偷拿銀杯，所以堅決地否認，並發誓如果從他們這裡找到銀杯的話，不論是誰偷的，就將他處死，其餘的人則做約瑟的奴僕。

管家便從年長者開始依序搜查袋子裡的東西，最後搜查到年紀最小的弟弟便雅憫時，果然在他的袋子裡找到了銀杯。

因此，全部的人又都回到了約瑟的家中。他們向約瑟提出了請願，甘願都做他的奴僕。

但是，約瑟卻強力主張銀杯是從誰那裡搜出來的，就由那個人來做奴僕。其實這是約瑟給哥哥們的測試，他想知道他們會採取什麼樣的行動。

哥哥們的改變使約瑟喜出望外

約瑟這麼做，是想知道哥哥們會不會像從前遺棄自己那樣，也遺棄便雅憫？有沒有從過去的痛苦經驗中得到教訓？此外，當初給予便雅憫多出其他人許多的佳餚，其實是也是故意要激起哥哥們嫉妒心的一種手段。

而現在的情況，對哥哥們來說有足夠正當的理由，可以拋下自己的弟弟離開埃及。那麼，他們究竟會採取什麼樣的行動呢？

於是，猶大代表眾兄弟謙卑地對約瑟說，他們的父親是多麼地疼愛便雅憫，而且他已經失去了一個愛子，假使連最小的兒子也失去的話，父親恐怕會因為過於悲傷而活不下去。因此，猶大又說他願意代替自己的弟弟來做約瑟的奴隸，懇求他能夠讓便雅憫回到父親那裡去。

約瑟聽了這番話喜出望外，哥哥們的態度已經和從前完全不同了，他們成功地通過了約瑟給予他們的試驗。

〈創世記〉45章1節～50章26節
以色列一家遷居埃及

約瑟被賣身為奴至埃及，其實是因著神的力量，讓他能在適當的時機拯救
自己的家人。

約瑟建議家人遷居埃及

　　約瑟再也無法壓抑心中的情感，於是命令現場所有的埃及侍從離開房間，然後放聲大哭，哭泣的聲音連待在房間外的埃及人也聽得見。接著，身為宰相的約瑟請哥哥們上前來靠近自己，向他們表明自己其實就是當年被他們賣到埃及為奴的弟弟約瑟。

　　哥哥們聽了惶恐不已。當時約瑟年紀還小，他們因此仗著自己年長有力又人數眾多而欺負了約瑟。但是，現在形勢卻完全逆轉，約瑟已是大國埃及位居顯赫的大政治家，想要殺他們也好，或是把他們一輩子關在牢裡也好，手上都握有生殺大權。約瑟的哥哥們，個個都嚇得說不出話來。

　　然而，約瑟對於哥哥們昔日的行為並沒有懷恨在心，更沒有想過要報復。他知道這一切都是上帝的安排，為了讓他能夠挽救自己兄弟和家人的性命，所以預先將他送到埃及來。

　　約瑟對他的兄弟們說，希望能把父親接來埃及同住，因為這次的饑荒還會再持續五年，如果全家能搬來埃及住在自己的附近，比起多次長途跋涉到埃及來買糧要方便得多了。

　　就這樣，闊別二十年重逢的兄弟們，又融洽地相處在一起。

以色列一家在埃及過著富裕的生活

　　法老聽到約瑟的兄弟們來了十分高興，表示願意出錢支付讓他們整個家族遷居到埃及來的費用，並且賜給他們埃及最好的土地，讓他們享用最好的物產。

　　以色列沒想到原以為早已死去的兒子約瑟如今還活著，而且還做了埃及的首相，得知這個消息之後非常高興，相當歡喜地接受了遷居埃及的提議，於是一行人浩浩蕩蕩地朝埃及出發。

MEMO

木乃伊的製作方法：①將腦和內臟從屍體中取出來，浸過鹽水後再使其乾燥。②在屍體的腹腔裡填入沾染上香料氣味的樹脂。③在屍體的表面纏上布帶，安置在棺木之中。

當他們途中經過別是巴時，以色列便在那裡向上帝獻祭，這時，上帝突然顯現在他面前，要他不要害怕到埃及去，並應許他的家族最後一定會重返迦南。

　　以色列一家總計七十多人移居到了埃及，但因為埃及人不喜歡放牧者，因此他們原本擔心若與埃及人生活在一起，或許會和當地居民發生摩擦，不過這個問題最後也獲得了圓滿的解決。因為法老相當親切地接待他們，還委託他們幫忙看管法老的牲畜，並讓他們居住在尼羅河下游的歌珊一處肥沃廣大的土地，使得他們也得以不用經常與埃及人有所接觸。

突破逆境的約瑟救了全家

　　以色列移居埃及時已經一百三十歲了，後來又活了十七年，便在公元前一八五九年時，以一百四十七歲的高齡結束了幸福的一生。另一方面，以色列的兒子約瑟，之後仍然以其高明的手腕治理埃及，最後在公元前一八〇五年時，結束他一百一十歲的生涯。

　　約瑟在臨終前，曾留下了奇特的遺言。上帝曾經應許亞伯拉罕，將來他的以色列子孫們將會再度返回迦南地，而約瑟也知道這件事情，因此他指示將來以色列子孫重返迦南時，也要帶著他的骨頭一同回去，將他和他的家族安葬在一起。因為這個緣故，以色列的子孫在約瑟死後，便將他製成了木乃伊納入棺中。

　　從前，約瑟的哥哥們因為嫉妒他，而隱瞞父親將他賣到了埃及去。但是他們所遺棄的，卻被上帝撿了回來。每當約瑟遭遇種種磨難時，上帝總是伸出援手救他脫困。或許上帝的旨意，就是要他指揮埃及全境，拯救父親和家族免於饑荒之苦。

　　藉由上帝的力量，應驗了那句古老的諺語：「泥水匠所丟棄的這塊石頭，已成為最重要的基石！」。

MEMO

「希伯來人」指的是亞伯拉罕及雅各的子孫，與「以色列人」同義，其語源意味著「到處遷移的人們」。另外，猶太人多半指的是信仰猶太教的人們，

由亞當至以色列十二部族的產生

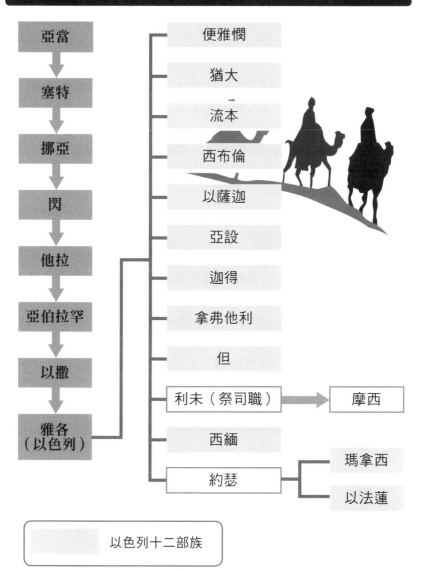

亞當 → 塞特 → 挪亞 → 閃 → 他拉 → 亞伯拉罕 → 以撒 → 雅各（以色列）

便雅憫
猶大
流本
西布倫
以薩迦
亞設
迦得
拿弗他利
但
利未（祭司職） → 摩西
西緬
約瑟 → 瑪拿西
約瑟 → 以法蓮

以色列十二部族

不過其中也有信仰基督教的例外，大約占全部猶太人口的百分之二到三左右。大致上而言，可說「希伯來人＝以色列人＝猶太人」。

天主教會與新教會的區別

● 天主教會有著龐大的金字塔體系

　　新教會與天主教會兩者都是基督的信徒，他們都同樣信仰上帝耶和華，同樣信仰耶穌基督，相信聖父、聖子、聖靈三位一體。由這幾點來看，兩者可說都立足於相同的基督信仰上。

　　此外，這兩者都以聖經為信仰重心，也都認同洗禮和聖餐禮的儀式。

　　「洗禮」是基督的信徒加入教會時所舉行的儀式，進行的方式有全身浸在水裡，或是在頭上灑水等等。

　　「聖餐禮」則是表現基督信徒間相互交流的一種用餐儀式，也稱做「主的晚餐」。

　　聖餐的由來是源自於耶穌「最後的晚餐」，席間他對門徒們說：「請照著我這樣做，以此記念我。」接著把餅擘開分給弟子，然後將葡萄酒倒入杯裡分給大家。

　　聖餐禮是基督教會的稱謂，一年不定期舉行數次，但在天主教會則稱之為「彌撒」，每個禮拜天都會舉行。

　　基督教會與天主教會兩者在本質上是相當類似的宗教，但在形式上卻有著非常大的差異性。

　　首先，天主教會是以階級制度為基底有組織地在運作，並以羅馬教皇做為階級當中最頂端的掌權者，採取中央集權制度，形成了龐大的金字塔體系。

　　神父必須透過教廷的任命，被派遣至世界各國的天主教會服事。

　　此外，聖經的解釋也是由教會統一宣示，神父必須完全地遵從，而且神父有終生保持獨身的義務。另外，擁有修道院也是天主教的特色之一。

　　天主教總共有七項儀式，除了洗禮和彌撒之外，還有堅振、告解、聖秩、傅油、婚配五種。

MEMO

　　由於新教會重視聖經，因此牧師講道被視為相當重要的事，講道時間長達半小時至一小時。不過，天主教會重視儀式勝於講道，因此在彌撒的儀式中，神父講道只占其中的一小部分，約為十分鐘左右。

天主教會與新教會

天主教會與基督教會的共通點

- 同樣信仰上帝耶和華
- 同樣信仰耶穌基督
- 相信聖父、聖子、聖靈為「三位一體」
  注：即在基本教義中認為聖父、聖子和聖靈三者是一體的

項目	天主教會	新教會
儀式總稱	聖禮	禮拜
教皇	承認其為聖彼得的繼承人	不承認教皇的存在
位階制度	採用，有主教、主祭、輔祭	不採用，信徒皆可為主祭
神職人員	主祭（神父）	牧師
神職人員結婚	不可以，單身為基本條件	可以
聖人	認可，有許多聖人存在	不認可
馬利亞	崇拜馬利亞，視其為最優秀的聖人	不崇拜
聖典	聖經與聖傳（基督事蹟的口述相傳）	奉聖經為唯一聖典
聖經的解釋	由教會統一解釋	信徒自行解釋
聖禮	採行，有洗禮、聖秩、彌撒、傅油、堅振、告解、聖體、婚配七項儀式	不採行，洗禮和聖餐禮隨時都可舉行

● 個人自由度相當高的新教會

　　新教會並不認同教皇、位階制度、聖人及聖母馬利亞，信徒對於聖經可以有自己的見解，具有相當高的自由度。

　　也因為如此，新教會依據對聖經的解釋不同，也分成了浸信會、福音派、路德派等各種派別。

　　另外，各個教會的財務是各自獨立，教會組織的編制極為精簡。

　　新教會雖然不採用天主教的聖禮儀式，但洗禮與聖餐禮則任何時間都可以進行。新教會的牧師就相當於天主教會的神父，但牧師可以結婚，擁有家庭。

　　另一方面，新教會與天主教會的建築，在外觀上也有著相當大的差異。

　　天主教會的建築莊嚴而氣派，內部通常擺設有馬利亞像、耶穌像等許多神像。新教會的建築外觀則樸素鮮少裝飾，內部沒有任何神像，只掛有十字架，並在十字架前的講台上放置著聖經。

天主教會所舉行的主要儀式

洗禮	全身浸在水中，或是在頭上灑水的儀式。基督信仰者在加入教會時，必須通過洗禮，才能成為正式的教徒。
彌撒（聖餐禮）	將餅和葡萄酒分給眾信徒的儀式。
堅振	在額上塗香油的儀式，做為教會裡成熟信徒的象徵。
告解	坦白自己所犯下的罪以獲得赦免的儀式。
聖秩	居上位者將手按在受命者的頭上，任命其為主教、主祭、輔祭等職位，是教會用來任命神職人員的儀式。
傅油（終傅）	坦白自己所犯下的罪以獲得赦免的儀式。
婚配	男女信徒為求共度一生，在神與教會面前立誓的儀式。

MEMO

所謂的「聖禮」（sacrament），是指以具體的形式來表現耶穌神祕性的儀式。

以色列人蒙神拯救的歷史

第**2**章

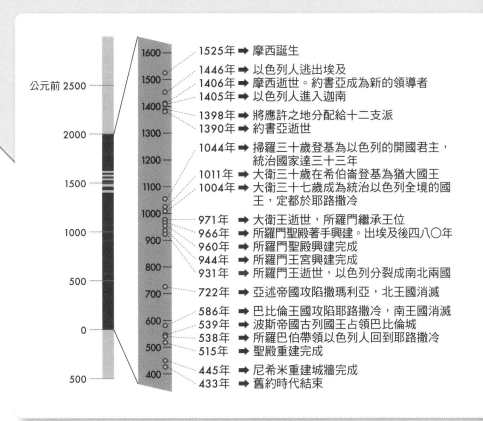

公元前 2500

2000

1500

1000

500

0

500

1600	
1500	1525年 ➡ 摩西誕生
1400	1446年 ➡ 以色列人逃出埃及
	1406年 ➡ 摩西逝世。約書亞成為新的領導者
	1405年 ➡ 以色列人進入迦南
1300	1398年 ➡ 將應許之地分配給十二支派
	1390年 ➡ 約書亞逝世

1600 ➡ 1525年 ➡ 摩西誕生
1446年 ➡ 以色列人逃出埃及
1406年 ➡ 摩西逝世。約書亞成為新的領導者
1405年 ➡ 以色列人進入迦南
1398年 ➡ 將應許之地分配給十二支派
1390年 ➡ 約書亞逝世

1044年 ➡ 掃羅三十歲登基為以色列的開國君主，統治國家達三十三年
1011年 ➡ 大衛三十歲在希伯崙登基為猶大國王
1004年 ➡ 大衛三十七歲成為統治以色列全境的國王，定都於耶路撒冷

971年 ➡ 大衛王逝世，所羅門繼承王位
966年 ➡ 所羅門聖殿著手興建。出埃及後四八〇年
960年 ➡ 所羅門聖殿興建完成
944年 ➡ 所羅門王宮興建完成
931年 ➡ 所羅門王逝世，以色列分裂成南北兩國

722年 ➡ 亞述帝國攻陷撒瑪利亞，北王國消滅

586年 ➡ 巴比倫王國攻陷耶路撒冷，南王國消滅
539年 ➡ 波斯帝國古列國王占領巴比倫城
538年 ➡ 所羅巴伯帶領以色列人回到耶路撒冷
515年 ➡ 聖殿重建完成

445年 ➡ 尼希米重建城牆完成
433年 ➡ 舊約時代結束

〈出埃及記〉1章1～22節

以色列人在埃及為奴

隨著時間流逝，埃及人已經忘記過去以色列人曾有過重大貢獻，而開始迫害他們。接著摩西誕生了。

埃及人害怕以色列人和敵人同一陣線

以色列一家從迦南移居至埃及時（公元前一八七六年），被賞賜了當時最肥沃的土地歌珊。無論法老或埃及人民，都由衷地感激約瑟運用巧妙的經濟政策使埃及脫離饑荒之苦。從那之後，又歷經了三百六十年的歲月，埃及已然改朝換代，從前的法老（埃及第十二王朝）早已死去，如今是新的法老（埃及第十八王朝）繼位治理埃及。新的法老不曉得以色列人約瑟過去所做的貢獻，既然不知道，當然不會心存感激。

另一方面，以色列人由於子孫繁多人口不斷增加，新的法老因此開始擔心戰事一旦爆發，敵人攻打過來，而以色列人又起了異心投靠敵方的話，後果將不堪設想。因此，他下令要以色列人做苦工、開運河、建城市，把他們當做奴隸一樣看待。然而，苦不堪言的以色列人，人口不減反增。

為了拯救以色列人而誕生的摩西

為此苦惱不已的法老，下令助產婆替以色列人接生時，只要是男孩一律殺害。但是，以色列的助產婆比起法老更加敬畏上帝，並不願意聽從法老的命令。於是她們編造了藉口，說以色列婦女與埃及婦女不同，她們很有活力，早在助產婆抵達之前，就已經把孩子給生下來了。

這個說法激怒了埃及法老，於是他下達命令將所有新生的以色列男嬰全部扔到河裡。就這樣，肩負著拯救以色列人脫離埃及暴政這個重責大任的摩西，於距今約三千五百年前（公元前一五二五年），在一出生即面臨生命危險的情況下來到了這世上。

〈出埃及記〉2章1～25節
在法老迫害下誕生的摩西

受高等教育而成長的摩西，因殺了人而從埃及逃亡，後來在從事牧羊人的工作中學習到了「忍耐」。

摩西在埃及宮中衣食無虞地成長

以色列部族之一的利未族裡誕生了一名男嬰，這家的母親不顧法老的命令，偷偷將孩子養到三個月大，直到再也隱瞞不住了，才將他放進蒲草做的籃子裡，放置在尼羅河邊生長茂盛的蘆葦叢中。

籃子緩緩地順著河漂流，孩子的姊姊因為擔心弟弟的安危，就一直尾隨在後。

這時候，法老的女兒正好在河川下游沐浴。她發現了這個籃子，沒想到將蓋子打開一看，裡面竟是個可愛的以色列男嬰。

埃及公主心想：「雖然他是以色列人的兒子，可是長得好可愛，我一定要設法養育他。」男嬰的姊姊一直躲藏在暗處觀看，見機不可失，就立刻跑到埃及公主的面前對她說：「我從以色列婦人中為妳介紹一個奶媽來，幫你乳養這個孩子長大可以嗎？」公主相當贊成她的提議，於是，姊姊就把自己的母親請了過來。

埃及公主替這個嬰孩取名叫「摩西」，意思是「從水裡撈起來的東西」。公主讓奶媽，也就是孩子真正的母親代為撫養摩西，並給她工錢，直到孩子長大後接至宮中與公主一同生活為止。

後來，摩西以公主兒子的身分在宮中過著衣食無虞的生活，並接受政治、文學、宗教、自然科學等方面的高等教育，在優渥的環境下成長。

摩西殺人

天資聰穎的摩西長大之後，不僅擁有豐富的知識，也是個擁有正義感與熱情的優秀青年。

有一天，他離開王宮在市區散步，看到了以色列的同胞是如何被迫從事辛苦的勞動。一個埃及人的監工，不斷揮動鞭子

法老的女兒命令僕人們從河裡
救起摩西。

抽打身為自己同胞的以色列人，這一幕使得滿懷愛國心與正義感的四十歲青年摩西當場被激怒。

於是，摩西趁著四下無人的時候，便打了那個監工一頓。原本他並沒有殺害對方的意思，但卻因為出手太重，而將監工活活打死，摩西只好把屍體埋入沙堆中，然後逕行離去。

隔天，外出散步的摩西看到兩名以色列同胞在打架，於是介入調停。他問做錯的那一方：「你為什麼要毆打自己的同伴呢？」沒想到對方卻反問摩西：「什麼時候你成了我們的審判官了。難道你也想像昨天殺那個埃及人一樣殺了我嗎？」。

摩西原以為沒有任何人知道昨天的事，沒想到竟然已經被人看到了，而感到相當害怕。

牧羊人的生活使摩西學會忍耐

得知這個消息的法老，馬上派人通緝摩西要將他處死，但是摩西早就已經逃到了位於阿拉伯半島上的米甸（由於米甸人是游牧民族，居無定所，因此很難掌握行蹤）。摩西原本身為公主的兒子，過著優渥的生活，並接受了高等的教育；但由於正義感與愛國心使然，使得他挺身救助身為自己同胞的以色列人。無論是智慧或體力，摩西對於自己的能力都自信滿滿。可是，他非但沒有得到以色列人的感謝，被拒絕在外，最後還不得不拚了命似地逃到了遙遠的米甸。

摩西在米甸成為了牧羊人，並與米甸祭司葉忒羅的女兒西坡拉結婚，生了一個小孩。

就在這段期間，通緝摩西的法老已經逝世，由新任法老即位，但以色列人仍舊是奴隸，受壓迫的情況也依然沒變。

離開埃及的四十年當中，摩西並沒有忘記身陷痛苦的以色列同胞。但是，即使是當年無論智慧體力都相當過人的青年時代，摩西也無法救出自己的同胞；如今已年老的摩西，就更加深切地感受到自身的無能為力。在埃及學習了學問和教養的摩西，如今在米甸成為牧羊人，則使他學會了忍耐。然而就是在這個時候，摩西才算是真正完全地預備好，得以為神所用了。

〈出埃及記〉3章1節～7章7節
摩西受到上帝的呼召

上帝將以色列人由埃及奴隸的困境中解救出來，並希望他們能夠成為信仰神的子民。

在何烈山聽見耶和華的聲音

有一天，摩西如往常一樣牧放他的羊群，趕著羊來到了「神的山」何烈山（西奈山），看到了荊棘上正燃著火焰，但荊棘卻沒有燒毀。

在好奇心的驅使下，摩西走近了正燃著火的刑棘，突然有個聲音從荊棘裡傳出來：「摩西，摩西。」他立刻回答：「我在這裡。」這聲音就是來自上帝。由於這裡是神聖的地方，神便命令摩西將腳上的鞋脫掉。由於摩西感到很害怕，於是立刻聽從了命令。上帝又對他說：「我是你父親的神，是亞伯拉罕的神，以撒的神，雅各的神。」摩西害怕抬頭會看見上帝，於是就用手蒙住了臉。

神對他說：「我看見了我的百姓在埃及所遭受的苦難，也聽見了他們的呼求。我要差遣你前往拯救他們脫離埃及人的奴役，並帶領他們到流著奶與蜜的寬廣之地迦南。因此，我要你去見法老，告訴他你要將以色列人帶離埃及。」

這是多麼重大的任務啊。摩西想起自己對智慧與體力還相當有自信的時候，仍然無法拯救自己同胞的那種無力的痛苦經驗，加上他是個非常謙虛的人，因此他提出了許多理由，想要婉拒上帝的指令，像是自己非常不善於言辭，或要是有人問起「神叫什麼名字？」，他也回答不出來，並認為應該還有其他更適合的人選。

於是，上帝頭一次說出了自己的名字，而這甚至也不曾告知過亞伯拉罕、以撒和雅各。神說：「我是『自有永有者（耶和華）』，是宇宙創始之初就存在的神。你去告訴以色列人，就是那位神將你派遣到他們身邊的。」

MEMO

「耶和華」是以色列人稱呼上帝時的固有名稱，這個字用字母表記為「YHWH」，翻譯成中文為「主」。上帝是一切存在之物的創造主，是「光」，也是「完全神聖的存在」，並擁有「完全神聖的愛」。

摩西返回埃及的路線

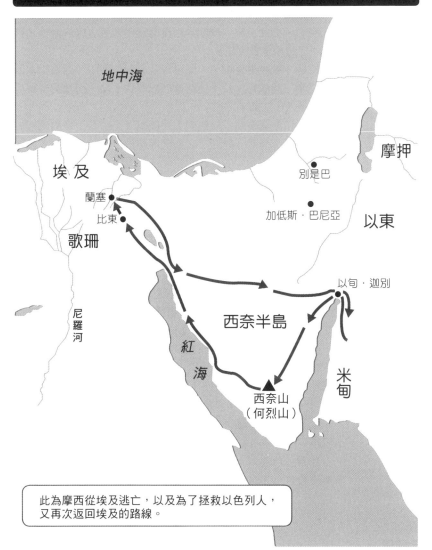

地中海

埃 及

歌珊

尼羅河

蘭塞

比東

紅海

西奈半島

西奈山
（何烈山）

別是巴

加低斯・巴尼亞

以旬・迦別

摩押

以東

米甸

此為摩西從埃及逃亡，以及為了拯救以色列人，又再次返回埃及的路線。

行奇蹟博取人民信任

上帝約定會一直守護著摩西，幫助他能夠順利達成使命。此外，還讓摩西的哥哥亞倫與他同行，協助拙於言辭的摩西對人民說話。如此一來，摩西再也沒有理由迴避上帝的命令，終於接下了這項重責大任。

於是，摩西帶著妻子、兒子以及來到何烈山（西奈山）的哥哥亞倫一同前往埃及。這時摩西已經八十歲，而他的哥哥亞倫也已經八十三歲了。

摩西和亞倫來到了以色列人民面前，亞倫將上帝對摩西說的話全部告訴他們，摩西又在他們面前行了奇蹟，因此人民便相信了他們說的話；並且也明白上帝顧念以色列人，看到了他們的痛苦，於是都跪下來敬拜上帝。

以色列人的勞役變得更為繁重

接著，摩西與亞倫來到法老的王宮，告訴法老以色列的神命令以色列人離開埃及，前往曠野獻祭。然而，法老無論對待以色列的神或摩西，態度都十分傲慢。不只於此，還命令監工增加以色列人民的工作量，並且要使勁揮動鞭子嚴厲地逼迫他們勞動。這樣的結果，使得以色列人對摩西和亞倫忿恨不已。

為了解放奴隸而被選出的領袖，不但被對方的國王看不起，連自己的同胞也不願意支持。這樣的情況以人的角度來看，或許會覺得解放奴隸的任務似乎是失敗了。

然而，上帝的思維與凡人的見解是截然不同的。上帝就是想藉由實現以人的力量絕不可能達成的事情，將人民由埃及奴隸的窘況下救出，好讓以色列人成為信仰神的子民。

上帝不選擇年輕力盛時的摩西前往拯救以色列人，而是差遣已經年老的摩西做為使者，也是基於同樣的理由。

然而，以色列人光是面對眼前的苦難就已經毫無餘力，根本無法體會上帝的的用意。

〈出埃及記〉7章9節～10章29節
無數的天災降臨埃及

不管降下什麼樣的天災，法老仍然不許以色列人離開埃及。

十災是真
神的審判

　　法老不相信摩西和亞倫所說的話，要他們表演奇蹟，證明以色列的神是真神。於是，亞倫將自己的手杖丟在法老的面前，手杖就變成了蛇。然而法老依然不為所動，他立即召來埃及的術士，也同樣把他們的手杖變成了蛇，不過亞倫的蛇把這些蛇都吞食掉了。

　　但是，即使法老親眼所見自己所要求的神蹟，卻仍然不相信以色列的神。因此，神決定懲罰埃及，好讓埃及的百姓明白祂就是真神。這個懲罰，就是讓埃及發生接下來的這十項天災。

　　第一項：亞倫用手杖擊打尼羅河的水面，河裡的水立刻變成血，所有的魚都死了，河水發出腥臭，使埃及人沒有水可以喝。埃及的術士也做了同樣的事情，因此法老還是不肯聽從摩西與亞倫的話。

　　第二項：亞倫將手杖伸向埃及所有的水面，成千上萬的青蛙從水裡跳出來，佈滿了廚房或是床上等地方。為了對抗亞倫的法術，埃及的術士也做出了同樣的事情。

　　第三項：亞倫以手杖重擊腳底下的沙地，揚起的沙粒都變成了虱子，襲擊人和牲畜。埃及的術士想要變出虱子卻做不到。

　　第四項：蒼蠅異常增多遍布了埃及全境，大量飛入埃及人的房屋，但以色列人所居住的歌珊地區，卻沒有成群的蒼蠅。法老內心產生動搖，假裝同意讓以色列人離開埃及，拜託摩西和亞倫向上帝禱告解除災難。但是災害解除之後，法老馬上就改變了心意。

　　第五項：引發瘟疫使埃及人的牲畜死亡，但以色列人的牲畜毫髮無傷。

第六項：讓埃及人及其牲畜長出膿瘡。因為身上長了膿瘡的關係，法老在摩西的面前甚至連站都站不住，但他依然相當強硬。

第七項：上帝預告將會降下自埃及建國以來最為嚴重的冰雹。法老的臣僕中相信上帝預告的人，都讓奴僕與牲畜躲進家中避難；不把這些話放在心上的人，則依然讓奴僕和牲畜都留在田野裡。

第八項：摩西一向天空伸出手杖，雷和冰雹立刻從天而降，唯獨以色列人所居住的歌珊完全沒事。此時法老首度承認自己的過錯並謝罪，請求摩西向上帝禱告停止降災。然而之後法老又反悔，不願意讓以色列人自由。

第九項：神預告將有大批的蝗蟲侵襲埃及的領土。家臣們無不積極向法老進言，讓以色列人離開埃及，但法老完全聽不進去。摩西於是把手杖伸向埃及的土地，隨即颳起一陣東風，運來了大批的蝗群。大群的蝗蟲覆滿了整個天空，使天色變暗，所有的植物都被啃食殆盡。於是法老又召來摩西，承認自己的罪，請求他向耶和華祈禱，蝗蟲就消失了。然而，法老的態度隨即又強硬了起來，仍然不肯讓以色列人離去，和之前是完全相同的模式。

第十項：摩西向天伸出手杖，使埃及全地陷入黑暗達三天之久。期間，所有的人什麼東西都看不見，唯獨以色列人的住處有亮光。

法老於是同意以色列人可以離開埃及到曠野向上帝禮拜獻祭，但是必須留下牲畜，不過摩西主張必須讓他們帶著牲畜前往獻祭才行。

就這樣，摩西與法老的交涉完全決裂。摩西的答覆激怒了法老，他怒罵道：「不准你再出現在我的面前，要是讓我再見到你，就是你的死期。」

摩西也回應說自己不會再來見法老，然後就離開了。如此看來，離開埃及看來似乎是不可能了；然而，此時終於到了上帝親自出面的時候。

〈出埃及記〉12章1節～13章19節
神的逾越和逃出埃及

上帝降下了第十災，使法老和埃及人都恨不得以色列人早點離開埃及。

埃及境內所有頭生之子全部死亡

最後的第十災，就是神的「逾越」。

神對摩西說：「明晚午夜，我將走遍埃及全地，把埃及所有頭生之子，無論是法老或奴僕的長子、甚至家中牲畜的頭一胎全部殺掉。但是，我會保護以色列人和他們牲畜的安全。」不過，法老即使聽到了這個消息，還是不答應讓以色列人離開埃及。

上帝要摩西將如何挽救頭生之子的方法轉達給以色列人，在黃昏時，每一戶要宰殺一頭毫無殘疾或缺陷的羊羔，將牠的血裝入盆中，然後用牛膝草蘸血，塗在兩旁的門柱和門楣上，並且守在家中不要外出。

當天夜裡，上帝擊打了埃及全地的房舍，各處都傳出淒慘的哀號哭叫聲。可是，只要是因信仰神而將羊羔的血塗在門柱上的人家，上帝就會越過他們，因此凡是遵從上帝吩咐的以色列人，家中長男都倖免於難；而不信神的埃及人，家中的長男乃至於牲畜的頭一胎全都被神擊殺，沒有一個家庭逃過此劫。

以色列人離開埃及

隔天，法老和埃及人立刻召來摩西和亞倫，懇求他們帶著以色列人盡快離開。

由於被催逼著盡速離開不得遲延，以色列人便帶著還沒發酵的生麵團，將衣物打包，立刻就啟程離開埃及。此外，摩西還向埃及人要求了黃金、銀飾和衣物等送給以色列人的賜物。埃及人恨不得他們早點離開，生怕若是以色列人稍一拖延，連他們也會被上帝擊殺，所以無條件提供摩西所要求的東西。

公元前一四四六年，摩西率領以色列人帶著他們的羊群和牛群等牲畜，從蘭塞（位於尼羅河三角洲的埃及城市）啟程往

MEMO

「逾越節」是猶太曆的一月十四日（尼散月，相當於西曆的三月左右），按例在這天的黃昏時必須要宰殺羊羔。這個節期即是源自神要身為埃及奴隸的猶太人宰殺羊羔，以避免傷到他們的這個典故而來。

東南方的疏割前進。這就是以色列人逃出埃及（聖經上名為「出埃及」）的經過。此時由埃及出發的總人數除去小孩之後，共約有六十萬名成年男子離開了埃及。

就這樣，原本在埃及為奴的以色列人，在上帝的強力救助之下，總算脫離了埃及。以色列人在埃及居住的期間長達了四百三十年（公元前一八七六～公元前一四四六年）。

旅途中，他們把從埃及帶出來的生麵團烤來吃，這就是無酵餅。由於當時急著從埃及出發，沒有時間加入酵母讓麵團發酵膨脹，所以只好這樣隨便湊和著吃了。

以色列人逃出埃及時，摩西遵照約瑟生前所囑咐的，帶著已做成木乃伊的約瑟骨骸上路。這樣做，是為了讓以色列人民記取約瑟無論遭遇怎麼樣的逆境都不屈服、終至得勝的處世哲學和信仰；並且也能夠持續秉持著信仰，相信看顧約瑟的神，也同樣會看顧自己。

在逾越節製作無酵餅的猶太婦女們

〈出埃及記〉14章1節～15章21節
摩西率領以色列人渡紅海

以色列人見到上帝對埃及人施行的懲罰相當敬畏，並且信賴神的僕人摩西。

摩西行奇蹟分開紅海

　　以色列人要從埃及前往目的地迦南，由蘭塞沿著地中海北上是最短的路線。然而，由於侵略埃及者都會行走這條路線，因此這裡有強大的駐軍防守著邊界。上帝顧及以色列人民或許會因為害怕軍隊而裹足不前，因此刻意避開這條道路，選擇另一條沿著紅海（葦海）的路線前進。

　　然而，法老和其家臣沒多久就後悔放以色列人離開，少了協助興建城市的奴隸，這對埃及人而言是一大損失。於是，法老便親自率領六百台戰車與步兵，出動大軍前往追趕以色列人，要將他們再帶回埃及做奴隸。

　　此時，以色列人正駐紮在紅海岸邊休息，突然他們發現了緊追在後的埃及軍隊。前方是海，後有追兵，他們根本無處可逃，於是忍不住向摩西抱怨：「為什麼把我們帶來這曠野呢？我們留在埃及當奴隸，總比死在這曠野裡好。」

　　摩西安慰人民神一定會出手拯救，為他們與法老的軍隊爭戰，所以人民應該要信賴上帝。

　　這時候，之前一直在以色列人前方帶領他們的神的雲柱，移動到了他們的後方，變成介於以色列陣營與追趕而上的埃及陣營之間。由於雲柱變得黑暗，使得埃及軍隊視線被遮蔽，整個晚上一步也無法前進。

　　另一方面，摩西按照神的指示把手伸向海面，突然就吹起了強大的東風，使得海水垂直升起，分成左右兩邊，海中央的地表露出變成陸地，出現了一條乾燥的道路。

　　摩西就帶著以色列人沿著這條通道前進到對岸，期間摩西一直張開著雙臂，海水就一整晚都維持著往兩旁分開如高牆般的狀態。

MEMO

117

牛膝草相當矮小不起眼，是一種樹高僅有四十公分左右的灌木，但外表看起來就像是雜草一般。

　　法老的戰車和士兵們也緊追在以色人的後頭，跟著進入海中央的陸地。但是神讓他們的車輪脫落戰車翻倒，使他們追不上以色列人。

　　等到所有以色列人都渡過了紅海，摩西就回過頭面向海面，將他的雙臂大大地張開。瞬間，原本形成牆面的海水就又全部回流，恢復了波濤洶湧的狀態。

　　法老的軍隊看到海水朝他們湧來，想逃卻已經太遲了，海水將他們完全淹沒，沒有一個人倖免於難。

　　以色列人親眼見證神對埃及人施行的懲罰，便更加地敬畏神，也打從心底信賴上帝的僕人摩西。這時，亞倫的姊姊女先知米利暗便帶領著所有的婦女，手裡拿著鼓一起高唱勝利之歌，一邊擊鼓跳舞。

　　以色列人因為歷經這場出埃及的旅程，而衍生出為感謝神而唱的「讚美歌」。

摩西行奇蹟

出埃及的路線

應許之地

地中海

亞捫

耶利哥●

迦南

死海

摩押

埃及

尋的曠野

●密奪
●以倘

蘭塞●

加低斯・巴尼亞●

以東

比東●
疏割

歌珊

巴蘭的曠野

尼羅河

阿博拿● ●以旬・迦別

紅海

西奈的曠野

利非訂●

巴蘭●

西奈山
（何烈山）

米甸

摩西率領以色列人從埃及出發，朝向應許之地迦南前進，期間歷經了四十年在曠野中漂泊的生活。

MEMO

「讚美歌」是信仰神的人們為了讚美上帝時所唱的歌。過去唱的讚美歌都是出自舊約的〈詩篇〉，如今則有數千首信徒所寫的讚美歌。

〈出埃及記〉19章1節～20章17節

摩西頒授十誡

人類必須遵守的十項戒律，這是來自對神的義務以及對人的義務所做出的規範。

神與以色列子民交換契約

　　從埃及出發之後過了三個月，以色列人來到西奈的曠野（沙漠）搭起帳幕紮營。神命令摩西到西奈山上來。

　　摩西到達山頂後，神便對他說：「你要把以下我的話傳達給以色列人：『我是將以色列人從埃及奴隸的生活中解救出來的神。你們都看見了我在埃及行的十項奇蹟，也看見了我如何讓你們乘著我的羽翼，帶領你們到這裡來。現在若是你們願意聽從我的話，遵守契約，你們就必成為聖潔的國民。』」

　　以色列人民從摩西那裡聽到神所說的話，都回答：「只要是神所吩咐的，我們都會遵守。」摩西又上山去，將人民的話轉達給上帝。

　　接著，神又透過摩西告訴人民不可以接近聖山，接近者必死。因為即將發生重大歷史事件的西奈山，是神聖不可侵犯的地方。

　　到了第三天早晨，被籠罩在濃煙之中的西奈山，突然間閃電和雷聲大做，整座山激烈地震動，地上發出巨響，宛如號角震耳欲聾的轟鳴聲。

被稱為摩西十誡的法律（摩西律法）

　　摩西來到了西奈山頂上，垂低著頭接受上帝所頒授的十項基本戒律。這些戒律是人類必須遵守的法律，被稱做「摩西十誡」，另外也稱呼為「律法」。

　　十誡內容如下：

第一條：除我以外，不可敬拜別的神明。

第二條：不可為了自己，造任何的偶像。

第三條：不可妄稱我的名。

第四條：要謹守安息日，視這一天為聖日。

MEMO

「除酵節」是猶太曆一月（尼散月）十五日，這一天要吃未經發酵的薄餅。這個節期是為了紀念猶太人當時必須急迫離開埃及，而來不及讓麵包發酵的事蹟。

神在西奈山頂將十誡刻於石板上

第五條：要孝敬你的父母。

第六條：不可殺人。

第七條：不可姦淫。

第八條：不可偷竊。

第九條：不可做假證陷害你的鄰人。

第十條：不可貪圖別人的房屋。

上帝頒佈的這十條戒律，大致可區分成前半和後半兩個部分。前半部從第一條到第五條，宣告了人類對上帝的義務關係；後半部從第六條到第十條，則是陳述人類彼此之間的義務關係。

第五條「要孝敬你的父母」，乍看之下好像是對人的義務關係，但在摩西的律法之中，父母是神的代表，所以將其納入了對神的義務關係。

摩西律法的第一條，是與神相關的規定。如果沒有正確對神的觀念，就不會有法律的觀念。要懷抱著敬畏神的心，才會發自內心遵守法律，像是對於道德與倫理尊重的態度，其實也是以敬神做為起始。

法律、道德、倫理的根本，要向神探求。這是大約三千年前所訂立的摩西律法的特色。

十誡當中的第四條，是有關安息日的規定。一週當中可以工作六天，但第七天是神聖的，必須完全休息，也就是安息日。

以色列人相當嚴格地遵守安息日的規定，在這一天工作者，不論是誰都必須處死。

另外，第十條的內容與實際的行為並無相關，而是對於在意念上犯罪所設定的戒律。

這條戒律是告誡我們，不僅不可透過行為傷害他人，也不可用言語中傷他人，甚至不可懷有想要傷害他人的惡意。不可以任何行動、言語上傷害他人，或有想要傷害他人的意圖，這是神的教誨。

〈出埃及記〉32章1節～40章38節

民眾開始拜起偶像

膜拜偶像的帶頭者與其附和者皆被神擊殺。用來安放十誡的「至聖所」成為神聖的場所。

人民膜拜
純金打造
的牛像

　　摩西再次被神召回西奈山，在山上接受神的指導，並被授予了刻著十誡的兩塊石板。他在西奈山頂與神對話，度過了四十天的時間。然而，以色列人見摩西進入被煙霧所覆蓋的山上後，遲遲沒有回來，就以為他已經死去，不會再回來了。

　　人民不知該如何聆聽神的命令，心裡很焦急，於是拜託亞倫為他們造一座神像來引導自己。若是造一個神像來代表神，這就是所謂的偶像，但人民卻巧妙地欺騙說他們不是要造偶像，而只是想要擁有一個肉眼可見的物品，做為象徵著神的信物而已。亞倫就這樣糊塗地答應了他們的要求，從民眾身上收集了項鍊等金飾品，將其熔掉之後鑄造成一座金牛犢。

　　此時，正是神和摩西在西奈山頂上將以色列人生存所須的法律（十誡）刻在石板上的時候，山下卻發生了這件無比諷刺的事。人民開始膜拜起這座純金打造的牛犢像，並且對它獻上燔祭，把它當做帶領他們出埃及的神來敬拜。這樣的行為無疑就是偶像崇拜。人們在祭壇前饗宴飲酒，並且瘋狂地唱歌跳舞。

　　上帝從山頂上看到如此景象極為忿怒，於是對摩西說：「我要將他們全部滅絕！」但摩西哀求神原諒他們的無知所犯下的過錯，平息了上帝的忿怒。但過了一會兒，當摩西下山親眼看見人們崇拜偶像的光景時，氣得就將兩片石板扔向岩石，石板應聲碎裂。

　　摩西相當忿怒，將人民所鑄的金牛犢像用火燒毀後磨成粉末，撒在水面上要以色列人喝下去。那天晚上，膜拜偶像的帶頭者和附和者約有三千人被神所擊殺。

MEMO

古代的人們為了豐收、子孫繁衍及生意興隆等目的，而膜拜製成了人或動物形象的神像，這就是偶像崇拜。以現代來說，將獲得金錢、名譽、地位、快

摩西再度登上西奈山，在那裡又過了四十天，然後帶著兩塊刻著神的話語的全新石板下山。由於摩西與神說了話，使得他的臉閃耀著光芒，令人無法逼視，因此摩西出現在人民面前時，就用帕子蒙著臉。

由這時開始，亞倫被任命為大祭司，他的兒子也成為助手，父子同為服侍神的僕人。此外，人們希望即使當他們在曠野中旅行時，也不會忘記神的契約，因此希望能夠禮拜神。於是，他們建造了能夠搬運的禮拜所，稱做「會幕」，做為敬拜上帝的場所。之後他們又製作了一個長一‧一公尺、寬六六‧八公分、高六六‧六公分的「約櫃」，約櫃的兩旁附有兩根木棒以方便搬運。摩西將刻有十誡的兩塊石板放在裡面後，就將約櫃安置在會幕最裡面的「至聖所」裡。

當裝有十誡的「約櫃」安置在會幕的「至聖所」時，就有象徵著神的存在的雲彩充滿了會幕。自此之後，每逢雲彩從會幕裡升上去，以色列人就啟程趕路；若雲彩沒有升上來，他們就停留在原處。就這樣，神在雲彩之中指引著以色列人前往迦南地。

從西奈山下來的摩西和膜拜偶像的人民

從西奈山上帶著刻有十誡的石板走下來的摩西，看見人民禮拜偶像，憤而將兩塊石板當場摔碎。

樂等，做為人生目標或幸福條件的信念，也算是一種偶像崇拜。因為人類捨棄了真神，而將這些信念視為自己的神來崇拜。

〈民數記〉13章1節～14章45節
相信神與不信神的探子

神決意要讓以色列人民在曠野流浪四十年，誰若破壞了這個決定，提前進入應許之地，就會遭到悲慘的命運。

十個探子
回報對手
實力強大

　　從埃及出發過了一年兩個月，摩西一行人來到西奈的曠野，並在那裡安營住了一段時日。

　　接下來只要照著預定繼續走下去，不久就能夠進入迦南地，但也勢必會和當地的居民之間發生爭鬥。摩西調查過以色列人之中年滿二十歲有作戰能力的壯丁，總數約有六十萬人。依照這個數目來推斷，摩西所率領的以色列人，總人口數大約有兩百萬人。

　　於是，摩西一行人又從西奈半島出發，來到了位於應許之地迦南旁的加低斯・巴尼亞這個地方。

　　為了取得迦南地，必須先調查清楚當地的居民是強是弱，人數多少，以及土地肥沃還是貧瘠等狀況。

　　因此，摩西從十二部族中分別各挑選了一名代表組成偵察隊，派他們前往迦南探查。

　　四十天的偵查行動結束後，他們回到了營地向摩西等人報告，並由兩個人將石榴、無花果和葡萄等果子運回來。

　　有十個探子回報說：「如同神所說的，那地方果然是流著奶與蜜的肥沃之地；但是那裡被堅固高大的城牆圍繞著，戒備相當森嚴，而且那裡的居民體格高壯，相當強悍的樣子。看到他們之後，覺得自己就像蚱蜢一樣渺小，根本沒有實力與對方作戰。」

　　他們將自己在那裡的所見所聞告訴了以色列人，所有的人聽到這消息，無不心懷恐懼，號啕大哭。

　　於是人們不斷彼此抱怨道：「巴不得死在埃及，或死在這曠野裡好了。」

MEMO

125

摩西的十誡會刻在兩塊石板上的原因，是因為刻上十誡的內容需要用到兩塊石板，或是兩塊石板上都刻著相同的內容，聖經上並沒有明確記載。不過也

**兩個信神
的探子主
張進攻**

　　但是，十二位探子之中，只有以法蓮支派的約書亞和猶大支派的迦勒與其他人意見不同，他們相信上帝會帶領自己突破困境，並且強力向大家主張應繼續前進。

　　兩派意見的爭論愈來愈激烈，最後反對派居於壓倒性的優勢。然而，反對派甚至打算用石頭砸死約書亞和迦勒，並開除摩西另立新的首領，帶領大家回埃及去。

　　上帝聽見了這事相當震怒，就對摩西說：「我行了這一切神蹟，他們還是不相信我。這些百姓要藐視我到幾時？我要將他們除滅！」但摩西不斷地說服神，神最後還是沒有消滅以色列人。

　　不過，上帝仍然宣告了他的懲罰：「凡是反對摩西、迦勒、約書亞，不願前往應許之地的人，必不得進入那地；凡是二十歲以上曾經發過怨言的人，都將成為牧羊人，在曠野流浪四十年，直到你們死在這曠野為止。」

　　以色列眾人聽了這番話，都感到非常悲傷。於是，他們決定不管神所說要他們在曠野流浪四十年的宣告，現在就直接進入應許之地迦南。

　　雖然摩西警告他們，神不會支持他們的做法，但他們聽不進去，還是執意要進入迦南。結果，他們被亞瑪力人（公元前二〇〇〇～公元前七〇〇年居住在內蓋夫的游牧民族）和迦南人（迦南人與亞摩利人的統稱）打得落花流水，狼狽而逃。

　　此後，他們就在曠野間流浪長達四十年之久。

有一種說法認為，神與人訂立契約，就形式上來說，雙方都應該各持有一塊石板，但因為神是看不見的靈，所以由人來代替神保管。

〈申命記〉34章～〈約書亞記〉1章

約書亞承繼摩西為領袖

歷經四十年的漂泊，以色列人已世代交替，且第二代成為比父母親信仰更虔誠的子民。

接班人約書亞是純粹的軍人

在曠野中流浪了四十年，摩西的哥哥亞倫（一百二十三歲）和姐姐米利暗都死了。知道自己不久於人世的摩西，從摩押（位於死海東邊的國家）登上了尼波山。

這個時候，神出現在他的面前，讓他一眼望向從前所約定要賜給亞伯拉罕、以撒和雅各的應許之地，並且告訴摩西他將無法進入迦南地，因為已經一百二十歲的他即將會和祖先一同長眠。

就這樣，摩西死於公元前一四〇六年，並安葬在摩押，但沒有人知道他的墳墓究竟位於何處。

之後，上帝選立約書亞為摩西的接班人。從前的領袖摩西是個政治家、法律家；如今，繼任的約書亞則是一位純粹的軍人，不管言語或行動都是直來直往，而這樣的人格特質，使得約書亞的前途多災多難。即使是身為神的代言人而具有權威性的摩西，以色列人依然對他抱怨連連，要帶領這樣性格乖張的以色列人前進應許之地，並且消滅當地的居民，約書亞背負的可說是比摩西更沉重的任務。

然而，約書亞握有兩點優勢。

第一點，常發出不平不滿之聲的第一代移民，歷經了四十年的流浪已經死去。第二代移民比起他們的父母親更加地積極，信仰也更為虔誠。

第二點，神不斷地許諾約書亞，若他能夠遵守摩西的律法毫不動搖，就絕對能夠達成他的目標。

MEMO

127

「初熟節」時，以色列大祭司會捧著大麥收成的初穗前往聖殿獻祭給神。節期由尼散月（三月左右）的十四日晚上開始，但到了第三天的十六日時，才會舉行獻初穗的祭典。

〈約書亞記〉2章1節～5章12節

在耶利哥意外獲得協助

兩名探子帶回對以色列人有利的情報。為數眾多的漂泊之民終於進入應許之地迦南。

喇合保護兩名探子不被士兵抓走

約書亞一行人來到約旦河東岸的皂莢木森林安營。

應許之地迦南就近在眼前。從亞伯拉罕及以撒的時代以來經過了四百五十年的迦南，如今已有大幅度的改變，成為具有高度文明的地區，與埃及、美索不達米亞等地方皆有貿易往來。

對於在埃及過了將近四百年奴隸生活的以色列人來說，迦南果真是流著奶與蜜的豐饒之地。

向神祈求後獲得勇氣的約書亞，打算占領約旦河對岸（西側）的城市耶利哥，然而，耶利哥的城牆相當堅固，不易攻破。

為了蒐集軍事情報，約書亞派出兩名探子，他們躲在一個叫喇合的妓女家中過夜。這可說是探子的最佳藏身之所。因為陌生人進出妓女家中，比較不容易令人起疑。

但是，有人識破了他們的身分，把消息報告給了耶利哥王。

耶利哥王立刻派士兵到喇合家，盤問可疑分子的藏匿處。如此一來，約書亞派出去的探子就會遭到逮捕，但是結果卻令人出乎意料。

喇合把兩名探子藏在屋頂的草堆裡，向士兵宣稱他們稍早就已經離開了，並要士兵最好趕緊追上去。

喇合以家人的安全為條件讓兩名探子逃走

喇合確認士兵離開之後，就讓兩人從草堆中出來。

她告訴了兩名探子耶利哥人非常害怕以色列人的事情，因為他們知道神使紅海的海水分開，讓以色列人安然過海，以及以色列軍隊在曠野的戰役中贏得好幾次勝利等種種事蹟。

喇合堅信信仰真神的以色列人將會征服耶利哥城，於是她以保護自己和家人的安全做為條件，答應幫助兩名探子逃走，探子也答應了她的要求。

128

MEMO

嗎哪是神所賜予的一種特別食物。逃出埃及的以色列人向摩西抱怨：「我寧願在埃及當奴隸，至少吃飽喝足了才死在神的手裡。你把我們帶來這曠野，是打算讓我們全都餓死嗎？」就在他們激動地抗議時，神便從天上降下了嗎哪。

在曠野流浪四十年後進入迦南的路線

他們囑咐喇合要在窗口上綁住紅色帶子做為記號，而且全家人都要待在家中，不能踏出家門一步。然後，喇合用繩子讓兩名探子從窗戶溜出去逃走。

兩名探子回到營地後，把在耶利哥的妓女家所發生的事向約書亞報告：「上帝果然將那地交在我們手中，所以那裡的居民都害怕我們。」

因神蹟進入應許之地迦南

約書亞決定要進攻耶利哥。

當祭司抬著約櫃隨著一同橫渡約旦河的時候，祭司們的腳一碰到河水，不可思議的事就發生了，河水在他們的面前停止了下來。過去在摩西的帶領下以色列人渡過紅海的奇蹟，如今又在在約旦河重新上演。

於是，在河水止住的這段期間，人民就經由乾燥的河床渡過了約旦河。這就是以色列人進入應許之地迦南的歷史性一刻，此時為公元前一四○五年。

他們搭起帳蓬安營，所有男子都施行切除包皮的割禮，並且宰殺羊羔，向神獻上逾越的燔祭。

從隔天起，天上就不再降下嗎哪（聖經上記載為白色且滋味如摻蜜的薄餅。以色列人看見天上降下白色的餅，就彼此互問「這是什麼呢？」〔Man hu〕，因此稱其為「嗎哪」〔Manna〕）（見128頁MEMO）。於是，以色列人從出埃及以來在曠野流浪長達四十年的旅程，正式劃下了句點。

從這個時候開始，他們就改為在迦南地耕作，靠著農作物維生。

〈約書亞記〉6章1節～24章33節

將迦南地分配給十二部族

即使在應許之地迦南，以色列人仍得不到完全的平安。要得到真正的平安，唯有仰賴耶穌基督。

靠著「耶和華軍隊統帥」的戰略攻陷耶利哥

　　有一天，約書亞一邊走在耶利哥的城牆邊，一邊想著要用什麼方法來攻下城池。正當此時，他遇到了一名自稱「耶和華軍隊的統帥」的神兵，傳授給他一個攻打耶利哥的奇特作戰計畫。這個攻略是：以色列軍隊要連續六天繞著耶利哥城走，每天繞一次，同時祭司要拿著羊角吹號；接著在第七天時，以色列軍要繞城七次，然後以祭司所吹響的號角為信號，所有的人就跟著高聲吶喊。

　　這的確是個奇特的作戰計畫。於是，第七天繞城結束後，眾人就一同大聲吶喊，結果堅固的城牆在瞬間崩落，以色列軍輕而易舉就攻陷了耶利哥城。接著，他們不分男女老幼將城內所有的人都用劍殺掉，牛、羊、驢等家畜也全都不留下任何活口。耶利哥城的倖存者，只有曾經幫助過探子逃命的妓女喇合及其家人。在這之後，喇合就居住在以色列的陣營之中。

人民與約書亞締結「事奉上帝」的契約

　　耶利哥之役是約書亞一生最初的戰役。他一直到死去為止都持續不斷地在戰鬥，陸續擊敗了亞摩利人、比利洗人、赫人、耶布斯人、利未人等，並將占領的地區分配給十二部族。

　　約書亞死前，將以色列各部族的領袖聚集在示劍，對他們說：「我們的神，就是帶領我們和我們的祖先從埃及奴隸的家出來的那位真神，祂在我們眼前行諸多的神蹟，又在眾多民族之中保護我們。若是你們不想事奉上帝，現在就可以選擇你們想要事奉的對象。至於我和我的家人則一定會事奉上帝。」所有的人都齊聲說「我們要事奉上帝」，因此當日約書亞便和人民訂立了契約。

　　就這樣，公元前一三九〇年左右，神的僕人約書亞結束了

MEMO

約書亞運用出奇的戰略，使得耶利哥堅不可摧的城牆崩塌。此外，這也是因為耶利哥的士兵無法預測敵人的動向，使得軍心浮動，在心理層面上徹底瓦解了他們的士氣。

他一百一十歲的生涯。以色列人在約書亞生前以及他死後仍具
有影響力的期間,都盡心地事奉上帝。

　　透過約書亞領軍征服迦南,並且把土地分配給人民的事蹟,
一舉實現了摩西帶領以色列人出埃及的偉大事業。但是,進入迦
南定居,並不代表神的拯救已經完成。這是因為人民居住在此地
之後,一再地對神背信及墮落,並且不斷遭到外敵的侵略及攻
擊,這使得以色列人得不到真正的安定。為了尋求最終的平安,
人們只能引頸期盼新約的約書亞,也就是耶穌基督的到來。

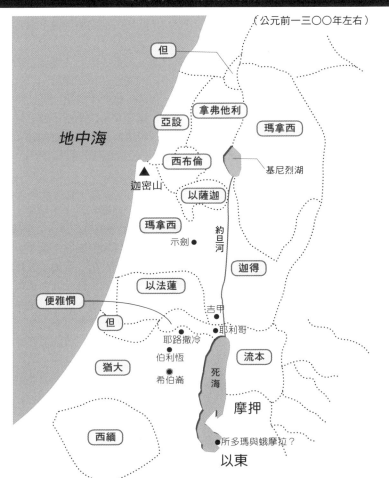

以色列十二部族的領地

（公元前一三〇〇年左右）

但

拿弗他利

亞設

瑪拿西

地中海

西布倫

基尼烈湖

▲
迦密山

以薩迦

瑪拿西

示劍 ●

約旦河

迦得

以法蓮

便雅憫

吉甲 ●

但

● 耶利哥

● 耶路撒冷

● 伯利恆

流本

死海

猶大

● 希伯崙

摩押

西緬

所多瑪與蛾摩拉？ ●

以東

〈士師記〉1～21章
上帝的使者士師治理以色列

對於違背摩西十誡的人民，真神給予其懲罰的同時，也透過士師的統治來解救他們。

被穀物之神巴力吸引的新世代

約書亞並沒有完全占領迦南地，還剩下許多未占領的地區。

約書亞死後又過了二十年，以色列人的下一代在迦南的占領地成長。隨著在當地定居，以色列人由原本不斷遷徙、逐水草而居的游牧民族，轉變成以農耕為主的安定生活。然而一旦生活安逸，他們就忘了這一切都是來自神的幫助與恩賜。

另一方面，生活在未占領地區的迦南人崇拜且信奉眾多異教神祇，例如帶來雨水和豐收的男神巴力（農業之神），以及巴力的配偶亞斯他錄（愛情與戰爭的女神）。轉為從事農耕的以色列人，為了祈求豐收而受到巴力神所吸引；此外，真神要求人民過著清心寡欲的生活，而巴力神對於此則沒有嚴格的約束，反倒是鼓勵人民任憑自己的心意而行。

舉例來說，性交易也被納入了巴力的宗教儀式裡，將禮拜行為和享樂融為一體，因此在新世代的以色列人當中非常受歡迎。他們跟隨迦南人一起崇拜巴力神，製造偶像進行膜拜，甚至縱情於性交易等不道德的行為。

他們的行為違背了上帝透過摩西所頒授的十誡當中的兩條規定。第一條，「除了我以外，不可有其他的神」；第二條，「不許造偶像」。

神因人民背信而憤怒，卻為他們伸出援手

人們捨棄了從埃及拯救他們祖先的真神，而崇拜圍繞在他們周邊的異教神祇。這是對真神的背信。

於是，上帝對以色列人發怒，把他們交到敵人的手中，讓他們在敵人面前完全無法抵擋。這是神的懲罰。苦不堪言的人民發出痛苦的呼求，祈求神的憐憫。因此，上帝又派遣士師援

MEMO

「五旬節」是從初熟節算起第五十天的猶太節慶，人們會獻上最初收成的小麥。耶穌受難後的第五十天剛好也是五旬節，這一天耶穌的猶太弟子都聚集到了耶路撒冷來。

士師統治以色列約三百五十年

公元前一三九〇年／約書亞去世
公元前一三七三年／第一位士師俄陀聶出現

第一回 神將以色列人交在美索不達米亞王古珊‧利薩田的手裡，由俄陀聶來解救人民。

第二回 神將以色列人交在摩押王伊磯倫手裡，由以笏來解救人民。

第三回 神將以色列人交在迦南王耶賓手裡，由底波拉和巴拉來解救人民。底波拉是以色列最早的女性政治家。

第四回 神將以色列人交在米甸人手裡，由基甸來解救人民。

第五回 以色列發生內亂，由亞比米勒、陀拉、睚珥相繼統治。

第六回 神將以色列人交在亞捫人手裡，由耶弗他來解救人民。

第七回 神將以色列人交在非利士人手裡，由參孫來解救人民。

公元前一〇六七年／最後的士師參孫展開活動
公元前一〇四四年／掃羅三十歲成為以色列的開國君主，士師時代結束

士師的時代（約三百五十年間）

農神巴力

每個部族各有一位士師，一共有十二位士師。其中較著名的為底波拉、基甸、耶弗他、參孫等四人。

助以色列人。

簡要來說，以色列人經歷了「對神的背信→神的懲罰→人民呼求→士師拯救」這四個階段。

然而在士師死後，人民又忘記了真神的存在，再度崇拜異教神祇。於是，以色列人便不斷經歷這四個階段的循環，一再重蹈覆轍。

聖經上所謂士師的時代，是從公元前一三九〇年左右偉大領袖約書亞死後開始，到公元前一〇四四年掃羅成為以色列開國君主為止，大約三百五十年。

在這段期間，「對神的背信→神的懲罰→人民呼求→士師拯救」這樣的循環過程，總共發生了七次。人們即使經歷了痛苦的遭遇，卻仍然無法記取教訓。

士師時代神與人之間的典型模式

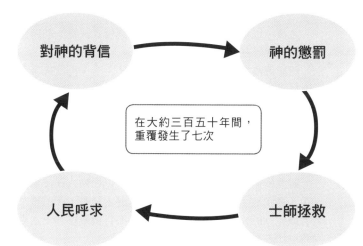

對神的背信　　神的懲罰

在大約三百五十年間，重覆發生了七次

人民呼求　　士師拯救

MEMO

吹角節是猶太曆七月（西曆九月左右）的第一天，上帝命令以色列人在這一天休息，並且要用雄羊的角或其他動物的角吹響號聲。

〈士師記〉3章7～30節
以笏用計擊殺敵國君王

在第二次士師的派遣時，左撇子的以笏擊敗敵國君王，卻同時也代表著以色列背信之深。

反覆背信的人民和上帝的懲罰

讓我們來看看第一次士師的派遣。

以色列人和迦南人、赫人、亞摩利人、希未人混居在一起，而且彼此通婚。

這個結果，使得以色列人開始信奉巴力和亞斯他錄等異教神祇，忘記了從埃及拯救他們的真神。這樣的行為讓上帝對以色列人大為發怒。

因背信激怒了上帝的以色列人，因此被美索不達米亞的古珊・利薩田王所統治。這是神的懲罰。但是，人民哀嚎哭求，發誓會悔改歸主（回歸純正的信仰）。上帝聽到他們的聲音，於是派遣士師俄陀聶，使以色列人民脫離美索不達米亞的統治。

之後，以色列太平了四十年。這個模式就是先前所提及的「對神的背信→神的懲罰→人民呼求→士師拯救」。

然而過沒多久，以色列人又背叛了上帝，再度去事奉上帝所嚴禁的偶像，並且行不正的事。

忿怒的神對以色列人施以懲罰，讓摩押王伊磯倫的力量強大起來，使其統治以色列。這樣的情況持續了十八年之久，人民為了生活艱苦，都哀求不已。上帝聽見了他們的聲音，又派遣士師以笏前往拯救。這是第二次士師的派遣。

雖然依循相同的模式，上帝拯救了以色列人民，但從慣用左手（表示右手不靈活）的士師（聖經上記載，在這裡左手代表著以色列的罪惡象徵）欺騙並奇襲而打倒敵國君王之處，卻同時也代表著以色列人背信的罪孽深重。

MEMO

「贖罪日」是從吹角節算起第十天，也就是猶太曆七月的第十天。這一天，大祭司會進入至聖所內，為了贖猶太人的罪將血灑在約櫃上，猶太人民則要向上帝禁食祈禱。

以傳遞秘
密信息為
由伺機刺
殺

　　貪圖貢品的摩押王伊磯倫是個圓滾滾的大胖子，以色列人
為了討好他，決定向他獻上貢品。

　　於是，人民委託以笏帶著貢物前往進貢給伊磯倫。接下這
個任務的以笏，將雙刃劍綁在右腿藏在衣服底下，然後就前往
晉見伊磯倫。

　　以笏恭恭敬敬地將貢品呈給伊磯倫後，就假裝有一件機
密的事情要秉告，於是王命令所有的侍衛都退下。如此一來，
房間裡就只剩下伊磯倫和以笏兩人。正當伊磯倫站起身想要聽
聽來自上帝的信息時，以笏突然伸出左手拔出預藏在右腿上的
劍，深深地刺進了伊磯倫的腹部。

　　結果，長四十六公分的劍，連同劍刃和劍柄都被腹部的
肥肉夾住，無法從王的肚子上取出來。王因為過於肥胖動作遲
緩，所以才無法閃避右手不靈活的以笏的偷襲。

　　用計殺死了敵國君王的以笏，把門都關上並且鎖好，然後
就從房間裡的窗子逃走了。

　　之後，王的侍衛來到房間外，發現房間上了鎖，便以為王
正在大解，於是在外頭等了好一會兒。但是侍衛等了許久，卻
始終不見王走出房間一步，就把門鎖撬開進入屋裡，沒想到王
已經倒在地上死了。

　　而就在這一段期間，以笏也早已成功地逃逸了。

　　接著，以笏吹起號角連絡以色列軍，一鼓作氣進攻摩押。
雖然摩押擁有精兵一萬人以上，但在這場戰役之中，卻連一個
活口也沒留下。

　　就這樣，以色列征服了摩押，並在之後維持了八十年的和
平狀態。

〈路得記〉1章1節～2章16節

跟隨婆婆來到異鄉的路得

路得也信仰了婆婆拿俄米所信的真神，因此打從心底期盼跟隨著拿俄米。

路得早已信仰拿俄米所信的真神

士師的時代接近了尾聲。公元前一○三○至一○一○年，迦南一帶鬧饑荒，定居在猶大地區伯利恆的以利米勒一家為躲避饑荒，便逃到摩押在那居住了下來裡。

以利米勒一家的成員有丈夫以利米勒、妻子拿俄米，兒子瑪倫和基連，總共四個人。

然而，丈夫以利米勒在摩押意外死亡，留下了妻子拿俄米和兩個兒子。兒子們長大後，都娶了摩押女子為妻，分別為俄耳巴和路得。

結婚十年後，他們仍然住在摩押，但瑪倫和基連兩兄弟都相繼死去，只留下拿俄米、俄耳巴和路得三位婦人相依為命。

拿俄米決定返回故鄉伯利恆，於是她強力勸說兩個媳婦各自回自己的娘家去。

俄耳巴和路得都希望跟隨拿俄米返回伯利恆，可是，拿俄米卻說她很感謝兩個媳婦能夠善待自己和兩個兒子，因此也希望她們能夠再改嫁，擁有幸福的家庭。於是，俄耳巴接受了婆婆的好意，返回了自己的娘家。

但路得仍堅持：「你到哪裡我就到那裡；你住哪裡，我也住那裡；你的民族就是我的民族；你的上帝就是我的上帝。」不願聽從拿俄米的勸說。這個時候，路得早已信仰拿俄米所信的真神。

拋開自尊謙虛地撿拾掉落的稻穗

拿俄米帶著路得回到了伯利恆。兩人抵達的時候是四月上旬，正好是大麥開始收割的季節。

在摩西律法當中明確記載著：「地主不可收拾掉落在田間的稻穗，要留給窮人和外邦人撿拾。」路得既是窮人也是外邦

MEMO

「你到哪裡去，我也要到哪裡去；你在哪裡過夜，我也要在哪裡過夜；你的同胞就是我的同胞，你的神就是我的神。」（得1：16）這是結婚典禮上經

人，所以可以行使這項特權，不過這麼做除了本身要謙虛自持以外，還需要有拋開自尊的勇氣。拿俄米並沒有要求路得這麼做，但路得卻自願到田間撿拾稻穗。

她像其他窮人一樣，跟在收割麥子的人後面，撿拾掉落在田間的麥穗。她所在的這塊地，是屬於一位名叫波阿斯的地主所有。米勒著名的畫作《拾穗》，就是在描繪當時的景象。

路得在拾穗的時候，波阿斯偶爾來會巡視。

他聽說了有關這名跟隨拿俄米從摩押一起回來的女子的事情，對於她純潔善良的心地相當地敬佩。波阿斯不但送給路得食物和水，還刻意吩咐僕人從束好的麥捆上拔掉麥穗，讓路得能夠輕易地拾取。波阿斯出身富裕，但很能夠懂得憐恤窮人和弱者，心地相當宅厚。他的寬大為懷和細膩的心思，使得路得能夠很順利地工作。

拾穗的人們

常引用的一段經文。從這段話可以看出，摩押人路得是相當由衷地喜愛她的以色列婆婆。

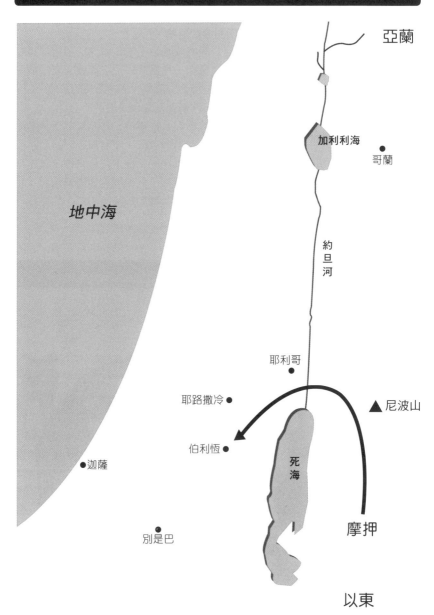

拿俄米帶著路得從摩押返回伯利恆

亞蘭

加利利海

哥蘭

地中海

約旦河

耶利哥

耶路撒冷

▲尼波山

伯利恆

死海

迦薩

摩押

別是巴

以東

〈路得記〉2章17節～4章22節

路得嫁夫生子

路得雖為外邦女子，卻成為彌賽亞的先祖。這代表著神對於所有的人而言是唯一的真神。

路得向波阿斯提出結婚的要求

　　路得將拾取的大把麥穗帶回了拿俄米的住處。拿俄米聽了路得詳細地描述經過，才知道原來那塊田地的地主正好就是自己的親戚而大感驚訝。同時，拿俄米也感受到了神的恩惠，並深深地感謝。她希望路得能夠成為波阿斯的媳婦，於是數日後，她告訴了路得一個方法。

　　首先，拿俄米要路得先沐浴身體，然後抹上香膏，穿上漂亮的服裝，等到波阿斯就寢的時候，就掀開他的被子，躺臥在他身邊。於是，路得就依照拿俄米所說的去實行。半夜裡，波阿斯被路得的舉動驚醒，路得便對他說：「你是拿俄米的親戚，有權贖回她要賣掉的土地。」並求他打開睡衣，覆蓋在自己身上。這樣看起來似乎在誘惑對方，但在當時的文化裡，其實是等同於女方向男方提出結婚要求的意思。

　　路得提出結婚的要求讓波阿斯感到很意外，但同時有兩點也讓他覺得相當高興。

　　第一點，路得從來沒有對周遭的年輕男子獻殷勤，卻喜歡上年紀比她大上許多的自己。第二點，她遵循律法，守護著自己的婆婆和以利米勒一族，是個賢德而且成熟的女子；此外，他也知道城裡的人對她都持有很好的評價。

　　波阿斯很想要為路得實現她的願望，也希望能娶到這位美麗的女子。然而在法律上，他並不是路得關係最近的親戚，另外還有一位親戚擁有贖回土地的第一優先權。

　　波阿斯隔天就立刻採取了行動。他先召集了城裡的十位長老幫忙做見證，然後尋問擁有第一優先權的親戚，是否有意願購買拿俄米的土地。

　　這位親戚雖然有意願購買土地，但當聽到波阿斯說若要買

MEMO

「住棚節」是從猶太曆七月（西曆九月左右）的十五日至廿一日為止，猶太人將收成的作物帶往耶路撒冷，並在用樹枝搭建的簡陋棚子中暫住七天，目的是記念出埃及後在曠野漂流四十年的歲月。

下這塊地，就必須要娶地主之妻後，就改變了心意說他不想買了，同時他也勸波阿斯買下拿俄米的土地，並娶路得為妻。波阿斯接受了這個建議，而十位長老則是這項交易與決議的見證者。就這樣，波阿斯如願以償娶了路得為妻。

　　路得對拿俄米的愛和忠誠，使她獲得了意外的結果。她不僅得到家庭和丈夫，而且還生下了一個兒子，並為他取名叫俄備得。之後俄備得生下耶西，耶西則生下後來統治猶太全地的偉大君主大衛王。

　　大衛王最後的子孫就是救世主耶穌。路得雖是外邦女子，但因信仰以色列的神而成為彌賽亞的先祖。如果耶和華是唯一真神，那麼祂不僅是以色列人的神，也是無關人種、國籍、性別差異，全人類的神。

　　神安慰了在摩押遭遇淒涼的老婦人拿俄米，並賜予信仰上帝的路得祝福，起用宅心仁厚的地主波阿斯，為後來的大衛王和救世主耶穌開路。此外，路得的故事也給了我們這樣的啟示，不論遭逢怎麼樣的逆境，只要秉持純正的信仰道路前進，神必會在信仰上有所回應。

摩押人路得是耶穌的祖先

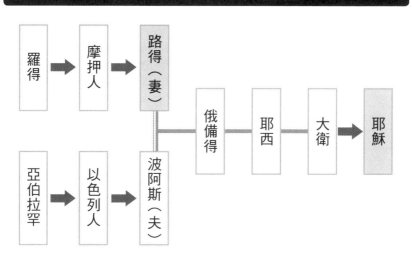

〈撒母耳記上〉1章1節～3章21節
第一位先知撒母耳誕生

以利家因其惡行被撤消祭司的資格，撒母耳成為第一位傳達上帝話語的先知。

蒙神所賜的孩子撒母耳

　　士師時代已經接近尾聲時，約公元前一一○○年左右，有個人名叫以利加拿，他有兩個妻子哈拿和毗尼拿。毗尼拿有兒女，但哈拿沒有，因此哈拿經常要忍受旁人的冷嘲熱諷，日子過得很辛苦。

　　哈拿和以利加拿每年都會造訪以色列人禮拜的中心地示羅（位於耶路撒冷北方五十公里），向上帝獻祭。哈拿拚命向神祈求：「如果能夠賜給我一個兒子，我願意把這孩子的一生都奉獻給上帝。」

　　哈拿雖然是在心裡禱告沒有發出聲音，但由於她祈求得太過熱切激動，大祭司以利看到還以為她喝醉了，便大聲地斥責她。哈拿於是說明了事情的原委，以利聽了以後，向她保證神必定會聽見她的祈求。

　　果真，她的願望蒙神垂聽，之後就懷孕生下了一個兒子。因為這孩子是「從神那裡求來的」，因此將他取名為撒母耳。哈拿一直養育這個孩子到他三歲左右完全斷奶，然後就將他帶到示羅，交給大祭司以利做他的徒弟，信守了當初對神的承諾。

　　每年哈拿和丈夫一同前往示羅獻年祭的時候，都會順道去看撒母耳，帶新的衣服給他穿。神賜福哈拿，讓她又生下了三個兒子和兩個女兒。

撒母耳受召與神說話

　　除了撒母耳成為大祭司以利的弟子之外，以利的兩個兒子也是祭司。但是，他們屢次盜取獻神的祭品，甚至還犯下淫亂的罪行，聲名狼藉。

　　比如說，他們不僅要求民眾在獻祭結束後，要將牲品的

MEMO

示羅曾經是約書亞建造會幕安置約櫃的地方，為以色列人禮拜的中心地。

一部分分給祭司，還搶在人民獻祭結束前，就挑選走最好的部位據為己有。此外，他們甚至引誘在聖殿工作的婦女與他們同寢。這些惡行在外面早已是人盡皆知。

然而，當這些不堪入耳的醜聞傳到父親以利的耳裡時，對於不僅是自己兒子，同時也是部下的兩名祭司，以利竟然只是嘴上罵了他們一頓，並沒有實質上做出懲罰或是任何對策。以利似乎真的老了，連自己的兒子都管不住。

於是，上帝派人向以利和他的家族傳話，說以利的兩個兒子將會死去，以利家將永遠失去身為祭司的資格，神將會另立新的祭司做為祂忠實的僕人。

蔑視神的以利家被撤消祭司的資格，取而代之的是，看重神的心意的忠實祭司，揀選的條件與家世背景無關。

少年撒母耳一直跟在以利身邊事奉上帝。已經相當年邁而視力退化的以利睡臥在自己的地方，而撒母耳則是睡在神殿裡。

某個夜裡，上帝呼喚了撒母耳的名字。不曉得是神在呼喚自己的撒母耳以為是以利找他，便跑到了以利的床前。但是，以利說自己並沒有呼叫他，於是撒母耳又回去睡覺。過沒多久，神又再次呼喚了他的名字，撒母耳仍然誤以為是以利在叫他，但卻不是。

這樣的情況反覆了三次，以利恍然明白是神在呼喚撒母耳，便吩咐他說：「如果再聽見有人叫你，你就回答：『上帝啊，有什麼話您儘管說，您的僕人在這裡恭敬聆聽！』」於是，當神又再度呼喚撒母耳的名字時，撒母耳便照著以利教他的方式回答。

從這時起，上帝就會開口和撒母耳說話。撒母耳逐漸地成長，由於他所預言的事無一例外地實現了，人民都相信他是神所揀選真正的先知。

〈撒母耳記上〉8章1節～11章15節
以色列首位國王掃羅

撒母耳成為最後一位士師，他遵循神的旨意，建立了以色列國家的體制。

上帝宣告
將如人民
所願

以先知的身分指導以色列的撒母耳也已經年邁了。

晚年的他任命兩個兒子擔任以色列的士師，然而兩個兒子都沒有繼承到父親的職志。他們收受賄賂，對行賄的一方做出有利的判決，有時甚至昧著良心扭曲判決的結果。

如此一來會造成社會正義的消失，人心急速腐敗也是理所當然。

因此，以色列的長老們齊聚一堂，向撒母耳提出建言要廢除士師制度，像其他的國家（亞瑪力、以東、摩押、亞捫等）一樣建立王國體制。他們希望能有一個率領人民抵禦外族的國王。

撒母耳認為，以色列和其他的國家不一樣，以色列的王就是神本身，由於神自會任命士師，因此他主張不需要國王。不過，當撒母耳向神禱告時，神告訴他將會如人民所願，為他們立一位國王。

神所揀選的國王是便雅憫支派的青年掃羅。於是，撒母耳找到了掃羅，並在兩個人獨處的情況下膏立他為王，告訴他將來要發生的事。從這時起，聖靈降臨在掃羅的身上，使得他和從前就像是換了一個人似的。

掃羅身具
王者的謙
遜風範

在以色列的十二支派當中，便雅憫是最小的支派，而掃羅又是出身便雅憫支派當中最小的家族，卻被揀選為以色列王。神的行事，是難以用人類的智慧來測度的。

七天以後，撒母耳召集了所有以色列人民到米斯巴，再度確認他們要捨卻上帝，另立一個審判自己的國王的意願後，便宣布接下來就要為他們選出那位國王。這一次，撒母耳是要公

MEMO

當挑選出國王、先知、祭司等領導者時，會在其頭上灑上膏油做為一種特別的任命儀式。《舊約聖經》當中預言了最後受膏者彌賽亞將會到來；《新約聖經》裡則是描述彌賽亞來到世上的事情。

撒母耳活躍的地方與掃羅和外族作戰的地方

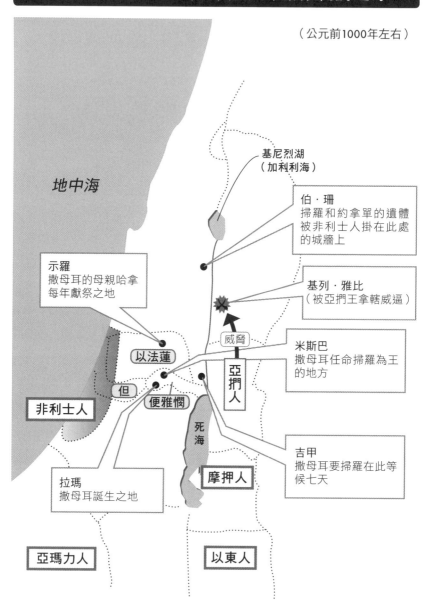

（公元前1000年左右）

地中海

基尼烈湖
（加利利海）

伯‧珊
掃羅和約拿單的遺體
被非利士人掛在此處
的城牆上

示羅
撒母耳的母親哈拿
每年獻祭之地

基列‧雅比
（被亞捫王拿轄威逼）

以法蓮

威脅

亞捫人

米斯巴
撒母耳任命掃羅為王
的地方

但

便雅憫

非利士人

死海

拉瑪
撒母耳誕生之地

摩押人

吉甲
撒母耳要掃羅在此等
候七天

亞瑪力人

以東人

開地正式任命掃羅為王。

選拔方法雖然採用的是最公平的抽籤方式，不過被抽中的人當然就是掃羅。但是，當結果揭曉後，掃羅卻不見了蹤影，任憑眾人遍尋不著。

找了好一會之後，人們終於在一堆貨物當中找到了他。現身在眾人面前的掃羅，擁有堪稱以色列第一美男子的外貌，長得比任何人都高大挺拔，而且他還具有成為一位成功的國王最重要的質資，也就是謙遜的態度，這使得他在成為國王的起步相當地順利。

就這樣，三十歲的青年掃羅在公元前一〇四四年，成為了以色列第一任國王。其後，他領導以色列統治了十二年。

掃羅把榮耀歸給神

掃羅在人民的高度期待下成為以色列第一任國王，然而，當中還是有少數人並不擁護他。他們說：「這人怎麼能夠拯救以色列？」相當地輕蔑他，不承認他是國王。但掃羅對於他們並不以為意，絲毫不理睬他們的任何言行。

又過了一段時日，掃羅遇上了一個能夠展現他實力的絕佳機會。

在約旦河東岸有一座城市基列‧雅比被亞捫人所包圍，裡面居住了許多以色列人。當地人民希望能夠尋求和平的解決方式，但亞捫人卻要求挖去所有人的右眼做為交換和平的條件，而這通常是戰敗的俘虜才會遭受到的待遇。

對此感到義憤填膺的掃羅，馬上結集了三十三萬以色列士兵，並一舉擊潰亞捫人，拯救了基列‧雅比的人民。因為這個事件，使得人民對掃羅身為國王的領導能力深信不疑。

這場戰役告捷之後，擁護者提議要將國王就任典禮上那些質疑掃羅領導能力的人全部處刑，但掃羅將成功的榮耀歸給神，而否決了這項提議。

掃羅為人謙虛，而且寬大為懷。在大家慶祝戰爭勝利的時候，撒母耳又再次舉行了立掃羅為王的儀式。

〈撒母耳記上〉13章1節～15章35節

掃羅不順從神的旨意

神向撒母耳表達後悔選立掃羅為王。

掃羅擅自行祭司之職

謙虛的掃羅被選立為王，靠著聖靈的協助英勇作戰，從亞捫人的手中拯救了基列‧雅比的人民。然而，他的心中卻開始萌生了違背神的念頭。在好幾次違背了神的命令之後，終於使得撒母耳對掃羅宣告他不適合繼續做以色列的王。

違背神的罪證之一，是在以色列軍與非利士軍（居住在迦南西南沿岸，不斷侵略內陸的人民）作戰的時候。

以色列軍只有三千人，但非利士軍卻有戰車三萬輛，騎兵六千人。如此壯盛的軍勢使得以色列士氣盡失，有的人藏匿起來，有的人倉惶逃竄，即使跟隨著掃羅駐紮在吉甲的士兵也心生畏懼，害怕得發抖。

撒母耳指示掃羅在自己抵達吉甲之前，要耐心地等待七天。然而，七天過去了，撒母耳卻仍未出現，於是以色列軍愈來愈多士兵逃走。為了穩定軍心，掃羅竟自行充當祭司向上帝獻祭。

然而，撒母耳剛好隨後就抵達了吉甲，因此嚴厲叱責掃羅的行為。但掃羅完全沒有反省的意思，以許多的藉口狡辯脫罪。

於是，撒母耳告訴他神會另立一位合乎上帝心意的人為王，說完就離開了。

掃羅不聽從神的命令中飽私囊

起初掃羅軍隊有三千名士兵，最後卻只剩下六百人。任何人都看得出來以色列軍居於劣勢，戰敗只是時間早晚的問題，但掃羅的兒子約拿單堅定的信仰使得奇蹟發生了。他英勇地展開突襲，打敗了原本具壓倒性優勢的非利士軍。

MEMO

當以色列的敵人確信就是神的敵人時，勝利必歸於神所有，敵人以及戰利品都必須奉獻給神。因此，舉凡家畜、敵人等所有的一切都必須消滅，稱之為「神的滅絕」。

然而，掃羅又再次不聽從神的旨意。這次，他沒有遵從神的命令，將卑劣的亞瑪力人全部殺死。

游牧民族亞瑪力人是以掃的後裔之一。他們不敬畏神，曾經在上帝引導以色列人出埃及的時候，從後方襲擊並殺害已經疲憊不堪的以色列人，行為相當卑劣。

因此，出埃及後約四百年的今天，上帝命令掃羅將亞瑪力人全部滅絕做為懲罰，也就是將他們當做獻給神的祭品，要掃羅一個也不能放過將他們全部殺光。

掃羅率領的以色列軍擊敗了亞瑪力人，但是，他放過了亞瑪力王，並且貪圖上好的牛羊，而沒有全部殺光。

也就是說，掃羅只滅絕了無用沒有價值的東西，做為獻給神的祭品，而價值高的東西則據為己用。這樣的作為完全違背了神的旨意。

撒母耳的話使掃羅認罪

撒母耳在會見掃羅之前，從神那裡聽到了他違背旨意的事。神甚至說：「我現在後悔立他為王了。」可見掃羅是徹底地讓神失望了。

掃羅在猶大的城裡建了一座勝利紀念碑讚揚自己的功勳，對前來見他的撒母耳開心地接待。然而，當撒母耳質問說似乎聽到了照理已經全都滅絕的牛羊等牲畜的叫聲時，掃羅卻藉口說這些留下來的上好牛羊是要做為燔祭獻給神，其餘則全部都滅絕了。

但是，撒母耳斷然地回答道：「神對於因不順從祂而獻上的祭品是不會喜悅接受的。悖逆神的罪與行邪術的罪是同等沉重；不服從的罪就等同於崇拜偶像的罪。」聽到如此嚴厲的話，掃羅終於認錯了，希望撒母耳能夠跟他一同回去禮拜上帝。但是，撒母耳認為掃羅已失去為王的資格，不願與他同行，因此拒絕了掃羅的請託。

就這樣兩人各自分別，到去世為止都不曾再見過面。

〈撒母耳記上〉16章1～23節

牧羊人大衛被神所揀選

大衛時常進出王宮，不知不覺培養建立出治理國家的能力。

大衛的心始終與上帝同在

了解掃羅失去做以色列王的資格，撒母耳徹底地感到失望，終日憂心不已，相當擔心掃羅將來的下場。

有一天，上帝命令撒母耳前往膏立掃羅的繼任人選。接下來要成為國王的人，是伯利恆猶大支派當中，耶西家的八個兒子之一。

身兼先知及大祭司的撒母耳，以獻祭為由造訪伯利恆。因為若撒母耳要膏立新國王的事被掃羅知道了，照他的個性來判斷，撒母耳肯定是凶多吉少。撒母耳邀請了耶西家參與獻祭的儀式，想藉此與耶西的兒子們一一會面。

耶西的兒子們個個長得英俊挺拔，撒母耳默默思忖著這當中到底誰才是適合的人選。

就這樣，七個兒子陸續都被介紹完畢。但是，神並沒有選中他們之中的任何一人。上帝揀選人不是看他的外表，而是看他的內心來判斷。

因此，撒母耳問耶西：「這就是你全部的兒子嗎？」於是耶西回答他還有一個最小的兒子大衛，正在外頭看守著羊群。身為以色列的指導者、同時也是王位膏立者的撒母耳造訪伯利恆的重要時刻，大衛居然被派到草原上看守羊群。從這件事情上可以明白，在兄弟之中大衛是最不被父親看重的。

然而，大衛正是被上帝所揀選的人，因為他的心始終與上帝同在。

聖靈遠離的掃羅失去昔日的力量

撒母耳趕緊派人去草原上把大衛帶過來。最小的兒子大衛一出現，上帝就對撒母耳吩咐說：「你要膏立這個孩子。」於是，撒母耳就當場在眾兄弟之間為大衛灑上油膏。

從這天起，神的靈便降到了大衛身上。

另一方面，神的靈則已經遠離了掃羅，他的內心有了空

隙，邪靈便趁隙住進他的心裡。掃羅的身體狀況因此變得相當差，擔憂和恐懼使得他整天悶悶不樂，陷入了極度憂鬱的狀態。

　　家臣們很擔心國王的健康，於是私下討論商量，並想到可以藉由美妙的音樂來撫慰國王的心，使國王回復身心健康，便向國王建議此事。掃羅聽了也覺得可行，於是決定馬上來試試看。

大衛以音樂驅走掃羅身上的惡魔

　　大臣們四處尋找善於彈奏豎琴的琴師時，聽說耶西家的大衛是彈豎琴的高手，掃羅的使者便造訪耶西家，邀請大衛進宮為國王彈奏豎琴。

　　大衛彈奏的豎琴果真撫慰了掃羅的心，自此便時常以音樂治療師的身分進出王宮。

　　掃羅當然並不知道大衛已經在伯利恆被撒母耳膏立為王。如果他知道這件事的話，大衛肯定必死無疑。

　　由於掃羅相當寵愛大衛，便封他為貼身侍衛。每當惡靈降臨在掃羅身上，大衛就會被召至王宮彈奏豎琴趕走惡靈，治癒掃羅的心病。

　　就這樣，大衛在自己也沒有察覺的情況下，逐漸累積了將來成為一國之君治理國家所須的基礎訓練。

MEMO

大衛所彈奏的豎琴，是在挖空的木頭上繫上約八根弦，與現代的豎琴類似。這種樂器應該也是用手指或撥片來彈奏，由於琴身比較小，所以易於搬運。

〈撒母耳記上〉17章1～53節
少年大衛打倒巨人歌利亞

大衛在眾人面前展示了為神而戰，不須倚靠一刀一槍也能夠拯救人民。

以色列軍因歌利亞而士氣低落

以色列軍和非利士軍交戰，在伯利恆以西二十五公里處的以拉谷相互對峙。

非利士軍並沒有發動總攻擊，而是向以色列軍提議兩方各派出代表進行單挑來決勝負。於是，非利士軍的陣營派出了歌利亞為代表。歌利亞身高三公尺，身材高大魁梧，身上又穿戴重達五十公斤的鎧甲，頭戴頭盔，全副武裝，而且手持盾牌，看起來相當威風凜凜。

接著，歌利亞向以色列軍叫陣，若是誰和他單挑贏了，非利士人就都做他的奴隸；要是失敗了，以色列人就得當奴隸。

然而，以掃羅為首的以色列人見到歌利亞，都心存畏懼，士氣低落，沒有人敢出面迎戰。如此一來，歌利亞氣焰更加囂張，每天早晚都前來罵陣，連續罵了四十天。

這個時候，原本為掃羅彈琴解憂的大衛，因掃羅的病況好轉而返回伯利恆的家，幫忙放牧羊群。有一天，耶西吩咐大衛去掃羅的軍隊裡，帶些食物送過去做為藉口，看看軍隊中的三位哥哥們是否平安。

大衛一抵達以色列的陣營，非利士軍打頭陣的巨人歌利亞正好又前來辱罵以色列軍。以色列人都相當地害怕，彼此竊竊私語說即使掃羅王下令誰要是能殺死歌利亞，就把公主嫁給他並且免除稅金，但根本不可能有人敢前去迎戰。

然而對大衛而言，巨人歌利亞只不過是個違逆上帝的小小叛徒而已，他將自己的想法告訴了周遭的人，聽到他這麼說的長男以利押卻將大衛罵了一頓，並且嘲笑他不自量力。

但是，大衛並不以為意，並繼續和士兵傳達自己的想法。沒多久，這些話傳到了掃羅王的耳裡，掃羅便召見他。大衛自

MEMO

非利士人是公元前一二〇〇年左右，分布在愛琴海及克里特島至迦南西南沿海的部族，一直伺機奪取內陸的領土。這一帶被稱為「巴勒斯坦」（Palestine），就是由「非利士人」（Philistine）而來的。

告奮勇要和歌利亞單挑，但是一個孩子怎麼能打得過身經百戰的勇士呢？掃羅便以此為理由，拒絕了他的請求。

僅用一顆石頭打倒巨人歌利亞

但是，大衛對掃羅說：「我牧羊的時候，有時會遇到獅子和熊把羊銜走，我就要去追趕捕殺牠們，從牠們的口中救回我的羊。上帝保護我不受獅子和熊的傷害，也必定會從那非利士人的手中保護我。」大衛深信相向神的軍隊罵陣的歌利亞，也一定會如同獅子和熊一樣遭到擊殺。

掃羅聽了大衛這番話，便答應了他的請求，並讓大衛穿戴上自己的鎧甲和頭盔，又交給他一把劍。但大衛覺得這些裝備讓他相當不習慣，於是他放下佩劍、脫下鎧甲和戰衣，改拿著自己的牧羊手杖和投石器、以及在溪邊撿的五顆石頭做為武器。

大衛只拿著這些東西就前往迎戰了。開打前，兩人先彼此輪流叫陣。歌利亞威脅大衛說，要拿他的肉餵天上的飛鳥和田野的走獸；但是，大衛毫無所懼地回答自己是奉上帝之名站在這裡，因此必將所有非利士人的屍體拿去餵給天上的飛鳥和田野的走獸。接著，大衛又說他要讓這裡所有的人知道，神不用刀槍等任何武器，就能夠拯救祂的子民，宣告了這場戰爭將是為以色列的神而戰。

史上著名的各個決鬥事件，多半是勝負立見，而這次也不例外。當歌利亞慢慢地往前接近大衛的時候，大衛很快地向前跑進戰區，將事先準備好的石頭用投石器甩擲出去，將歌利亞的額頭打碎，他隨即應聲倒地再也沒有爬起來。大衛的手中連一把劍也沒有，卻殺死了非利士的大將。大衛接著走到了歌利亞的屍體旁邊，從他的刀鞘中抽出劍，割下他的頭顱。

非利士人見到他們的勇士陣亡都相當地害怕；相對地，以色列人則變得勇氣百倍，乘勝追擊將四處逃竄的非利士人打得潰不成軍。

〈撒母耳記上〉18章1節～23章18節
大衛被掃羅追殺

掃羅的兒子約拿單幫助大衛藏匿起來。大衛以神之名宣示兩人永恆的友情。

大衛每次作戰都凱旋而歸

大衛打倒歌利亞一躍成為以色列的英雄，獲得了掃羅王的信賴。從此，他不再往返父親家與掃羅的宮殿，而成為了掃羅身邊的親信。

此外，大衛和掃羅之子約拿單也成為非常要好的朋友。

約拿單過去也曾靠著虔誠的信仰，勢如破竹地擊潰非利士人，因此他和大衛相當意氣相投，也因為虔誠的信仰更加深了他們彼此之間的友誼。

大衛每次被派去作戰都凱旋而歸，掃羅便立他為千夫長。對於打倒歌利亞的大衛，掃羅一直感到相當驕傲。

但是，這樣的想法沒有維持多久，掃羅就因為擔心王位會被奪走，而將大衛視為仇敵。

引發掃羅產生疑慮的導火線，是有一回與非利士人作戰後，掃羅和大衛一同凱旋而歸，以色列的婦女們紛紛出城，手拿著鈴鼓唱著「掃羅殺敵千千人，大衛殺敵萬萬人」，載歌載舞地迎接他們進城。

掃羅聽了心中十分不悅，從那天起，他就變得憎恨大衛。

掃羅不曉得大衛何時會奪走自己的王位，心中感到相當不安，情緒變得起伏不定。於是，大衛像以往一樣，前來彈奏豎琴安撫他的情緒，但掃羅卻朝他連投了兩把長槍，而大衛也千鈞一髮地躲過攻擊，幸運地撿回一條命。

掃羅派出刺客追殺大衛

掃羅曾經公開宣示誰要是打倒歌利亞，就把公主嫁給他，但他沒有履行當初的承諾，還要求大衛必須殺死一百個非利士人做為代價，才會把自己的女兒嫁給他。掃羅以為大衛必定會死在非利士人的手中。

然而，大衛卻英勇地殺死了兩百個非利士人，於是掃羅只好把女兒米甲嫁給了他。

掃羅原本想要殺害大衛，結果奸計未能得逞，反而使得大衛更加贏得了以色列人民的擁戴。

於是，原本想要暗地裡殺害大衛的掃羅，如今化暗為明，並且向身邊的親信們表明想要殺死大衛的意圖。

有一天，掃羅派出家臣前往殺害大衛，但大衛的妻子米甲知道了，就悄悄地讓大衛從窗口逃走。就這樣，被神和人民所愛戴的大衛，因為引起掃羅王的嫉妒而被瘋狂追殺，只能四處逃匿。

約拿單和大衛結為金蘭之交

大衛前去拜訪祭司亞希米勒，祭司給了他和屬下一些食物，並且把打倒歌利亞時所得到的劍交給了他。

掃羅得知了此事，便指摘亞希米勒與其他八十五名祭司是想要謀反，於是派以東人多益將他們全部殺掉。

大衛逃到了伯利恆西南方二十公里處的亞杜蘭洞窟藏匿起來，此時對掃羅心生不滿的群眾也跟隨到他那裡去，共計約四百人。在大衛持續逃匿的過程中，人數又增加到了六百人。雖說如此，大衛軍隊的人數比起掃羅的軍隊，仍然是少得多了。

掃羅軍隊拚命四處搜查大衛軍隊的下落，卻沒能找到他們的藏身之所。然而，掃羅的兒子約拿單卻很快就在希伯崙東南方十公里處的何列斯，發現了大衛的軍隊。

於是，約拿單以神之名在好友大衛面前立約，誓言兩人將永遠維護彼此的友誼，並對大衛說：「你一定會成為以色列的王，我則會次居於你之下位於第二位。這件事情我父親掃羅心裡也相當清楚。」以此激勵大衛的士氣。就這樣，約拿單與大衛確認彼此的友誼之後便分開了。

〈撒母耳記上〉24章1節～26章23節

大衛兩次放過掃羅

大衛雖然有機會殺死掃羅，但他無論如何都不願意傷害神的受膏者。

大衛不忍心在洞窟中趁暗殺害掃羅

以色列人和非利士人之間的戰爭一直持續著。有一天，和非利士人打完仗正準備回營的掃羅，接獲通知說大衛藏在死海西岸的隱‧基底的曠野，他立刻率領三千名精兵，前去捉拿大衛和他的隨從。

到達目的地之後，掃羅突然內急了起來，便獨自進入洞窟中。然而此時，大衛及其隨從就正藏匿在這個洞窟裡頭。

不過，由於掃羅剛從明亮的地方一下子進入黑暗的洞窟裡，眼睛還來不及適應，所以看不清楚洞內的情形。

大衛的隨從認為這是千載難逢的好機會，並向大衛強力建言不要放過這個神所賜予的好時機，應趁機奪取掃羅王的性命。

大衛也有此意，並悄悄地接近蹲在地上的掃羅，但他卻只是割下一小片掃羅上衣的衣襟，甚至當其他隨從要上前殺了掃羅時，他也制止了他們，並告誡絕對不可以傷害神的受膏者。

當掃羅解決完內急之後，大衛便尾隨其後走出洞窟。接著，大衛伏倒在地上，大聲對掃羅說剛才在洞窟裡，自己明明有機會可以殺害身為國王的掃羅，但卻沒有動手，因為自己並沒有加害國王的意思。大衛如此對掃羅表達謙遜之意。

此外，大衛還把先前割下的一小片衣襟做為證據拿給掃羅看，證明自己並沒有反叛的心。

於是，掃羅承認自己的過錯，向大衛謝罪，並讚美大衛的忠心，還公開表明自己知道王位將來一定會由大衛所承繼，並希望大衛以後不要趕盡殺絕，滅了自己的族裔。大衛聽了便向掃羅發誓，於是掃羅就班師回朝，兩人就這樣分開。

這是大衛首次放過掃羅的性命。

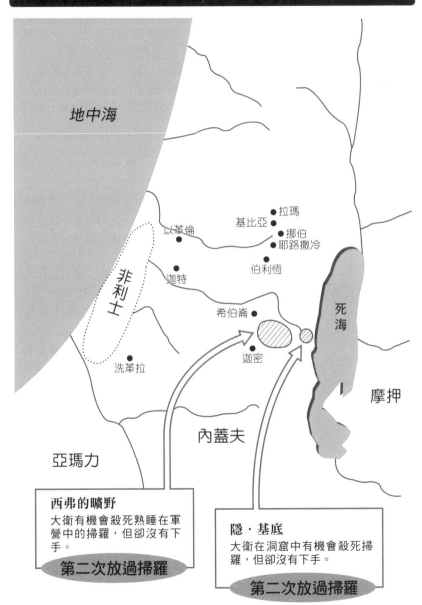

大衛兩次放過掃羅的性命

地中海

非利士

●拉瑪

基比亞●
●挪伯
耶路撒冷

以革倫●

●伯利恆

●迦特

希伯崙●

死海

迦密●

洗革拉●

摩押

內蓋夫

亞瑪力

西弗的曠野
大衛有機會殺死熟睡在軍營中的掃羅，但卻沒有下手。

第二次放過掃羅

隱・基底
大衛在洞窟中有機會殺死掃羅，但卻沒有下手。

第二次放過掃羅

大衛放過
熟睡中的
掃羅

但是，過沒多久掃羅又改變了心意，決心要除掉大衛。

一個西弗人向掃羅密告大衛的行蹤，說他藏匿在迦密北方五公里處西弗的曠野。於是，掃羅集結了精兵三千人，人數遠遠超出大衛軍隊的六百人，前往西弗的曠野尋找大衛。

某個夜裡，長程跋涉的掃羅和以色列軍隊在營地休息，大衛和他的姪兒亞比篩便潛入掃羅的軍營中。他們發現了正在熟睡的掃羅，槍就插在他的枕邊，亞比篩於是提議用那支槍將宿敵掃羅刺死。然而，大衛卻說：「不可以殺害上帝的受膏者。」阻止亞比篩殺死掃羅。

於是，兩人悄悄地來到掃羅的身邊，將他的水袋和槍帶走。

第二天清晨，大衛來到遠離掃羅軍營的山頂上，大聲地呼喚掃羅的侍衛長押尼珥將軍，並叱責他未盡到職責保護好掃羅王的安全，連敵軍潛入軍營，差點要殺害國王的事情都沒有察覺到。

接著又拿出了掃羅王枕邊遺失的水袋和槍，做為敵軍曾潛入軍營的證據。

掃羅王聞訊，又再次向大衛謝罪並收兵離去。這是大衛第二次放過掃羅的性命。

大衛和掃羅對待彼此的心態截然不同。掃羅將大衛視為仇敵，一心希望他死掉；另一方面，大衛對掃羅卻毫無敵意，只是希望自己能夠平安地活下去。

〈撒母耳記上〉28章1節～31章13節

掃羅下場淒慘

掃羅自刎而死，非利士人把他的首級放置在大袞神廟，並將他的屍身釘在伯·珊的城牆上示眾。

大衛躲入敵軍亞吉的庇護下

　　以色列最後一位士師，同時也是第一位先知的撒母耳溘然長逝，全國人民陷入一片沉痛的哀悼之中，掃羅也以此為契機，將國內的靈媒與巫者都驅逐出境。

　　另一方面，即使像大衛這樣信仰堅定的人物，也會有信心軟弱的時候。他因為漫長的逃亡之旅感到疲憊，不知道何時會被掃羅殺掉的恐懼感，令他無時不被強烈的不安感所包圍。

　　於是，大衛心想乾脆逃到掃羅勢力所不能及的非利士人那裡去。

　　信心軟弱，又得不到實質援助的大衛，便和他的部下六百人一同向住在迦特的非利士王亞吉尋求庇護。由於大衛正被自己的敵人掃羅所追殺，亞吉便接受他成為伙伴，並把洗革拉這座小城賜給了大衛。

　　生活在非利士人庇護之下的大衛，每每出征總是與以色列的敵人作戰，但卻向亞吉謊稱自己是和以色列軍作戰，亞吉也都相信了他。但是，這個謊言卻給大衛帶來了巨大的危機，因為非利士人打算要正面迎擊以色列人。

　　在這個情況下，亞吉當然會要求大衛加入他的陣營中，一同與以色列作戰。大衛迫於無奈，只好接受這個提議。然而幸運的是，由於其他的非利士首領並不信任大衛，迦特王亞吉只好向大衛謝罪，讓他帶著隨從回到洗革拉城。

掃羅明白神已經棄絕他了

　　另一方面，非利士人在加利利海西南方三十公里處的地方佈陣。掃羅見到如此盛大的軍勢，嚇得渾身發抖。他不斷向神祈求，但不論是夢境或是藉由先知，掃羅都得不到任何神的回應。心急如焚的掃羅，最後只好求助於神所忌恨的靈媒。

MEMO

所謂靈媒，是指能夠與神靈及亡靈進行溝通的媒介者。所謂召魂，則是指女巫降乩招喚靈魂，傳達對方想要表達的意思。

由於靈媒過去是被自己給放逐到國外，因此掃羅便喬裝打扮掩飾自己的身分，並在兩名衛兵陪同下，前往從事靈媒工作的女巫那裡，拜託她召喚撒母耳前來。

被召來的撒母耳，告訴掃羅上帝已經離棄了他，並從他身上取回王位賜給了大衛。撒母耳還預言，隔天掃羅和他的兒子們都將戰死沙場，以色列人會敗給非利士人。

掃羅聽了這個消息過於悲傷，就暈倒在地。掃羅和他的兩名衛兵已經一天一夜沒吃東西了。看到這樣的景象，就連違背神意的女巫也忍不住可憐他，足見掃羅的身體有多麼衰弱。之後，掃羅三人就離開了女巫那裡。

基列‧雅比的人民哀悼掃羅之死

第二天，非利士人果真攻破了以色列人的營地，將他們打得落花流水。掃羅的四個兒子之中，包括長男約拿單在內總共死了三人。

身負重傷的掃羅心想，與其被敵人抓去，受他們的凌辱，還不如死在自己士兵的手裡，於是便下令士兵殺死自己。但是，衛兵感到相當害怕不肯下手，掃羅便拔出自己的劍來自刎而死。

次日，非利士人清理戰場，發現掃羅和他三個兒子的屍體，便割下掃羅的頭顱，奪走他的軍裝。他們將掃羅的盔甲和武器獻給亞斯他錄神廟，將他的頭顱放置在大袞的神廟，並且將他的屍身釘在位於迦南北部的伯‧珊城牆上示眾。

不過，過去曾受過掃羅幫助的基列‧雅比居民，派出了勇士前往遠在三十公里處的地方將掃羅的屍身取回。他們抱著必死的決心，橫渡約旦河之後往西邊前進了五公里，從伯‧珊的城牆取下掃羅和他三個兒子的遺體，然後再次橫渡約旦河回到基列‧雅比將他們火化，接著為他們安葬。

此外，基列‧雅比人民為了悼念掃羅及其兒子們，還禁食七天以表哀悼之意。

〈撒母耳記下〉1章1節～3章16節

大衛成為猶大族的王

希伯崙的人民相當歡迎大衛，並膏立他為王。大衛很順利地鞏固了他的地位。

大衛聽從神的吩咐移居希伯崙

　　撒母耳膏立大衛為王之後，仍由前任國王掃羅統治以色列一段時間。然而掃羅死後，大衛並沒有就此順利地繼承王位。

　　掃羅的支持群眾和跟隨大衛的擁護者之間，為了王位的繼承而起了爭端，以色列全境陷入內戰狀態。

　　掃羅戰死的第三天，有一個年輕的亞瑪力人前來，告知大衛關於掃羅和他三個兒子的死訊。

　　這個年輕人聲稱是自己殺死了掃羅，然而掃羅實際上是自殺身亡。這個年輕人或許是為了獲得獎賞，才編造出這樣的謊言，但結果卻完全出乎他意料之外。

　　大衛嚴厲地叱責這個年輕人竟不害怕殺死神的受膏者，到底存何居心，並下令隨從把他殺了。

　　就這樣，執意要追殺大衛的掃羅已經死了，大衛也沒必要繼續待在非利士人的洗革拉城。於是他向神祈禱，詢問是否可以前往猶大族的領地；如果可以，又要到哪個城去比較好。

　　耶和華的回答是，要他前往猶大支派的重心城市，也曾經是先祖亞伯拉罕所居住之地希伯崙。於是，大衛便帶著在逃亡過程中所娶得的兩名妻子（亞希暖與亞比該）和他的跟隨者及跟隨者的家族，一同移居希伯崙。

　　希伯崙人民熱烈地歡迎大衛，並膏立他為猶大族的王。此時為公元前一○一一年，大衛三十歲。

　　接著，成為猶大王的大衛所做的第一件事，就是給予基列‧雅比的勇士獎賞，以表揚其從非利士陣地將掃羅和他兒子的遺體帶回來的義舉。這是相當合乎政治考量的正確判斷。由於基列‧雅比的人民尊敬掃羅，對他十分忠誠，為了讓他們也能夠支持當上猶大王的自己，所以大衛才會這麼做。

MEMO

禁食大多是為了表達真心悔改而實行。但是，最重要的並不是禁食的行動，而是打從內心悔改的誠意。

大衛統一全以色列

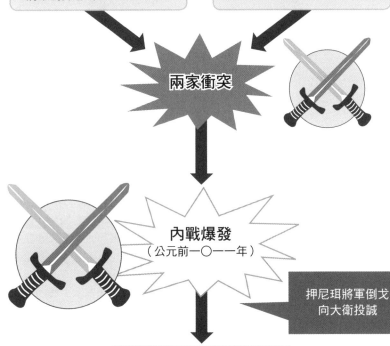

掃羅家

- 掃羅和三個兒子戰死
  （公元前一〇一一年）
- 兒子伊施波設成為以色列王
  （除猶大族以外十一支派的王）
- 將軍為押尼珥

大衛家

- 大衛在希伯崙成為猶大支派的
  王（公元前一〇一一年）
- 將軍為約押

兩家衝突

內戰爆發
（公元前一〇一一年）

押尼珥將軍倒戈
向大衛投誠

大衛統一全以色列
（公元前一〇〇四年）

掃羅家和大衛家由衝突爆發內戰，沒多久大衛就
統一了全以色列。

押尼珥倒
戈扭轉局
勢

　　掃羅的四個兒子之中有三個死了，倖存的只有伊施波設一人，因此掃羅的將軍押尼珥便將伊施波設帶往約旦河東方的瑪哈念，任命他為以色列各支派的王（除猶大支派以外）。另一方面，大衛的軍隊則是由約押將軍做為統帥。

　　大衛的軍隊和掃羅的軍隊不斷地爭戰，漸漸地由大衛軍占領了優勢。然而，最後決定勝敗關鍵的重要轉折，則是掃羅軍的重要人物押尼珥將軍臨陣倒戈，投效敵方大衛陣營。

　　事情演變成如此，起因於在掃羅家權力日益增大的押尼珥，和掃羅的側室同房的緣故。押尼珥這樣的行為就好像宣稱自己繼承了王位，伊施波設知道這件事之後，便質問押尼珥，兩人於是發生了嚴重的口角。

　　被激怒的押尼珥，因此決定投效敵方的大衛陣營。他向大衛提出將協助他取得全以色列的統治權，表明希望大衛軍隊能聘用自己的意願。

　　在進行交涉之前，大衛向押尼珥提出了一個要求，要他把從前被掃羅強行帶走的大衛之妻，也就是掃羅的女兒米甲帶來。

　　大衛認為既然娶了前任國王的女兒為妻，自己就是掃羅的女婿，便擁有繼承王位的合法正當性，可以穩定政權。押尼珥依照了大衛的吩咐行事，於是米甲便和第二任丈夫道別，回到了大衛身邊。

〈撒母耳記下〉3章17節～5章5節
大衛成為全以色列的王

大衛期盼由神來進行懲罰，即使是敵人，他也避免自己動手報復。

在避難城中殺人

押尼珥將軍接連說服了以色列支派的長老們，讓他們同意大衛成為統治以色列全境的王，其中也包括掃羅出身的便雅憫支派。押尼珥帶了二十個家臣去見大衛，把這個好消息告訴他，大衛就大開筵席款待他們。如此一來，不僅內戰終於能結束，押尼珥在大衛軍中的前景也一片光明。

然而，參加了別場戰爭而沒有出席宴會的約押將軍，內心相當地不平衡，因為押尼珥是殺害了他的兄弟亞撒黑的仇敵，而他現在卻必須要和仇敵共事，約押對此極度不滿。

於是，約押假借有事要與押尼珥商議將他約出來，就在希伯崙趁機突襲將他殺害，為自己的兄弟報了仇。後來大衛得知這個消息，對約押大發雷霆。因為，亞撒黑至少是在戰鬥的過程中死亡，而約押對押尼珥的報復，充其量只是單純的殺人行為。

更可惡的是，如此卑劣的突襲行動，竟然是發生在禁止復仇的「避難城」希伯崙。

所謂的避難城，是專為誤殺或無意間殺了人的殺人者提供藏身之處的特別保護區。即使要復仇的人追逐殺人者來到此地，也絕不能將殺人者給交出去。

以色列全境合計共設置了六座避難城，在約旦河的東西方各有三座。

大衛三十七歲時統一以色列

大衛將押尼珥被如此卑劣的手段殺害的消息告訴了全以色列人和猶大人，並表達自己深切的哀痛之意。接著，又吩咐在棺木前帶頭的約押和他的隨從也一同哀哭，然後將押尼珥的遺體厚葬在希伯崙。

MEMO

以色列大約住了四百萬名猶太人，其中約有九萬（約占總人口的百分之二）是基督徒。相信耶穌是彌賽亞的猶太人，稱之為「Messianic Jews」。

以色列的避難城

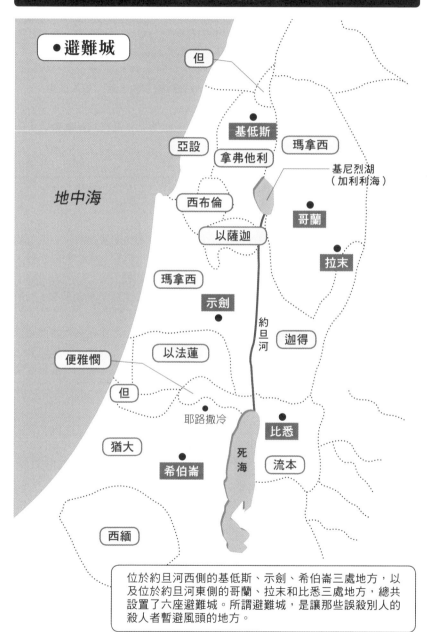

● 避難城

但

地中海

基低斯

亞設

拿弗他利

瑪拿西

基尼烈湖
（加利利海）

西布倫

以薩迦

哥蘭

拉末

瑪拿西

示劍

約旦河

迦得

便雅憫

以法蓮

但

耶路撒冷

比悉

猶大

死海

流本

希伯崙

西緬

位於約旦河西側的基低斯、示劍、希伯崙三處地方，以
及位於約旦河東側的哥蘭、拉末和比悉三處地方，總共
設置了六座避難城。所謂避難城，是讓那些誤殺別人的
殺人者暫避風頭的地方。

大衛詛咒在避難城以襲擊的卑劣手法復仇的約押一家，並穿著喪服在日落前不吃任何東西。以色列人和猶大人都將他的行為看在眼裡，並對他的觀感大為提升，同時眾人也由此明白，大衛與這次的暗殺事件很顯然地毫無關係。

　　另一方面，伊施波設失去了押尼珥如此強而有力的支持者，因此變得相當地失意，以色列國家眼看著已危在旦夕。

　　此時，有兩名男子趁此混亂，趁著伊施波設正在午睡時將他殺害，並割下他的頭顱，然後提著首級前往希伯崙獻給大衛王，期望能夠獲得獎賞。

　　然而，就像從前亞瑪力的年輕人謊稱殺了掃羅而立即被處刑那樣，大衛王也下令將這兩名提著伊施波設首級前來的男子處死，並將伊施波設的首級運往位於希伯崙的押尼珥墓地，在那裡予以厚葬。

　　大衛所期盼的是由神來行懲罰，因此即使是敵人，他也絕對避免由自己來動手報復。這樣的堅定信仰，是亞瑪力年輕人和兩名男子所無法理解的。

　　掃羅的四個兒子之中，唯一倖存的伊施波設也去世了，於是，全以色列總算在大衛的領導之下統一了。

　　早在大衛還是年輕的牧羊人時，撒母耳就在猶大將他膏立為王。他在三十歲時統治了猶大七年六個月之後，終於成為治理全以色列統一王國的國王。此時大衛三十七歲，時值公元前一○○四年。

〈撒母耳記下〉5章1節～7章29節
大衛治理以色列統一王國

神並不求建造氣派的殿宇，但仍應許了大衛一族將成為永遠的一王族。

大衛發揮他的政治手腕安定政權

　　南方的猶大族和北方的以色列各族合併為統一國家之後，接下來就是要設置一個治理國家的首都。大衛沒有將首都設立在偏猶大或以色列各族的任何一方，而是選擇了位於兩方邊境交界之間的耶路撒冷城。

　　耶路撒冷地形險峻，易守難攻，是天然的要塞都市。住在耶路撒冷的大衛，將此地命名為「大衛城」，並在其四周建築城牆增強首都的防禦力。

　　大衛軍對抗非利士、摩押、亞蘭、以東諸國連戰皆捷，使得以色列的領土擴張，財富增加。

　　此外，大衛也發揮他卓越的政治手腕，把國內外都治理得很好，使政權穩定。暫時休兵養精蓄銳的大衛，得知了因戰爭而亡故的摯友約拿單，還有個叫做米非波設的兒子活在世上。

　　米非波設的雙腿行動不便。在戰爭混亂之際，乳母帶著他逃跑，不小心將年幼的他摔在地上，米非波設從此雙腿就瘸了。另外，米非波設還有一名獨子。

　　被大衛召來的米非波設，在大衛王的面前伏地叩拜，他禁不住感到自己的生命將受到威脅。若換做其他的王，或許會認為這是滅絕掃羅子孫的好機會，但愛好和平的大衛，卻說出令米非波設意料之外的話。

　　大衛竟然要將他祖父掃羅的一切田地都歸回給米非波設，並待他如上賓，賜予他一起同席吃飯的特權。

　　米非波設接受了大衛的心意，住在耶路撒冷，並在王宮與大衛同席吃飯。

MEMO

阿曼教派是住在美國賓夕凡尼亞州的一個基督徒團體。他們不使用電也不在家中安裝電話，出門搭乘馬車，生活簡樸。現在約有兩萬人仍維持著三百年以前的生活型態。他們並不是拒絕文明，在工作的地方仍會使用電和電話。一五二○年代，瑞士也發生了宗教改革，產生了一支被稱做門諾教派的團

神應許大
衛的王國
將持續到
永遠

在耶路撒冷安頓，並且平安將約櫃（神的櫃）迎入首都的大衛，有一天忽然想到自己住在用香柏木所建造的豪華宮殿，但神的櫃卻依然安置在簡陋的帳幕中，內心覺得十分不妥。於是，他發願要建造一座雄偉的聖殿安置神的櫃。大衛立即找來先知拿單商量此事，拿單由衷贊成大衛的提議。

但是，神透過拿單向大衛轉述，神自從出埃及以來就一直住在帳幕中，在前頭領導人民，神並不要求建造禮拜的殿宇。不過，相反地神卻應許大衛的後裔將成為永遠的王族。掃羅一族被奪去了王族的地位，但大衛的王朝將得以永續。也就是說，大衛死後，他的王位也會由兒子繼承，如此代代相傳，而且神也應許他的王國將持續到永遠。

神的應許，最近的可以在大衛之子所羅門的身上看到成就；而更遠的，則可以推至一千年後出現的耶穌基督身上看到實現。

以色列統一王國

（公元前一〇〇四～公元前九七〇年）

大馬士革
腓尼基
西頓
亞蘭
推羅
基列・雅比
地中海
迦密山
示劍
耶利哥
大衛的王國
腓利
亞們
死海
耶路撒冷
迦薩
希伯崙
摩押
掃羅的王國
亞瑪力
以東
歌珊
加低斯・巴尼亞
尼羅河
埃及
紅海
以旬・迦別

MEMO

體，他們從文字上解釋聖經，並遵循聖經的解釋來生活。一六九三年，門諾教派的長老雅各・阿曼更進一步成立一個規定嚴格的新團體，並移居到美國和加拿大定居，這就是阿曼教派。

〈撒母耳記下〉11章1～27節
大衛犯下通姦與殺人之罪

大衛犯了摩西十誡的後五條規定，他的想法和行為全能的神都看見了。

大衛染指
勇士烏利
亞之妻

　　大衛從牧羊人變成以色列全境的王，他基於信仰和正義來治理國家，因此獲得人民莫大的信賴，周邊諸國也都相當尊崇與敬畏他。「神人」大衛所想的事，都能如願達成。此時的大衛可說是到達了人生的頂峰。然而，這位「神人」大衛卻犯下一輩子難以抹滅的重罪。信仰虔誠、為人謙虛的大衛，在功成名就之後因為安心而鬆懈，使得內心出現了隙縫。

　　從前的大衛總是在戰場陣前指揮頭陣，但是當一切都順利步入正軌時，大衛卻怠惰了。將軍約押等忠誠的將領們在戰場上打仗時，大衛卻待在耶路撒冷，過著每天午睡的安逸生活。

　　這一天，大衛午覺醒來在宮殿的屋頂上散步，思索著與亞捫人作戰的策略。突然間，他看到了一個美女正全裸沐浴，這名女子的容貌相當美麗，使得大衛深深被她所吸引，便立刻派人調查她的身分。這名女子的名字叫做拔示巴，是大衛軍裡擁有勇士名號的將領烏利亞之妻。由於她的丈夫烏利亞被派往與大衛的敵軍作戰，所以人正好不在家，大衛便趁此機會，差派使者把拔示巴召進宮中同寢。

　　沒多久，拔示巴懷孕了，消息也傳到了大衛的耳裡。由於拔示巴的丈夫正在戰場上打仗，如此顯而易見是大衛使她懷孕的。於是，大衛拚命想著有沒有方法能夠掩蓋自己染指烏利亞之妻，甚至讓她懷孕的事，並且想出了一個狡詐的計策。

　　大衛派人把烏利亞召回位於耶路撒冷的王宮，要他報告約押將軍的近況以及前線的情形。

　　大衛心想，如果烏利亞回家和妻子同房，他從戰場回來後知道妻子懷孕一事，就不會起疑，所有的事情將會如大衛所盤算般地順利進行。於是，大衛便叫烏利亞回家休息，還賞賜了禮物給他。

然而，聰明的大衛卻失算了。烏利亞是個非常忠實的部下，他並沒有回到自己家裡，而是和其他的軍隊將士們一同睡在宮殿。當其他同袍都在前線辛苦打仗的時候，他無法就這樣回家吃喝，與妻子同睡。於是，大衛又把烏利亞灌醉，期待酒醉的他會和妻子同房。但烏利亞即使喝醉了，還是睡在宮殿沒有回家。烏利亞真是一位罕見的忠誠之士。

用計讓烏利亞戰死沙場

　　計策失敗的大衛，只好採取新的方法，那就是讓烏利亞戰死。他寫了一封信要烏利亞帶去前線交給約押將軍，信上殘酷地寫著：「把烏利亞調到戰事最猛烈的地方去，留下他獨自作戰，其他人全部撤退，讓他死在戰場上。」

　　約押收到信以後，按照大衛的吩咐執行了這項命令。由於戰況激烈，大衛的軍隊損失了幾名戰士，其中也包括烏利亞在內。由於有好幾名士兵陣亡，約押擔心大衛會追究他用兵不當，因此要傳訊的使者對大衛這麼說：「你的部下烏利亞也死在這場戰役中。」

　　於是，使者來到大衛住所轉述了約押的口信。大衛十分明白話中的涵意，很滿意地要使者轉告約押只管猛烈攻城拿下城池。

　　拔示巴聽到丈夫烏利亞的死訊悲傷地痛哭，但等到喪事結束後，大衛就立刻和她結婚，兩人生下一個兒子。一切似乎都進行得很完美。但是，大衛的做法和他的心全都看在全能上帝的眼裡。大衛的行為很顯然地令上帝相當失望。

　　大衛已經犯下了摩西十誡當中的後五項，包括不可殺人、不可姦淫、不可偷盜、不可做偽證（隱瞞通姦的事）、以及不可貪求等罪行。

〈撒母耳記下〉12章1～24節

先知拿單叱責大衛

神透過先知拿單，告知了犯下姦淫與殺人重罪的大衛，將會對他降下懲罰。

拿單冒生命危險指摘大衛的罪行

　　大衛犯下如此重罪，神立即差派了先知拿單前去見大衛。拿單對大衛講了一個故事，是關於大衛所統治的國家裡所發生的事情。

　　城裡有兩個男人，一個很有錢，擁有許多牛和羊；另一個人很窮，除了一隻母羊羔之外，就什麼都沒有了。那隻羔羊和他的兒女們一起成長，吃同樣的食物，就像是他自己的女兒一樣。

　　有一天，富人家中有客人來訪，富人捨不得用自己的牛羊來款待客人，就強取了窮人的母羊羔來宰殺，做成佳餚款待自己的客人。

　　大衛聽了這個故事，對富人的行為感到十分忿怒，大叫著：「做這種事的男人應當判處死刑！」又說：「這個男人毫無憐恤之心。他做出這樣的事，必須償還比損失的母羊羔多出四倍的賠償才行。」

　　就在這一刻，拿單立即對大衛說：「你就是那個人。」拿單按照神的吩咐，冒著生命危險指摘國王大衛的罪行，實在是一位偉大的先知。

　　拿單告訴大衛，先前他所做的事情神都看在眼裡。神讓原本是牧羊人的大衛當上以色列王，還讓他繼承前任國王掃羅的所有財產。大衛已經擁有了妻子、孩子、財富、權勢、名聲等這世上一切必要的東西。拿單向大衛敘述這些，是要大衛明白他自己是多麼地富有。

神對於大衛所犯下的重罪給予懲罰

　　然而，大衛竟使用如此卑劣的手段，藉著敵人亞捫人的劍殺害忠誠的屬下，強取他的妻子。大衛的行為等於是自己用劍刺向烏利亞的心臟一樣，罪行是相同地沉重。因此，對於大衛所犯下的重罪，神透過拿單告知了即將降下給大衛的懲罰。

第一項懲罰是，不當利用刀劍的大衛，家中將因刀劍而災禍不斷，爭戰永無休止。第二項懲罰是大衛的妻子們將會被他身邊的側近奪去，並在大白天公然地被玷污。雖然大衛是在暗地裡染指烏利亞的妻子，神卻要讓大衛的妻子在以色列全國國民的面前，當著光天化日之下被污辱。

大衛因神
的懲罰而
失去兒子

大衛承認自己犯了罪，深深地感到恐懼，並向拿單坦承自己的罪行。拿單告訴他，原本他所犯下的是死罪，但因神的愛而能免於一死；但是，他所生的孩子必會夭折。之後正如拿單所預言的，大衛和拔示巴之間生下的男嬰立即得了重病。

大衛為了這個孩子不斷向神懇切地祈禱，進行斷食並且獨自一人關在房間裡足不出戶，無論臣子們怎麼叫他，都不願出來，也不和家人一起用餐。儘管大衛如此拚命地祈禱，但孩子出生後第七天仍然夭折了。臣子們擔心大衛知道這件事，內心會受到極大的衝擊，所以沒有告訴他。但是大衛從宮中哀傷的氣氛，就曉得自己的孩子已經夭折了。於是，他前往探視自己死去的孩子後，就起身沐浴，進入聖殿祈禱，然後開始進食。

臣子們完全不能理解大衛的行為。大衛在孩子還活著的時候，斷食而悲傷不已，孩子死後卻開始起身進食。

然而，這是因為大衛是個務實的人。他告訴對於他的行為感到疑惑的臣子們，原本自己期待神或許會因為他虔誠的祈禱而減輕處罰，如今孩子已死，就要面對現實，繼續朝向自己的人生邁進。

但是，過了不久之後，大衛和拔示巴之間又生下了第二個孩子。他們為這個孩子取名為所羅門，代表「和平」的意思。

〈撒母耳記下〉13章1～39節
大衛家接連發生不幸

犯下姦淫和殺人罪的大衛，因神的懲罰使他的家中發生一連串逆倫事件。

暗嫩強暴妹妹他瑪

　　拿單預言大衛家中將興起爭端，沒多久就應驗了。大衛擁有許多妻妾和兒女，是個人數眾多的大家庭。他有十九個兒子，女兒也是差不多的人數，加起來合計有四十個孩子，十位妻子，家庭成員彼此之間的關係相當複雜。

　　大衛的長子暗嫩喜歡上同父異母的妹妹他瑪，完全為她所著迷，卻苦無機會接近她，而感到悶悶不樂。因此他的朋友便替他出了餿主意，要他裝病以搏取妹妹的同情。

　　於是，暗嫩要求他瑪製作甜餅，送到自己的臥房拿給自己吃，巧妙地誘騙她進入臥房後，再叫房內的僕人全部退下去，然後趁機襲向她。

　　他瑪拚命說服暗嫩不要這麼做，並且奮力地抵抗，但是她卻敵不過暗嫩的蠻力而被玷污了。

　　然而，當暗嫩欲望得逞之後，先前對於他瑪的好感卻全然消失，反而變得非常討厭她，並且要將她趕出房間。

　　他瑪哭著說：「你不可以趕我走，你趕走我的罪行比你剛才所犯的罪還要更重！」雖然她奮加抵抗，無情的暗嫩還是將她趕出了門外，並且把房門上鎖。他瑪受到如此的欺侮，實在忍無可忍，就把灰撒在頭上，撕破身上所穿的衣服，一邊走一邊大聲哭泣。

　　暗嫩不但玷污了他瑪，事後又做了最糟糕的處置。不過，在他玷污他瑪的時候，事情就已經嚴重到不可收拾的地步了。

　　這是因為在摩西律法當中，規定男子若玷污了未婚的處女，就必須娶她為妻，但同時法律也禁止男子與自己的姊妹結婚。

在希伯崙的大衛之妻和六個兒子

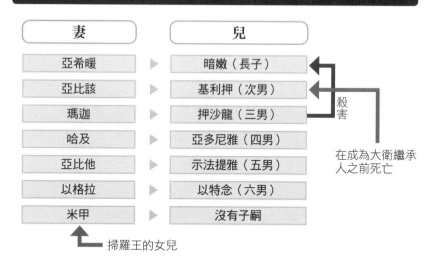

妻	兒
亞希暖	▶ 暗嫩（長子）
亞比該	▶ 基利押（次男）
瑪迦	▶ 押沙龍（三男）
哈及	▶ 亞多尼雅（四男）
亞比他	▶ 示法提雅（五男）
以格拉	▶ 以特念（六男）
米甲	▶ 沒有子嗣

殺害

在成為大衛繼承人之前死亡

掃羅王的女兒

在以色列的大衛之妻和兒子們

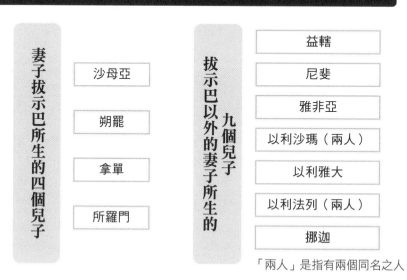

妻子拔示巴所生的四個兒子

| 沙母亞 |
| 朔罷 |
| 拿單 |
| 所羅門 |

拔示巴以外的妻子所生的九個兒子

| 益轄 |
| 尼斐 |
| 雅非亞 |
| 以利沙瑪（兩人） |
| 以利雅大 |
| 以利法列（兩人） |
| 挪迦 |

「兩人」是指有兩個同名之人

他瑪的哥
哥殺害暗
嫩

　　他瑪有一個同父同母的哥哥押沙龍，他將妹妹安置在自己家裡。他瑪往後的人生就像寡婦一樣，在哥哥家安靜地生活。押沙龍絕口不提妹妹的事，對這件事也沒有採取任何的行動。

　　另一方面，大衛知道這件事後雖然相當忿怒，但並沒有做任何處置。不曉得是因為寵愛長子，還是因為大衛自己也曾經犯下了過錯，總之，大衛並沒有對暗嫩採取嚴厲的懲戒。

　　不過，押沙龍當然沒有忘記要替妹妹報仇，他只是耐心地等待著暗嫩解除戒心。就在強暴事件過了兩年之後，有一天，押沙龍召開宴會邀請所有的兄弟一，也包括了暗嫩在內。大家一起開懷暢飲，就在酒酣耳熱之際，押沙龍便要僕人在眾人的面前將暗嫩殺害。

　　出席這場宴會的眾兄弟們，紛紛騎著自己的騾子（有身分地位者的交通工具）逃走。

　　殺害兄弟的押沙龍，也立刻逃往祖父所住的地方，即位於基尼烈湖（加利利海）以東的基述，在那裡度過三年的逃亡生活。

　　大衛接獲長子被殺害的通報，陷入了深深的悲傷與哀嘆中，他等於一夜之間失去了長子暗嫩與三子押沙龍兩個兒子。

　　犯下姦淫與殺人罪的大衛，在他的家中接連發生兄妹亂倫、強暴、兄弟相殘等三大重罪。大衛承受悲傷之際，也強烈地感受到這是神的懲罰。

　　然而，這只不過是上帝懲罰的序曲罷了。

〈撒母耳記下〉14章1節～15章37節
被親生兒子追殺的大衛

大衛在橄欖山的敬拜處向神祈禱。神回應他的祈求，將老參謀戶篩送到大衛身邊。

押沙龍的野心在奪取王位

押沙龍逃到基述三年之後，在約押的遊說之下，大衛終於准許押沙龍返回耶路撒冷，但是仍然不肯會見他。

兩年後，押沙龍向自己所討厭的約押將軍強烈請求，請他幫忙居中協調，使他們父子的關係能夠恢復和睦。就這樣，這兩個父子總算和解，然而大衛的心情是相當複雜的。

押沙龍是以色列第一美男子，而且他有一頭濃密而飄逸的長髮，這是他引以自豪的優點之一。但是，這頭長髮後來卻使他丟了性命。

押沙龍野心勃勃，已開始準備取代父親大衛成為以色列的王。

他制定了縝密的計畫，利用他俊美的外表和政治手段，暗中準備了四年。

首先，他為自己添購戰車和馬匹，並召募五十名隨從。然後，他每天一大早就出門迎接那些前來耶路撒冷請求判決的人民，親切地和他們交談，並表明自己支持他們的申訴。

這時候，他暗示人民大衛王的審判並不公平，如果自己當上了王，一定會進行最公平的審判。

押沙龍在希伯崙稱王

押沙龍在人民心中塑造了良好印象，讓大家認為他不但俊美，而且是一位親民的優秀青年政治家。

如此一來，以色列人比起大衛就更加支持押沙龍。押沙龍就是如此巧妙地運用手段收買人心。

就這樣過了四年，押沙龍終於完成了為篡奪王位所做的準備。於是，他以獻祭為由，向大衛請求前往希伯崙，並獲得了大衛的許可。

押沙龍藉由神的名義實行謀反，由此可見押沙龍的信仰有多麼不虔敬。

　　押沙龍帶領兩百名隨從朝希伯崙出發。其中包括了押沙龍的五十名親信、他從各支派召來的支持者、以及對謀反毫不知情，被邀請而來的大衛臣僕。

　　押沙龍抵達希伯崙之後，便向耶路撒冷的支持者傳送暗號，讓他們大聲喊「押沙龍在希伯崙稱王了！」

傳遞押沙龍的情報給大衛的連絡網

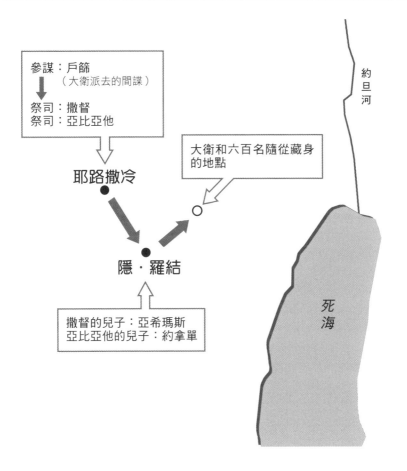

參謀：戶篩
　　　（大衛派去的間諜）

祭司：撒督
祭司：亞比亞他

耶路撒冷

大衛和六百名隨從藏身的地點

約旦河

隱‧羅結

撒督的兒子：亞希瑪斯
亞比亞他的兒子：約拿單

死海

他的支持者愈來愈多，連大衛身邊最有智慧的參謀亞希多弗，也站在支持押沙龍的這一邊。亞希多弗是拔示巴的祖父，因此或許原本就對大衛抱持著一些反感。

大衛接獲消息，支持押沙龍的百姓人數超過了支持大衛的百姓。身經百戰的大衛如果要與押沙龍正面交鋒的話，依然握有勝算。但是，他不希望耶路撒冷變成戰場；此外，他判斷要對抗押沙龍的謀反，還需要一點時間。

大衛迅速建立連絡網

為此，大衛火速帶著他忠實的臣僕離開耶路撒冷，留在城裡的就只有他的十位側室和看守約櫃的兩名祭司。

偉大的大衛王被自己的兒子逼迫交出王位，一邊赤腳登上耶路撒冷東方的橄欖山一邊哭泣。對於已屆高齡的大衛來說，實在沒有比這樣的境遇更悲慘的了。

抵達了位於橄欖山頂上敬拜神的地方後，大衛便禱告說：「神呀，請你讓亞希多弗的計謀變得笨拙吧。」就在這個時候，身為大衛老友同時也是老參謀的戶篩前來與大衛會面，因為神聽見了他的祈求。

於是，大衛派戶篩到押沙龍那裡去，讓大家以為他忠實的參謀也背叛了他。

戶篩在耶路撒冷有兩項任務，第一是破壞亞希多弗的計謀，第二是將押沙龍方面的動向傳遞給大衛。

為此，兩名祭司留在耶路撒冷，祭司的兒子則在耶路撒冷東南方一點六公里處的隱‧羅結待命。戶篩一旦獲得敵方的消息，就透過兩名祭司和他們的兒子向大衛通風報信，建立起情報的傳遞網絡。

〈撒母耳記下〉16章21節～18章33節
大衛復得王位

由於戶篩的建議，讓押沙龍的軍隊錯失勝利的機會，使得大衛軍贏得了勝利。

拿單所預言的神罰應驗了

在耶路撒冷王宮中，亞希多弗正在和押沙龍商討該如何確立王權。成為以色列王的押沙龍的首要任務，就是要當著以色列眾人的面，與大衛的十名側室同睡，以宣示他的權力已凌駕在大衛王之上。

由於要實行這件事情，會使得父子之間的關係不可能再復合，因此也是藉此讓押沙龍的臣僕捨棄兩邊搖擺的態度，誓死效忠，為他而戰。

押沙龍在大白天公然與大衛王的側室同睡，這對大衛來說是莫大的屈辱。同時，這也應驗了神透過拿單對犯下姦淫與殺人罪的大衛所宣告的，讓他的妻妾們當著以色列所有百姓的面，在光天化日之下被玷污的懲罰。

這個預言因亞希多弗的建言而一一實現。

押沙龍接受間諜戶篩的建議

亞希多弗向押沙龍進言：「如果現在前往追趕大衛，趁其疲憊不堪的時候進行攻擊，跟隨他的士兵必定會逃跑，那時候只要殺了他就好。」

亞希多弗認為，不要讓大衛有充分時間恢復體力和重整軍隊，要一鼓作氣追上他。只要大衛一死，他的臣僕也會向押沙龍投降，如此一來戰爭就能盡早結束。亞希多弗的這個計謀相當高明。

當然，押沙龍照理說應該會採用這個策略，但是不知為何，押沙龍卻想要聽聽看戶篩有沒有別的的意見。而戶篩是大衛派來的間諜。

戶篩反對亞希多弗的提案，他對押沙龍說：「你父親是個身經百戰的勇士，要是把他逼急了絕非上策。他現在一定藏匿在某個地方，倒不如先從以色列各地號召更多的士兵，由你親

自率領他們一鼓作氣發動總攻擊，必能擊潰大衛的軍隊一個也不留下。」

這個提案是安全之策，也維護到了押沙龍的尊嚴，因此他和他的臣僕都接受了，並否決了亞希多弗的提案。由於神要降災禍給押沙龍，因此阻礙了押沙龍接受亞希多弗卓越的提案。

大衛拜戶篩之賜，獲得了更多重要的寶貴時間。不僅如此，他也透過戶篩、兩位祭司和他們的兒子、以及更多無名者所締結的連絡網，得知了關於這項消息的所有細節。大衛得到通知之後，立刻帶領著他的部隊渡過約旦河，逃到較安全的瑪哈念去。如今，由劣勢轉為優勢的大衛，任命約押、亞比篩、以太三人為軍隊的指揮官。

押沙龍死去，大衛軍贏得勝利

另一方面，亞希多弗從自己的計策未被採用起，就預見了這場戰役必定敗北，於是回到故鄉自縊身亡。

而押沙龍則帶領著他的軍隊渡過約旦河在基列佈陣，做好了戰鬥的準備。

雖然雙方勢均力敵，但是就如同歌曲中所唱的「掃羅殺敵千千人、大衛殺敵萬萬人」，大衛既是優秀的策士，也是英勇的戰士。他已經獲得了充分的時間，並將部隊重新編組，如此一來就算押沙龍再怎麼努力，也無法與之匹敵。大衛很清楚這點。

準備出兵迎戰押沙龍之前，大衛囑咐了指揮官不要殺害押沙龍。從至今為止的逃亡經驗來看，大衛軍相當擅長突襲，因此他們所選定的戰場，是位於雅博河以北的以法蓮的森林。

於是，在經過一番激戰之後，大衛軍終於贏得勝利。這場戰役中，押沙龍軍的戰死者高達兩萬人之多。

騎著騾子的押沙龍在森林裡被大衛的軍隊四處追殺，當騾子穿過一棵巨大的橡樹底下時，他的頭髮被樹枝勾住，使得他整個人被吊在半空中，沒有辦法自己脫困。

一名大衛的士兵看到這個情形，便跑去向約押報告。如今要活捉背叛大衛王的兒子可說易如反掌，可是約押決心要消滅這名禍首，便對著他投出三槍，刺中了他的心臟，押沙龍就此喪命。

以色列軍得知押沙龍的死訊後全部逃亡。就這樣，大衛軍贏得勝利，大衛又再次登上了統治以色列全地的王位。

押沙龍軍與大衛軍交戰

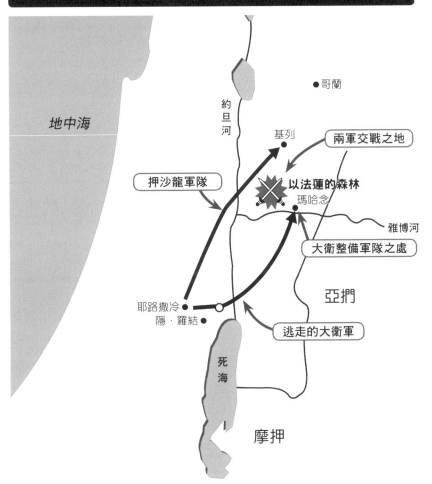

戶篩的情報是經由駐在隱‧羅結的亞希瑪斯和約拿單兩人向大衛通報。大衛聽到了消息，就渡過約旦河逃往瑪哈念，準備伺機戰鬥。另一方面，押沙龍也渡過約旦河在基列佈陣。兩軍在雅博河以北的以法蓮森林交戰，但大衛的軍隊贏得壓倒性的勝利，押沙龍死於這場戰役中。

〈列王紀上〉1章1節～2章34節
所羅門王繼承大衛的王位

依照神之前所應許的，所羅門成為繼任者，並由大衛膏立他為王。

最年長的兒子首先表明繼位意願

　　大衛王已經年老體衰，就算衣服穿得再厚還是很怕冷。臣子們為了使他能一直保持精神，便特意從國內找來一位名叫亞比煞的貌美少女負責看護大衛王。她的工作之一，就是每晚睡在大衛的懷中，用人體的溫度替他取暖。由此可知大衛的身體是多麼地虛弱，以色列所有的人都知道這件事。

　　不過，若是大衛和亞比煞之間又生下孩子，原本關係就很複雜的大衛家庭，恐怕會變得更為混亂。不過，聖經上明確記載著，兩人並沒有肉體上的關係。

　　大家都很清楚大衛將不久於人世，因此也開始產生了權力鬥爭的情形。首先表明繼任意願的，是大衛眾多子嗣當中最年長的四子亞多尼雅。他除了擁有五十名親信以外，將軍約押、祭司亞比亞他也都支持他，於是他決定召開宴會慶祝自己就任王位，並發函邀請相關人士參加。

　　先知拿單得知這消息，就告訴拔示巴她和她的兒子所羅門將會有生命危險，並且要拔示巴馬上去見大衛，對他說：「我王啊，你曾指著你的神對我說：『妳的兒子所羅門將會接替我繼任王位。』如今亞多尼雅已自立為王，你卻不知道這件事。」拿單又接著隨後而至，將亞多尼雅招待將軍約押、祭司亞比亞和王的其他孩子，正在舉行就任儀式的事情告訴了大衛。

所羅門王肅清異己鞏固政權

　　大衛得知此事，便再次指著神起誓，宣告所羅門才是王位繼承人。接著他召來祭司撒督和拿單，命令他們讓所羅門騎著自己的母騾子，把他帶到人民的面前，宣布他是以色列的新王。

　　於是，祭司撒督為所羅門滴上油膏，任命他為王，接著他吹響了號角，大群的民眾就大聲歡呼：「所羅門王萬歲！」

　　這個歡呼聲傳到了亞多尼雅和他的兄弟們耳裡，當時就任儀

式正好舉行到一半。宴會陷入了一片混亂，客人得知消息，心裡
都相當害怕而紛紛逃回各自的家中。意圖謀反的亞多尼雅只好乞
求繼任的新王饒他一命，所羅門便放過了他。就這樣，雖然經歷
了一番爭奪，政權終於還是從大衛手中移交給了所羅門。

　　大衛臨終前，將所羅門傳喚至枕邊，告誡他要遵守神的誡
律，並和他分享治國的經驗，也對往後的事留下了遺言，最後
了無遺憾地死去。於是，在公元前九七一年，領導了以色列四
十年的偉大國王大衛，就此與世長辭。

　　之後，登上王位的所羅門將亞多尼雅與約押處死，並將亞
比亞他流放在外。亞多尼雅原本一度被赦免，不過他曾向拔示
巴請求讓那位替大衛王取暖的亞比煞成為自己妻子，所羅門王
便以此為理由將他處刑。簡要而言，所羅門王其實是將可能成
為威脅的敵人完全肅清，以鞏固自己的政權。

所羅門成為大衛的繼任者

大衛王

反叛軍
四男亞多尼雅
約押將軍
祭司亞比亞他

所羅門繼承王位
● 先知拿單
● 祭司撒督
● 拔示巴（所羅門的母親）

大衛死後，登上王位的所羅門將亞多尼雅與約押處
死，並將亞比亞他流放在外。

〈列王紀上〉3章1節～4章19節
智慧之王所羅門

所羅門不求財富或長壽，而求神賜予他正確的判斷力。對此感到高興的神，將他所不求的也都賜給了他。

上帝很滿意所羅門的答覆

　　所羅門登基的當時，以色列並沒有敬拜神的殿堂，因此人們都是選在高處獻祭。所羅門遵照大衛的遺言，成為一個愛神的人。在他向上帝獻上一千頭燔祭的夜裡，神在所羅門的夢中顯現，告訴他：「你想要獲得什麼都可以要求，我必賜給你。」

　　無論想要什麼都可以得到！若換做是一般人，或許會想要財物、異性、地位、名譽等等世俗之物。

　　不過，所羅門王對於神所賜予父親大衛的種種恩惠相當感謝，他謙虛地說，自己雖然身為君王，但因為還年輕不懂得如何治理國家，於是他向上帝祈求：「請賜予我智慧，讓我能分辨善惡，以及為你的子民做正確的判決，辨別是非。」

　　神對於這樣的回答相當滿意。所羅門王不為自己求富貴和長壽，也不求奪取敵人的性命，而是尋求正確的判斷力。因此，上帝便如所羅門所願，賜給了他明辨是非的判斷力以及智慧，甚至也賜予了所羅門沒有求的富貴、名譽以及長壽。於是，所羅門就這樣從夢中醒了過來。

以色列迎向黃金時代

　　沒多久，所羅門王便展現了他過人的智慧。

　　有一天，兩名妓女來到所羅門王的面前請求裁奪。這兩名妓女同住在一個屋簷下，同時各產下一個孩子，可是在某個夜裡，其中一人的孩子死了，便偷偷將孩子掉包，謊稱活著的孩子是自己所生。

　　兩個母親都堅稱活著的嬰孩是自己的孩子，雙方你一言我一語地互不相讓。

　　雖然在她們來到王的面前之前，這個問題就已經做出了判決，但事情仍然沒有獲得解決，所以才會來到這裡請求所羅門王做出最終的裁決。

　　所羅門王聽完兩個妓女的說詞，就吩咐臣子將劍拿過來，並對她們提議要將孩子劈成兩半，兩人可以各擁有其中一半。

　　結果，死了孩子的母親贊成了這項決議；而另一位婦人則向所羅門王哀求，如果能不要傷害這孩子的話，他願意放棄自己身為母親的權利，把孩子讓給對方。

　　於是，所羅門王判決出這位才是真正的母親，將孩子判給了向他哀求的那名婦人。

　　以色列人聽到所羅門如此睿智地做出判決，都相當敬畏他。因為他們知道所羅門王擁有上帝所賜予的智慧。

　　所羅門王在位的時候，以色列達到了和平安定而繁榮的黃金時代。

　　在國際政治上，他藉由從大衛王那裡所繼承的強盛軍力做為後盾，一步步擴大對鄰近諸國的影響力，並不斷積極從事貿易活動，增加了龐大的財富。

　　此外，他也積極進行政治聯姻。在國內政治上，他導入了官僚體系，將十二支派編制成十二個管轄區，建立成便於所羅門王進行支配的中央集權國家。

〈列王紀上〉6章1節～10章13節
建立神殿及示巴女王來訪

上帝告誡所羅門王，如果他能遵守神的約定，王國就能永遠立於以色列領土上。

進行龐大的國家計畫

　　以色列在所羅門王的統治下盛極一時，並且終於開始著手興建聖殿與自己的王宮，一償宿願。

　　這一年是公元前九六六年，為以色列人從出埃及算起的第四百八十年，也是所羅門王登基的第四年。以色列開工建造聖殿，鄰近諸國都相當樂意協助所羅門王的計畫。

　　迦南北部的腓尼基王希蘭，提供了號稱中東地區品質最佳的黎巴嫩香柏木做為建材。

　　首先，為了從山上砍伐樹木，以色列派了三萬名勞工至黎巴嫩；之後為了搬運這些木材，又動員了七萬人。此外，有八萬人負責切割石材，還從國外招募木匠、雕刻師、泥水匠等技術人員。這是一項相當龐大的國家計畫。

　　而且，在聖殿建築的工程中，完全聽不見任何鎚子和斧頭的聲音，因為所使用的石材都事先在切石場加工完成，才運往工地現場。

　　投注了如此龐大的人力與金錢所打造的聖殿，終於在歷時七年後，於公元前九六〇年完工。

聖殿完成後，著手建造宮殿

　　聖殿寬十公尺、長三十公尺、高十五公尺，用金和銀裝飾著。位於最深處的至聖所一片漆黑，約櫃便被安置在這裡，櫃中收納著摩西十誡的石板。聖殿內外都貼上了金箔，相當金碧輝煌。此外，工事完成的時候，甚至獻上十幾萬頭牛和羊的燔祭，慶祝活動持續了十四天。

　　此時，神對所羅門告誡：「你若遵行我所吩咐你的一切，遵守我的律例典章，你的王國便能夠屹立在以色列的土地上直到永遠。但倘若你和你的子孫不聽從我，聖殿就會被棄置荒廢，以色

MEMO

聖所和至聖所之間以布幕區隔開來。至聖所只有大祭司在每年的贖罪日這一天才得以進入裡面，此外則不許任何人進入。

列的王國將會毀滅，讓以色列人在其他各國中成為笑談。」

　　聖殿完成之後，就立即開始興建所羅門的王宮。王宮就位於聖殿的旁邊，規模更加地龐大，使用的是相同的材料，是一座相當富麗堂皇的建築。王宮寬二十五公尺、長五十公尺、高十五公尺，費時十三年完工。聖殿和王宮的建設，合計共投入了二十年的時間和鉅資才宣告完成。

示巴女王
驚嘆所羅
門的成就

　　此時，各國的國王之間會互相調查彼此的能力予以評斷，這可以說是他們的餘興，也是一種角力。

　　在以色列的周邊地區，流傳著所羅門擁有世上最傲人的財富以及最卓越的智慧。

約櫃

所羅門聖殿

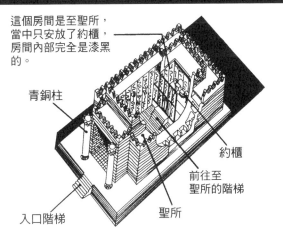

這個房間是至聖所，
當中只安放了約櫃，
房間內部完全是漆黑
的。

青銅柱

約櫃

前往至
聖所的階梯

入口階梯

聖所

示巴的女王聽到了這項傳聞，對所羅門王產生了極大的興趣，便想要試探真實的他究竟是個怎麼樣的人物。於是，女王帶著大批部隊及許多黃金、寶石和辛香料，騎著駱駝遠從位於兩千公里以外阿拉伯半島南部的葉門，前來造訪耶路撒冷。一般大多認為示巴女王來自非洲的衣索比亞，不過這只是傳說罷了。

　　所羅門王帶領女王參觀自己所建造的聖殿和王宮，示巴女王不禁被如此豪華氣派的建築給震懾住了。她一邊參觀，一邊試探性地向所羅門王提出自己長久以來對人生和大自然所抱持的種種疑問。所羅門王對她所提出的難題都一一詳細回答，使她由衷地敬佩不已。

　　示巴女王確認了傳聞中所羅門王所擁有的繁榮與豐富的智慧，還不及真實所見的二分之一，而為此驚嘆不已。所羅門王在示巴女王來訪的期間，贈予了她任何想要的東西。於是，示巴女王在見到景仰已久的所羅門王，並獲得許多驚奇的經驗之後，便帶著收到的眾多贈禮，和她的臣子們一同返回國家。

示巴女王造訪賢明的所羅門王

〈列王紀上〉11章1～40節
神因所羅門的罪而發怒

認同異教神祇的所羅門王破壞了和神的約定。此後便不斷為內憂外患所困擾。

所羅門妻妾成群

　　蒙神祝福、信仰虔誠、智慧與財富無人能出其右的所羅門王，無論做任何事情都相當順利。他繼承了大衛所建立的軍事力量，運用靈活的經濟政策獲得為數可觀的財富，也和鄰近諸國維持良好的關係。所羅門果真是所向無敵，使得以色列國家的國力達到了巔峰。

　　接著，從所羅門和埃及法老的女兒結婚為首例之後，他又更加積極地迎娶鄰近諸國的公主為妻。婚姻對他來說也是一種外交手段，可謂是相當柔軟高明的手法。

　　但是，所羅門迎娶的女子愈來愈多，他娶了七百名公主為妻，此外還擁有三百名側室，總計共娶了一千名女性。

　　為什麼所羅門要納入如此眾多的女子為妻妾呢？剛開始，他和外國女子結婚的確是一種外交手段，但後來卻逐漸演變成享受這種自由奔放的戀愛方式。而這當中，他尤其特別迷戀出身自摩押、亞捫、非利士、迦南等地的異國女子。

對創造天地的神耶和華的侮辱

　　從國外嫁到耶路撒冷的妻妾們，向丈夫所羅門執拗地請求要拜自己國家的神。

　　相信創造天地的神（耶和華）是唯一真神的所羅門，對於要將異國神祇帶進耶路撒冷的事，內心感到相當不願意，但是他又很難拒絕心愛的妻妾們提出的請求。

　　於是，所羅門王勉為其難地允許她們在王宮中建一座小廟，在那裡拜自己的神，並且也為這些神祇雇用了侍奉的祭司。

　　以色列人民看見這種情況，便開始改變想法，認為每個國家都有各自的神明，耶和華並非是全世界的神，只是以色列一國所信奉的神罷了。這對創造天地的神耶和華來說是極大的侮辱。

MEMO

根據傳說，示巴女王回國之後便生下了孩子，這個孩子極有可能是所羅門王的子嗣。

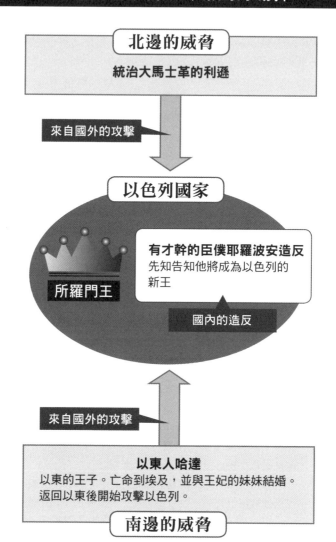

以色列國家受到外族武力威脅

北邊的威脅

統治大馬士革的利遜

來自國外的攻擊

以色列國家

有才幹的臣僕耶羅波安造反
先知告知他將成為以色列的
新王

所羅門王

國內的造反

來自國外的攻擊

以東人哈達
以東的王子。亡命到埃及，並與王妃的妹妹結婚。
返回以東後開始攻擊以色列。

南邊的威脅

以色列國家遭受南北的威脅
擁有才幹的臣僕耶羅波安也起來造反

　　此外，所羅門為了取悅愛妻們，便接納了她們的宗教，自己也開始膜拜其他的神祇，漸漸失去了對真神的信仰。

　　所羅門和他的父親大衛不同，他並沒有遵行神的旨意。

對外邦女子的愛勝過對神的愛

　　神為了避免這樣的景況，曾經在以色列的法律中明定，不能與異族女子通婚。

　　然而，所羅門對外邦女子的愛，勝過了對神的愛，他破壞了真神所制定的規範。

　　上帝對他的所作所為非常忿怒，便向所羅門宣告將會使他的王國分裂，並賜給他的臣子。但是顧及所羅門的父親大衛的虔誠信仰，神不會在他活著的時候進行這項懲罰，並且仍會為他的後代留下一個支派。

　　過沒多久，所羅門便在軍事上受到南北敵對勢力的威脅。北方的威脅是來自統治大馬士革（敘利亞的首都）的利遜，南方的威脅則為以東人哈達。

　　不僅如此，原本曾經幫助所羅門在事業上達到成功的一位擁有才幹的臣子耶羅波安，也因為先知亞希雅告知他將成為新以色列王，而開始違抗所羅門。

　　所羅門將耶羅波安視為危險人物，想要殺掉他，但他及時逃到了埃及。之後，耶羅波安直到所羅門臨終為止，都一直亡命在埃及。

　　就這樣，所羅門不僅在軍事上受到來自南北兩邊的攻擊，在國內也出現了政敵。內憂外患不斷，使他非常地憂慮。

〈列王紀〉上・下

以色列國家從分裂到滅亡

人民不再相信真神，以色列王國和猶大王國與列強之間的戰爭相繼失利，人民被俘擄至國外。

尋求長者與年輕人的意見

公元前九三一年，統治以色列長達四十年的偉大國王所羅門與世長辭，由他四十一歲的兒子羅波安繼位。

就算父親再怎麼偉大，子孫也不一定擁有同樣的才能。羅波安即是一例，他並不像父親所羅門那麼樣地有智慧。

此時，耶羅波安的支持群眾派人到埃及把逃亡的他給找回來。於是，他挺身而出帶著大批的群眾，向剛繼任的國王羅波安陳情，請求減少前任國王所訂下的重稅以及苛酷的勞役。

羅波安首先與父執輩的長老們商量，聽取他們的意見。

長老們向羅波安建言，應該要接受人民的請願，唯有獲得人民的支持，才能使政權安定。

不過，羅波安也另外找了和他同年齡的大臣們商量，這些人都是羅波安的兒時玩伴。他們主張要採取高壓政策，不用理會人民的意見，甚至進言要羅波安對人民課以比所羅門王更苛刻的重稅和勞役。他們的想法，就是要人民知道誰才是國家的掌權者。這是相當強硬的政策。

以色列分裂為兩個國家

羅波安和大臣們商量的結果，卻出現兩種相反的意見，最後他採用了年輕的一方所提出的強硬政策。然而，他做出的決策卻得到了反效果。

以色列大部分的支派都不認同羅波安，因此，他們便改為擁戴耶羅波安做以色列的王。

經由偉大的大衛王和所羅門王才好不容易統一起來的以色列國家，此後便分裂成了南北兩個國家。

北方的國家是由十個支派所組成的以色列王國，南方則是由猶大和便雅憫兩個支派所組成的猶大王國。分裂後的兩國關係惡劣，不斷持續發生內戰。

以色列分裂為南北兩個王國

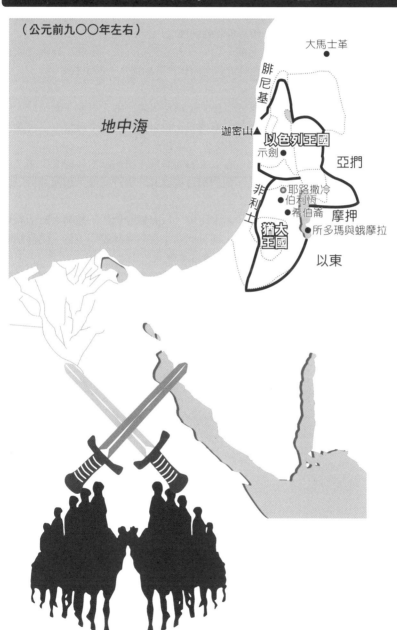

（公元前九〇〇年左右）

大馬士革

腓尼基

地中海

迦密山▲

以色列王國

示劍

亞捫

非利士

耶路撒冷
伯利恆
希伯崙

摩押

猶大王國

所多瑪與蛾摩拉

以東

大衛和所羅門雖然好幾次都犯下重大的錯誤，可是他們都曾貫徹了對上帝的信仰，使得以色列得以成為一個和平安定而富庶的國家，躋身世界的列強之一。

　　他們從公元前一○一一至公元前九三一年間，分別在位長達四十年，以色列的黃金時代合計約達八十年左右。

分裂王國的君主大多不信神

　　然而，北邊的以色列王國和南邊的猶大王國，歷代以來分別出了北邊十九位、南邊二十位君主，而其中篤信上帝可做為人民模範的君主，卻是少之又少。

　　以色列人民一直以來看著篤信上帝的君王為國家帶來了如何的成就，然而，他們卻蔑視真神，崇拜偶像，因而導致了嚴重的後果。

　　歷代三十九位君王之中，只有極少數的王能夠在政治和社會上獲得成功，而大部分的君主都對真神視而不見，使得朝政廢弛，積弊難返，國力搖搖欲墜。

　　聖經的〈列王紀〉裡經常形容各個君主「行耶和華看為惡的事」，這些君王不信仰神的態度可見一般。

　　這個結果，導致以色列王國和猶大王國與列強之間的戰爭相繼敗北，遭受異族的統治，人民也被當做人質俘虜到外國去。

〈列王紀下〉17章1～41節
以色列王國滅亡

以色列王國滅亡是因為被神所棄絕。聖經上主張國家若靈性衰退便會崩毀。

以色列王國被敘利亞王國所滅

　　以色列王國自公元前九三一年由耶羅波安一世建國，及至公元前七二二年末代國王何細亞被亞述帝國消滅為止，總共維持了二〇九年的歷史。歷代共有十九位君主，大部分的君主都背離神，倒行逆施、暴虐無道，而這也充分地反應在王的命運上。比方說，十九位君主之中有五人被暗殺，一人被公開處死，一人因絕望自焚而死。非自然死亡的君主，十九人當中就有七人，比例高達百分之三十七。

　　公元前七四〇年左右，美索不達米亞地區的亞述帝國勢力增強，率領大軍攻打以色列王國，當時的第十九代王何細亞向亞述王進貢以表示歸順之意，終於免去國家被滅亡的命運。但是，何細亞王私底下請求埃及提供支援，欲反叛亞述帝國。這件事被亞述王撒縵以色五世知道了，就將何細亞逮捕，以色列王國被大軍包圍，不過人民依然頑強抵抗了三年。

　　三年後的公元前七二二年，亞述帝國的新王撒珥根二世攻陷了以色列王國的首都撒瑪利亞。

　　就這樣，大部分的以色列人從撒瑪利亞被擄去亞述帝國，在帝國境內四處散居，逐漸失去了自己的信仰，也因此喪失了民族的身分認同。於是，以色列的十個支派就此消失。

以色列滅亡的原因

　　亞述帝國故意讓外族人遷居撒瑪利亞，讓少數殘留在當地的以色列人，必須與這些外族或迦南人通婚，使得血統逐漸混雜。簡要來說，「撒瑪利亞人」就是因亞述帝國的殖民政策而移居該地的外族與猶太人之間，結婚所生的混血以色列人。在後來耶穌的時代，純猶太人都相當厭惡這些混血的撒瑪利亞人。

　　小國以色列被發展中的大國亞述所併吞，在政治上來看似乎是相當必然的結果。不過，聖經也明白記載著以色列王國的

滅亡，是因為他們背離了真神，使得神將他們棄於不顧。聖經主張，在變化莫測的國際政治底下，是由神的靈性所運行著，而這靈性的衰退，才是造成國家分崩離析的原因。

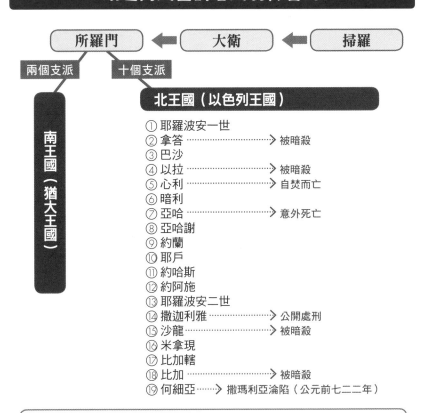

以色列王國的君主及其歷史

所羅門 ← 大衛 ← 掃羅

兩個支派　　十個支派

南王國（猶大王國）

北王國（以色列王國）

① 耶羅波安一世
② 拿答 ·················> 被暗殺
③ 巴沙
④ 以拉 ·················> 被暗殺
⑤ 心利 ·················> 自焚而亡
⑥ 暗利
⑦ 亞哈 ·················> 意外死亡
⑧ 亞哈謝
⑨ 約蘭
⑩ 耶戶
⑪ 約哈斯
⑫ 約阿施
⑬ 耶羅波安二世
⑭ 撒迦利雅 ·············> 公開處刑
⑮ 沙龍 ···············> 被暗殺
⑯ 米拿現
⑰ 比加轄
⑱ 比加 ···············> 被暗殺
⑲ 何細亞 ·······> 撒瑪利亞淪陷（公元前七二二年）

北方以色列王國的歷史

北方的以色列王國由公元前九三一至公元前七二二年，共兩百零九年的歷史。從開國君主耶羅波安一世到末代國王何細亞王，總共有十九位國王。

● 非正常死亡的比例＝7人／19人≒ 37 ％

第十九位國王何細亞在位時，於公元前七二二年被亞述帝國攻破，首都撒瑪利亞淪陷，北王國從此消滅。

〈列王紀下〉24章1節～25章30節

猶大王國滅亡

聖殿完成時神曾經提出的警告，在三百七十四年後不幸應驗了。

**從約雅敬
的時代開
始被俘虜**

　　猶大王國從公元前九三一年建國，至公元前五八六年被尼
布甲尼撒王滅亡為止，維持了三百四十五年的歷史。從首位國
王羅波安到第二十代的西底家為止，歷來共有二十位君主，其
中有兩位被暗殺，一位被判死刑。非自然死亡的君主在二十人
之中有三人，僅占百分之十五，比起以色列王國好多了。

　　猶大王國第十三代王希西家，在公元前七二二年看到以色列王
國被滅而相當恐懼，便決定歸順亞述帝國。這個政策一直沿用至第
十七代王約哈斯。然而，公元前六一二年，巴比倫王國在消滅亞述
帝國之後變得強盛。於是，在公元前六〇五年第十八代王約雅敬在
位的時候，打敗埃及軍的巴比倫王國尼布甲尼撒王，也決定向耶路
撒冷發動攻擊。約雅敬將人質和財寶進獻給尼布甲尼撒王以表示歸
順之意，總算避免了滅亡的命運（第一次俘虜事件）。

　　公元前五九七年，尼布甲尼撒王又再次進攻首都耶路撒
冷，俘虜了第十九代王約雅斤。此外，所羅門建造的聖殿和王
宮的財富都被運走，連金製品也被切割下來帶走，高官、有能
力者、技術人員也都成為俘虜被帶往巴比倫城。結果，留在耶
路撒冷的就只剩下一些貧民（第二次俘虜事件）。

**猶大王國
被巴比倫
軍所滅**

　　然而，尼布甲尼撒王並沒有消滅猶大王國，還讓約雅斤的叔
叔西底家登基成為第二十代王。西底家一開始歸順巴比倫，但他
仍然期待埃及的援助，而在繼位的第九年開始起而反抗。被這次
的反叛行動激怒的尼布甲尼撒王，決定揮兵進攻耶路撒冷，於是
在公元前五八六年，不僅當著西底家的面前殺了他的兒子，還把
西底家的雙眼挖出來，用青銅製成的笨重腳鐐拷著他當做囚犯帶
至巴比倫城，到死去為止都將他關在牢房裡。次月，巴比倫軍在
耶路撒冷不斷到處搶劫、放火、殺人，無論聖殿、王宮和所有的
民宅，都被徹底破壞，最後只將極為貧苦的人家留在當地，有八
三百二十人被當做囚犯遣送到了巴比倫城（第三次俘虜事件）。

猶大王國就這樣完全被消滅了。公元前九六〇年聖殿完工時，神曾經明確地警告所羅門，而這個警告也在三百七十四年後成為了事實。

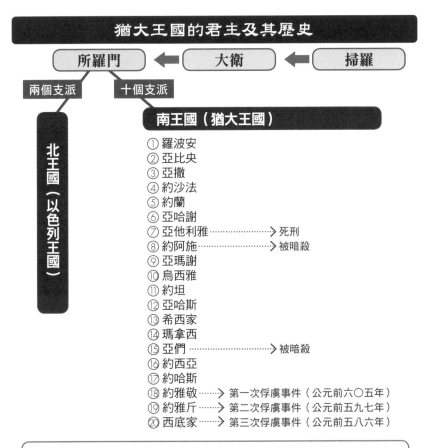

猶大王國的君主及其歷史

所羅門 ← 大衛 ← 掃羅

兩個支派　　十個支派

北王國（以色列王國）

南王國（猶大王國）

① 羅波安
② 亞比央
③ 亞撒
④ 約沙法
⑤ 約蘭
⑥ 亞哈謝
⑦ 亞他利雅 ·················⟩ 死刑
⑧ 約阿施 ···················⟩ 被暗殺
⑨ 亞瑪謝
⑩ 烏西雅
⑪ 約坦
⑫ 亞哈斯
⑬ 希西家
⑭ 瑪拿西
⑮ 亞們 ·····················⟩ 被暗殺
⑯ 約西亞
⑰ 約哈斯
⑱ 約雅敬 ···⟩ 第一次俘虜事件（公元前六〇五年）
⑲ 約雅斤 ···⟩ 第二次俘虜事件（公元前五九七年）
⑳ 西底家 ···⟩ 第三次俘虜事件（公元前五八六年）

南方猶大王國的歷史

南方的猶大王國由公元前九三一至公元前五八六年，共三百四十五年的歷史。從首位國王羅波安到末代國王西底家，總共有二十位國王。

● 非正常死亡的比例＝3人／20人 ≒ 15％

歷經三次的俘擄事件，皆是尼布甲尼撒王所為。

MEMO

「猶太」（Judaea）是猶大「Judah」的希臘語和拉丁語唸法，一般指的是以耶路撒冷做為首都的猶大王國，也可以指以色列全體。

〈以斯拉記〉～〈尼希米記〉
第二聖殿及城牆完工

波斯帝國古列王准許被俘虜的人民返回耶路撒冷，並且援助他們重建聖殿與城牆。

古列王准許人民回歸

　　公元前五三九年，號稱世界最強的巴比倫王國被波斯帝國的古列王所滅，被俘擄至巴比倫的猶太人，處境也因此有了極大的轉變。

　　亞述帝國和巴比倫王國的王將被征服國家的人民俘虜帶走，目的並不是把他們當做奴隸差遣，而是要讓他們喪失對祖國和信仰的團結力，讓他們完全被自己國家的文化所同化。

　　不過，波斯帝國的古列王卻有不同的想法，他重視俘虜們的文化及宗教，讓他們能夠回歸母國，希望藉此得到更多的尊敬。

　　他讓被俘虜的以色列人回到耶路撒冷，並允許他們重建被巴比倫王國的尼布甲尼撒王所完全破壞的聖殿；甚至，也答應他們將從前被尼布甲尼撒王從耶路撒冷的聖殿和王宮搶走的寶物，全部帶回耶路撒冷。拜如此寬大的政策之賜，從公元前六〇五年第一次俘虜事件算起過了六十七年後的公元前五三八年時，由所羅巴伯帶領著祭司、歌詠隊、守衛等四萬人，費時四個月回歸了以色列地區，然後建造祭壇向上帝獻祭。這是第一次回歸耶路撒冷。

在大利烏的援助下完成聖殿的重建

　　為了重建聖殿，他們從腓尼基運來了木材，也雇用好切石的工匠和木工。聖殿的地基完成時，他們對著神祈禱並歌唱讚美，響亮的聲音直到很遠的地方都聽得見。曾經見識過所羅門聖殿有如何奢華的老年人，都為新聖殿的規模粗糙而哭泣，而從未見識過的年輕人則是喜極而泣。

　　然而，也有人對於以色列人重建聖殿一事感到不悅，也就是以色列人過去的宿敵們。他們運用暴力和訴諸法律，讓建設屢次被迫中斷。但是，波斯帝國的新任國王大利烏承繼了前

MEMO

以色列人在被俘虜至巴比倫後，仍然在祭司和長老的帶領下遵守摩西律法，維持民族的正統身分。

被擄以後重返耶路撒冷

重返	公元前	領導者	波斯王
第一次重返	538年	所羅巴伯	古列王
第二次重返	458年	以斯拉	亞達薛西王
第三次重返	445年	尼希米	亞達薛西王

重返耶路撒冷的路線圖

← 第一次重返路線（公元前五三八年）
← 第二次重返路線（公元前四五八年）

MEMO

「離散的猶太人」是指成為巴比倫王國俘虜的猶太人民。其中有少數人後來返回耶路撒冷，完成了聖殿和城牆的重建；但多數的猶太人，仍繼續定居在波斯帝國。由於他們生活在距離耶路撒冷聖殿很遠的地方，為了讓小孩接受

任國王古列的遺志，仍然在政策和資金上繼續給予援助。就這樣，公元前五一五年，終於完成了聖殿的重建工程（第二聖殿竣工）。

在亞達薛西王的時代，第二次回歸耶路撒冷是在祭司以斯拉的領導下進行。

尼希米被任命為猶大地區的總督

第二次聖殿竣工（公元前五一五年）七十年後的公元前四四五年，回歸耶路撒冷的人民將他們遭遇困境以及耶路撒冷城牆崩壞的消息傳達給了尼希米。尼希米是亞達薛西王的親信，受到王相當高度的信賴，在巴比倫城位晉高官。

尼希米聽了之後相當憂愁，亞達薛西王看到了便擔憂地尋問怎麼一回事。尼希米回答：「我聽說耶路撒冷已經變成廢墟一片，城門被燒毀，因此感到悲傷。請讓我回到那裡進行重建。」

亞達薛西王便問：「旅途需要多久的時間，你何時會回來？」尼希米則回答大約需要十二年的時間。於是，亞達薛西王很快地就准許他前去完成心願。不僅如此，為了讓尼希米在耶路撒冷的工作能夠順利進行，王還任命他為猶太地區的總督（譯注：相當於省長的地位）。亞達薛西王能夠充分地信賴尼希米，甚至為了讓他在耶路撒冷的事業能夠推動順利，還給予他總督的官位，賦予極大的權限，由此充分展現出王的深謀遠慮和賢明。正因為有如此賢明的君王，才會擁有如此優秀的部下。

尼希米抵達了耶路撒冷之後，首先繞城視察，告訴人民要重建城牆的提議，並勉勵大家「我們的神將為我們而戰」，獲得了人民的贊同。但是，周邊地區的領導者很擔心猶太人會變得強盛，極力反對城牆重建，於是對他們出言諷刺，或是放出謠言使他們動搖，並且策動武力攻擊等陰謀，來妨礙城牆的重建工作。但是，尼希米將人民組成工程和防衛兩個小組，以便對於任何的妨礙採取應變措施。就這樣，城牆在五十二天之後便重建完成了。

猶太人的教育以及敬拜上的需要，便設立了猶太教會堂。他們即使四處離散，依然以生活共同體的形式維持猶太教的信仰。

沉默的四百年

「沉默的四百年」的動盪時代

猶太人民殷切盼望再造黃金時代，對彌賽亞降生的渴望與日俱增。

從舊約到
新約的過
渡時代

　　前面已經將《舊約聖經》中的事件依時間先後順序介紹下來，接下來終於到了耶穌誕生的《新約聖經》時代。不過，對於舊約時代結束後至新約時代開始為止，世界上發生了哪些重大事件，以及猶太地區處於何種狀況等等，首先必須要有個通盤的掌握。

　　《舊約聖經》最後一部書完成（公元前四三三年）之後，到新約時代開始為止的四百年間，被稱做「沉默的四百年」，因為在這段期間當中，聖經上所預言的先知一直沒有出現。不過，這段期間世界的歷史也正激烈地變化著。

掌握霸權
的大國統
治小國猶
大

　　過去稱霸世界的亞述帝國和巴比倫王國都被消滅了，接著從公元前五三九年一直到公元前三三二年大約兩百年間，是由波斯帝國統治猶太地區。波斯帝國的古列王准許猶太人返國，在耶路撒冷重建聖殿，並修復損壞的城牆。《舊約聖經》時代完結後大約一百年的時間，猶太地區以波斯帝國領土的一部分殘存下來，並在敘利亞總督的治理下由大祭司主持政務，因此猶太地區可以不受政府的干預，自由地從事敬拜上帝的宗教活動。

　　公元前三三四年至公元前三三一年，希臘的亞歷山大大帝三度打敗波斯的大利烏三世，建立了龐大的帝國。就這樣，猶太地區在公元前三三二年開始納入了希臘人的統治之下。

　　亞歷山大大帝積極地將希臘的語言和精神（希臘文化）傳播到他所支配的各個地區，即所謂的「希臘化文化」，他希望能藉由希臘語來統一全世界。可是，亞歷山大大帝在三十二歲（公元前三二三年）染上熱病，不幸英年早逝。

　　亞歷山大大帝死後，帝國被他的將領分裂成三部分，其中之一的托勒密王朝從公元前三〇一年開始統治猶太地區。但是

到了公元前一九八年，敘利亞的安條克三世（塞琉古王朝的國王）滅了托勒密王朝，繼而統治巴勒斯坦全境，因此猶太地區便改由塞琉古帝國所統治。

公元前一七〇年，安條克四世冒瀆了耶路撒冷聖殿，並掠奪殿內的所有物品。接著在公元前一六七年，他打算將巴勒斯坦全境都施行希臘化，因此下令禁止猶太人遵守律法，包括猶太節期、獻燔祭以及割禮等。

此外，還廢止了律法書及建造偶像，甚至強迫猶太人食用信仰中所禁止的豬肉（不潔的食物）。安條克四世即是最早一位迫害猶太人信仰（猶太教）的君主。

沉默的四百年

公元前	歷史事件
433年	舊約時代結束
539～332年	波斯帝國統治猶太地區
334～331年	希臘的亞歷山大大帝打敗波斯的大利烏三世，征服巴勒斯坦地區
301～203年	托勒密王朝征服巴勒斯坦地區
198年	安條克三世將托勒密王朝消滅，統治巴勒斯坦地區
170年	安條克四世冒瀆聖殿
166～142年	瑪他提亞的兒子帶頭領導叛變，引發「馬加比革命」
142～63年	哈斯蒙王朝統治猶太地區
63年	羅馬帝國的龐培將軍占領耶路撒冷
37～4年	大希律王治理巴勒斯坦地區
6年左右（7～4年）	耶穌誕生

老祭司瑪他提亞有五個兒子，是猶太人反抗安條克四世的領袖，由於馬加比是五人當中的首領，所以此次叛變就稱為「馬加比革命」（公元前一六六至公元前一四二年）。這個革命運動持續了二十四年，於是在公元前一四二年，猶太人從敘利亞獨立出來，瑪他提亞的子孫成立了哈斯蒙王朝，並建立了舊約時代所未見國王兼任大祭司的制度。

但是，哈斯蒙王朝成立之後，竟然立即採納他們之前非常抗拒的希臘化文化。因此，希臘文化在公元前一四二年到公元前六三年為止，都一直持續影響著巴勒斯坦地區。

哈斯蒙王朝在公元前六三年時結束。就在哈斯蒙王朝家的兄弟海爾卡努斯二世和阿里斯托布魯斯二世為爭奪大祭司的地位鬧得不可開交的時候，羅馬將軍龐培趁機占領耶路撒冷，就這樣猶太地區成為了羅馬帝國的領土，失去其獨立的地位。然而，雖然猶太地區變成了羅馬帝國的領土，但由於羅馬帝國正值從共和移轉為帝政的時期，國家內部始終呈現混亂的局面，影響所及，使得猶太地區也因為暴徒的緣故持續發生內亂。

此時，擔任加利利總督的大希律運用強勢武力鎮壓內亂，立下的功勳得到羅馬帝國的認可，因此成為猶太的分封王。他在公元前三七年至公元前四年為止治理巴勒斯坦（迦南地區），而在耶穌誕生之時（公元前七至公元前四年），世人稱他為「猶太王」。以下，統一稱為「大希律王」。

大希律王是個背景複雜的人物。在血統上他是以土買人（以東人的希臘及羅馬名），外表上看起來是個有教養的希臘化羅馬人，在信仰上則是信奉猶太教的改宗者。大希律王在軍事方面有著相當優秀的領導統御能力，卻也是個卑躬屈膝效忠羅馬皇帝的猶太君主。他因此深得羅馬皇帝的賞識，並被賜予了廣大地區的治理權，而致力於從事國內外的土木工程開發。他的個性是為了鞏固地位可以不擇手段，甚至殺掉自己的妻兒也在所不惜，是個相當殘虐的人物。

大希律王本是以掃的後裔以土買人，而不是雅各的後裔猶

太人，站在治理猶太地區的立場上，大希律王自己也感到相當
不安。於是，為了贏得猶太人民的愛戴，他建造了一座遠比所
羅門聖殿更氣派的希律聖殿。因此，許多猶太人儘管對身為以
土買人的大希律王抱持輕蔑和反感，唯獨對他所建造的聖殿讚
譽有加。

　　當時絕大部分的猶太人都對於以色列被外國所統治而感到
屈辱，因此殷切盼望能夠再像大衛和所羅門的時代那樣，再造以
色列國家的黃金時代。此外，《舊約聖經》當中也不斷預言彌賽
亞將會被派遣而來，人民對於彌賽亞到來的盼望也愈來愈強烈。

新約時代的羅馬帝國

（公元一世紀）

羅馬帝國的領土

列顛
日耳曼尼亞
貝爾吉卡
高盧
雷蒂亞　諾里庫姆
本都
底格里斯河
斯班尼亞
羅馬
色雷斯
庇推尼
加帕多家
幼發拉底河
馬其頓
加拉太
基利家
西西里島
雅典　亞西亞
敘利亞
大馬士革
哥林多
塞浦路斯
猶太
利塔尼亞
迦太基
努米底亞
克里特島
耶路撒冷
古利奈
亞歷山太
阿非利加
昔蘭尼加
利比亞
埃及
阿拉伯沙漠
尼羅河

為什麼聖誕節是12月25日？

聖誕節源自古羅馬帝國祭拜農神的日子

「聖誕節」（Christmas）是救主基督的彌撒（慶典）之意，是慶祝耶穌基督誕辰的節日。新教及羅馬天主教將每年的十二月二十五日定為聖誕節舉行慶祝，而東正教會和亞美尼亞教會則是定為每年的十二月二十五日以及一月六日。

聖誕節定在十二月二十五日這一天的緣由，最早的可信資料可上溯至公元三三六年記載羅馬節慶的曆書，當中記載著：「基督在十二月二十五日誕生於猶太地區的伯利恆」。

東正教會在一月六日這一天，同時紀念耶穌誕生、東方三博士來訪、施洗約翰為耶穌施行洗禮等事件。

羅馬帝國受到源自波斯的拜日教影響而崇拜太陽神，在「太陽復歸之日」的冬至十二月二十五日這一天，會舉行盛大的慶祝儀式。

此外，古羅馬帝國為了祭祀農神撒頓，會載歌載舞並給孩子們禮物，以慶祝豐收。一般認為由於這個季節正好和耶穌的誕辰一致，因此漸漸納入了聖誕節當中來慶祝。

耶穌誕生於公元前七至四年

公元五二五年，羅馬帝國的一名修士狄奧尼西‧依格斯首次推算了耶穌的誕生年代，並以此做為「基督紀元」（Christian era，即西曆）的起始。這個紀年法在英國舉行的惠特比會議中被採用，從此便普及至歐洲大陸，成為今日西曆的基礎。

但是，依格斯的紀年法實際上有三到七年的誤差，因此耶穌的誕生年，後來修正為公元前七年至公元前四年。

第**3**章 耶穌基督的生平

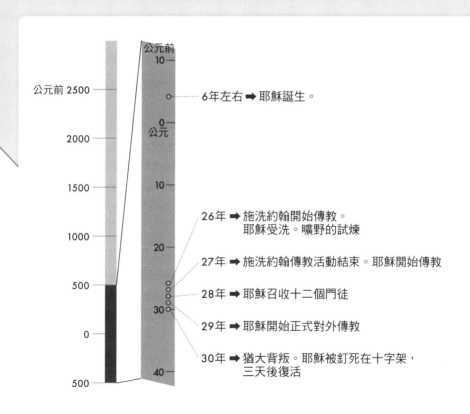

公元前
10 —

公元前 2500 ——

公元前
0 —
公元

2000 ——

○ ┄┄┄ 6年左右 ➡ 耶穌誕生。

1500 ——

10 —

1000 ——

26年 ➡ 施洗約翰開始傳教。
耶穌受洗。曠野的試煉

20 —

27年 ➡ 施洗約翰傳教活動結束。耶穌開始傳教

500 ——

28年 ➡ 耶穌召收十二個門徒

30 —

29年 ➡ 耶穌開始正式對外傳教

0 ——

30年 ➡ 猶大背叛。耶穌被釘死在十字架，
三天後復活

40 —

500 ——

《新約聖經》的世界

● 《新約聖經》奉耶穌為彌賽亞

舊約時代結束大約四百年後（距今約兩千年前），木匠約瑟之子耶穌誕生在猶太地區的伯利恆。木匠約瑟的祖先可以一直往前追溯到大衛王。

耶穌即是舊約時代的先知們所預言即將到來的那位彌賽亞，他在大約三年的期間，將上帝如何拯救世人的方法傳達給人們，並向人們闡述如何才能得救，此外也醫治了許多病人，行無數的神蹟。許多聽見耶穌訓示或目睹神蹟的人，都成了他的信徒，耶穌的信徒人數就這樣愈來愈多。

此外，耶穌為了將福音更廣泛地向外傳播，而挑選了十二位門徒隨侍在側，給予特別的訓練。

當時猶太社會的當權者是法利賽人和祭司長，他們視耶穌為否定自己權威的危險人物，後來將他釘死在十字架上。新約的內容到此為止，描述的都是歷史上的事實。

接下來由此開始，便是闡述耶穌信仰當中的重要內容依據。在耶穌死後的第三天，上帝讓他從死裡復活，並在四十天後讓他回到天上。耶穌在十字架上受難，是為了替人類贖亞當背叛上帝的原罪。

也就是說，耶穌獨自一人背負所有人的罪，為了贖罪而被釘死在十字架上。因此，人們透過相信耶穌是彌賽亞的信仰，就能得到來自上帝的恩賜，獲得拯救。這就是耶穌的福音，也是基督教的信仰基底。

耶穌死後，以使徒及保羅為中心的信徒開始積極展開傳道活動，耶穌的福音遍傳希臘、小亞細亞，甚至傳到當時的霸權國家羅馬帝國的首都城市羅馬。

此時，猶太是隸屬於羅馬帝國的行省之一，雖然維持了國家的形態，但在公元七〇年的猶太戰爭中淪陷，人民失去了國家，成為「離散的猶太人」，分散到世界各地去。

之後在第二次世界大戰中，希特勒所統馭的納粹德國使得六百萬名猶太人遭到大屠殺。

不過在大戰結束後的一九四八年，以色列又再次在巴勒斯坦地區建國，直到今日。

話題回到耶穌的福音。二十一世紀的今天，耶穌的福音幾乎傳遍了世界上絕大多數的國家，信徒人數達十五億人口，成為世界上最具影響力的宗教。

在巴勒斯坦貧寒的鄉村拿撒勒發跡的耶穌教義，歷經羅馬帝國時代，如今已遍及歐洲、南北美洲、大洋洲乃至於亞洲。

● 猶太教至今仍在等待彌賽亞的到來

有關於基督教與猶太教之間的差別，重點彙整如下。

基督教相信，大約兩千年前在伯利恆誕生、並於拿撒勒成長的木匠耶穌，就是《舊約聖經》中所提及的彌賽亞。

但是，猶太教不承認耶穌是彌賽亞，所以至今仍在等待著彌賽亞的到來。猶太教不承認耶穌是彌賽亞的根據，是出自先知所說關於彌賽亞是大衛子孫的預言，因此認為彌賽亞應誕生於王室，而木匠耶穌的出身低微，不符合資格。

另外，由於「新約」是新的契約，因此容易給予人們「舊約」無效的誤解。從這個考量點來看，猶太教方面也不能接受《舊約聖經》的稱呼，因此提出了改稱為《希伯來文聖經》的提議。

〈路加福音〉1章5～64節

馬利亞受孕與施洗約翰誕生

神派遣了兩名男孩來到世間。一個是為了前來整頓民心，另一個則將會成為猶太王。

約翰的使命是使民心歸向上帝

　　距今大約兩千年前，大希律王統治整個猶太地區而被稱做「猶太王」的時期，有兩名嬰孩誕生了。其中一名是施洗約翰，另一名則是耶穌。

　　約翰的父親撒迦利亞是一位祭司，母親以利沙伯是大祭司亞倫的後裔。這對夫妻一直以來都很想要有子嗣，但卻生不出孩子。由於妻子年紀已經老邁，因此兩人早已打消了念頭。

　　某天，當撒迦利亞在聖殿中祈禱的時候，天使加百列突然出現並對他說：「你的妻子以利沙伯將會生下一名男孩，你要為他取名叫約翰。」

　　這個叫做約翰的孩子背負著特別的使命，也就是要為了神而整頓民心，讓神之子（信仰上帝者）以色列人民能夠醒悟悔改歸向父神，讓違逆神的人能遵循上帝的旨意。之後，以利沙伯果真如天使所言懷了身孕。

天使在拿撒勒的處女馬利亞面前顯現

　　當她懷孕滿六個月時，天使加百列又奉神的差遣前往加利利地區的小鎮拿撒勒，顯現在一位童女的面前，她的名字叫做馬利亞，和住在同一個鎮上的木匠約瑟有了婚約。

　　天使對馬利亞說：「恭喜，你是蒙大恩的女子，主與你同在！」馬利亞聽了這話感到很困惑，天使又接著告訴她另一個更驚人的消息：「馬利亞，不要害怕，一切都會很順利。上帝施恩給你，要使你懷孕生下一個兒子，你要為他取名為耶穌。耶穌並不是普通的孩子，他將成為偉大的人物，並被人稱為至高上帝的兒子。而且，上帝要賜予他祖先大衛的王位，讓他統治雅各家（猶太全地），直到永遠。」

　　天使告知了馬利亞，她的兒子會成為猶太王這個令人難以

MEMO

所謂的「聖靈」，就是指創造萬物的神的能量、神的靈。

置信的消息，然而這當中有一個相當重要的疑點，那就是仍為處女的馬利亞如何能懷孕生子呢？而天使則是如此回答感到疑惑的馬利亞：「上帝沒有任何一件事情是做不到的。」

貞潔的童女馬利亞懷胎

　　雖然童女懷胎的奇蹟其中的奧祕不得而知，但天使對馬利亞說：「聖靈要降臨到妳身上，至高上帝的權能要庇蔭你。因此，那將誕生的聖嬰要被稱為上帝的兒子。」說完之後天使就離開了。

　　除了告知這件事情之外，為了安撫馬利亞的不安，天使也將馬利亞有一位原本為不孕所苦的親戚以利沙伯，也因蒙神的恩惠而懷了一名男孩的事告訴了她。

　　於是，懷孕的馬利亞去便前拜訪以利沙伯，果真如天使所說的，以利沙伯也懷孕了，如今已大腹便便。馬利亞一向以利沙伯問安，以利沙伯肚中的胎兒就激烈地胎動，以利沙伯被聖靈所充滿，便喜悅地說：「你是女子中最蒙福的；你所懷的胎兒也是蒙福的！」

　　馬利亞在以利沙伯的家中住了三個月才回到家鄉。就在此時，以利沙伯生下了一名男孩，並為他取名為約翰。

天使加百列預告童女馬利亞將懷孕

〈馬太福音〉1章18～25節

約瑟得知未婚妻懷孕

信仰虔誠的約瑟聽見天使的聲音，得知馬利亞腹中的胎兒是由聖靈感孕而來。

約瑟欲與
馬利亞解
除婚約

以利沙伯蒙神的恩惠懷孕，平安地產下約翰。受到鼓舞的馬利亞，對於即將出生的男孩耶穌也充滿了期待。馬利亞似乎沒有將懷孕的事告訴未婚夫約瑟，可是她大腹便便的樣子，任何人看了都知道她懷孕了，約瑟也為此煩惱不已。

按照當時猶太人的法律，一對男女一旦訂了婚，就擁有夫妻的名分，馬利亞和約瑟彼此以夫妻相稱。雙方在訂婚後一年，便可以邁入婚姻生活，但在這段期間當中，依照規定兩人不得同房。在舊約的〈申命記〉廿二章中即寫道，有了婚約的女子若因自己的意願與別的男子通姦，兩人將處以極刑，用石頭活活打死。

到了新約時代，這條規定已經沒有像從前那樣嚴格地執行了。不過，為人正直的約瑟依然遵守這項規定，在這段期間之內沒有與馬利亞同房。然而，馬利亞卻在這個時候懷孕了，即將生下的孩子並不是約瑟的親生骨肉。

約瑟信仰虔誠，也是個正直的人。這件事原本應該告上法庭，弄清楚事實真相才對，但如此一來就會使馬利亞在公開場合受到恥辱，而為人正直又有憐憫之心的約瑟，並不希望讓情況變成這樣。因此，他不打算將此事告上法庭，決定私下解除和馬利亞之間的婚約。

就當時猶太社會的法律上來說，「婚約」等同於現代的結婚，因此解除婚約其實就形同離婚。於是，約瑟決定找來兩名證人，當著他們的面將離婚訴狀交給馬利亞，私下解決這件事情。

約瑟與馬
利亞結婚

然而事情卻朝著意料之外的方向發展。一天夜裡，天使加百列在約瑟的夢中顯現，告訴他：「大衛的後代約瑟，不要怕！儘管娶馬利亞為妻，因為她懷的孕是由聖靈來的。她將會

「耶穌基督」意謂著「耶穌是救主」

耶穌 ▶	與《舊約聖經》中的「約書亞」相同
耶穌名字的含意 ▶	意味著「耶和華的救恩」
基督 ▶	希臘語。意味著「救世主」的意思，從希伯來文的「彌賽亞」翻譯而來
耶穌基督 ▶	「背負神的使命，為拯救人民被派遣而來的耶穌」的意思。即意味著「耶穌是救世主」

救主 ▶	將猶太人與全人類從他們的罪惡中拯救出來的人
	當時的猶太人認為，救主是指將他們從羅馬帝國的統治下解放出來的政治或宗教領袖

生下一個兒子，你要給他取名叫耶穌，他將會拯救自己的子民脫離他們的罪。」

天使又說：「必有童女懷孕生子，他的名要叫以馬內利。」（太1：23）（「以馬內利」是「神與我們同在」的意思。）

這句話是引述自先知以賽亞在〈以賽亞書〉七章十四節裡所做的預言。天使告知了馬利亞即將生下的是上帝透過聖靈所恩賜的孩子後，便離開了。

一覺醒來的約瑟，相信天使所告知的消息是神所給予的命令，因此就按照當初的約定將未婚妻馬利亞娶回家。但是在孩子出生之前，兩人都沒有同房，之後才過著一般的夫妻生活，並在耶穌以後又生了雅各和猶大等幾個孩子。雅各後來領

導耶路撒冷的教會，猶大則是新約的〈猶大書〉的作者。由此來看，世人以為馬利亞是永遠的處女之既定印象，其實是錯誤的。

猶太人期
待耶穌為
人民而戰

「耶穌」這個詞在《舊約聖經》中是標示為「約書亞」，這是相當常見的猶太名字，意味著「耶和華的救恩」，很適合做為「彌賽亞」的名字。所謂的「彌賽亞」，是指將猶太人和全人類從他們的罪惡中拯救出來的人。

不過當時的猶太人認為，「彌賽亞」應是將他們從羅馬帝國的統治中解放出來（政治上或是宗教上）的領袖。

因此，猶太人期待耶穌能夠率領人民，以武力或是運用政治力量與羅馬帝國對抗。然而，耶穌並不是這樣的人物，可以說完全違背了他們心中的期盼，他們的期待也由希望變成失望。

另外，「基督」這個字是源於希臘語，翻譯自希伯來語的「彌賽亞」，指的是背負著上帝使命被派遣到世間帶領人民歸主的人。

因此，「耶穌基督」這兩字合起來的意思，就是指「背負神的使命，由神差派而來拯救人民的耶穌。」由這個稱號的含義，就已經充分展現了基督信仰當中的重要內涵。

〈路加福音〉2章1～38節

耶穌誕生

西面稱耶穌為彌賽亞，女先知亞拿則預言耶穌將會為以色列人民帶來拯救。

約瑟是大衛王的後代

住在拿撒勒的約瑟和馬利亞，在距離那裡一百二十公里的猶太城市伯利恆生下了耶穌。馬利亞為何要到那麼遠的地方生孩子？舊約時代的先知彌迦就曾經預言了救主的誕生地，而當時的實際情況則如下所述。

約翰出生的半年前，羅馬帝國開國皇帝奧古斯下令所有的猶太人都要登記戶籍。戶籍的登記不能在附近的地區辦理，一定要回到自己的祖籍所在地申請登記。因此，有許多人紛紛回到自己的原籍地辦理戶籍。

約瑟本身不過是一位住在拿撒勒的貧窮木匠，但他的祖先卻可以追溯至以色列偉大的君主大衛王。也就是說，約瑟是繼承了大衛優秀血統的後代子孫。

因為這個緣故，他必須回到大衛誕生的城市伯利恆辦理登記。於是，他帶著身懷六甲的妻子馬利亞，從加利利的拿撒勒城出發趕往伯利恆。這趟旅程大約走了三天的時間。

牧羊人在馬槽中找到耶穌

就在太陽快要下山的時候，約瑟和馬利亞在伯利恆尋找旅店投宿。但是，由於辦理登記的人數眾多，所有的旅店都客滿了，兩人不得已只好來到附近的洞窟中過夜。在當時，洞窟是用來讓家畜避難的地方，馬利亞就在那裡臨盆生下她的第一個孩子，然後用布將新生兒包好，讓他睡在馬槽裡。

此時，在距離洞窟稍遠一點的地方，有一群牧羊人正在草原上露宿，並徹夜看守著羊群，突然一道明亮耀眼的光輝劃破了黑暗，牧羊人皆驚恐萬分。

這時候有天使從天而降，和善地安慰他們說：「不要怕。我是為你們帶來好消息的。救世主在大衛之城伯利恆誕生了。

MEMO

羅馬帝國開國皇帝奧古斯都的名字意味著「尊崇」的意思。他在公元前63年9月23日出生於羅馬，本名為屋大維。和他同名的父親，是前元老院的議員，在他四歲的時候去世。奧古斯都之所以能夠順利出人頭地，是因為她的母親阿媞亞是凱撒的姪女。

你們到那裡去，就能找到用布包著躺在馬槽裡的嬰孩。」

舊約時代結束後，以色列人民等待了四百年以上，救世主終於誕生了，而且這個消息還是由天使所告知的。牧羊人聽了都滿心歡喜，急忙地趕往伯利恆。

他們找到了約瑟和馬利亞，以及安詳地躺在馬槽裡的嬰兒，內心十分雀躍。這個情景和天使所說的一模一樣。

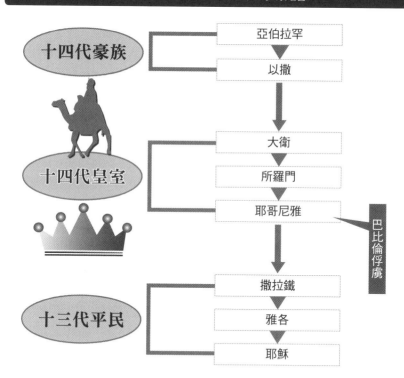

由亞伯拉罕至耶穌的族譜

十四代豪族
亞伯拉罕
以撒

十四代皇室
大衛
所羅門
耶哥尼雅 — 巴比倫俘虜

十三代平民
撒拉鐵
雅各
耶穌

大衛一族由原先的豪族成為皇室，最後又淪落為平民，之後耶穌降生了。

MEMO

西曆是世界最廣泛使用的紀年法，這是以耶穌誕生為紀元基準的曆法。「公元前」是標示為「Before Christ」，經常縮寫成「B.C.」；「公元後」則是採用拉丁文的「Anno Domini」（主的年）來標示，縮寫成「A.D.」。不過，近

約瑟一家
前往耶路
撒冷聖殿
獻祭

　　按照摩西律法，耶穌在誕生後的第八天必須施行割禮。就在這一天，約瑟和馬利亞為孩子起名為耶穌。這個名字早在他誕生之前就已經決定了。

　　出生滿四十天之後，約瑟一家便抱著孩子從伯利恆出發，前往耶路撒冷聖殿獻祭。按照摩西律法，猶太人必須在長男出生時獻祭給上帝，祭品則為一對斑鳩或是兩隻雛鴿。

　　耶路撒冷城裡住著一位信仰虔誠的老人西面，上帝曾經告訴他在他離開人世之前，一定會見到救世主，於是他日夜盼望著救世主的到來。

　　約瑟一家進入聖殿時，西面老人知道自己所等待的就是這個孩子，便為約瑟和馬利亞祝福。此外，還有一位為耶穌誕生而喜悅的女先知亞拿，當時她已經八十四歲並且長時間地禁食向神禱告，她預告這個孩子將會為耶路撒冷的子民帶來救贖。

耶穌的誕生

來也有許多情況是採用「B.C.E」（Before the Common Era的縮寫）取代B.C.，以及以「C.E.」（Common Era的縮寫）取代A.D.。

〈馬太福音〉2章1～16節

幼子耶穌倖免於難

約瑟聽從天使的吩咐，連夜帶著家人逃到埃及，直到公元前四年大希律王
去世為止都住在那裡。

**大希律王
擔心王位
受到威脅**
　　大希律王統治猶太地區是從公元前三七年一直到公元前四年為止。耶穌誕生於公元前六年左右，正處於大希律王統治的最晚期。之前，原本統治猶太地區的哈斯摩尼家族由於陷入嚴重的內鬥，便改由奉承羅馬帝國的大希律王被任命為猶太王，身為以土買人的他為了獲得猶太人的支持，便興建了豪華的聖殿（希律聖殿）。

　　此外，他想獲得王位的正統性，因此與哈斯摩尼家的公主結了婚。但由於他猜疑心重，總是害怕會有人奪走他的地位而成天疑神疑鬼的，在晚年甚至將自己的妻子處死。

　　耶穌快要滿兩歲的時候，有三位來自東方之國（巴比倫）的博士帶著寶物千里迢迢造訪耶路撒冷。他們說：「那個生來要做猶太王的孩子在哪裡？我們在東方的天空看見了他的星，所以特來朝拜他。」

　　大希律王聽說了這件事，唯恐自己的地位會因那位生來要做猶太王的孩子而遭受威脅，因此外表裝做平靜的樣子，召來了祭司和學者們，執意要問出彌賽亞降生於何處，他們便述說了曾有預言指出，猶太地區的伯利恆將會出一位統治人民的王。接著，大希律王又把三位博士召來，尋問他們星星是何時出現的，想藉此知道那個孩子的年齡。

　　最後，大希律王對博士們說：「請你們仔細去尋找那個孩子的下落，找到了就通知我，好讓我也去拜他。」接著就將他們送往伯利恆。不知情的東方三博士，未能看透大希律想殺害年幼的救世主的念頭，便答應了在回程的路上，會順道經過王宮告知孩子的所在處。啟程後，他們曾在東方看見的星星，忽然又出現在他們的面前。在那顆星的引導下，他們終於找到了幼子的家。

218

MEMO

在以色列有三座聖殿，分別為所羅門興建的所羅門聖殿、自巴比倫被擄歸國後所重建的第二聖殿、以及大希律王興建的希律聖殿。其中希律聖殿歷時最短，完工後六年即被拆毀。

三位博士一見到孩子和他的母親馬利亞，就伏在地上向那孩子跪拜，接著從盒子裡取出黃金、乳香、沒藥等高價的禮物獻給他。這份禮物，後來成為貧困的約瑟一家往後逃亡生涯中的重要生活資金。雖然大希律謊稱自己也要前往敬拜幼子，欺騙了博士們要通知自己孩子的所在處，但這卻無法欺瞞上帝。上帝在此時介入，使得大希律的計畫泡湯。

約瑟一家在天使的帶領下逃往埃及

那天夜裡，博士們在夢中受到神的指示，要他們不要返回希律的宮殿，於是隔天早晨，他們就從別條路回到自己的國家去。博士們離去後，天使出現在約瑟的夢中對他說：「起來，快帶著孩子和他的母親逃往埃及去，在我吩咐你以前都要一直住在那裡，因為大希律王必會尋找這個孩子殺害他。」於是，約瑟聽從了天使的指示，連夜帶著馬利亞和孩子逃往埃及。

沒多久，大希律王發現博士們騙了他而相當憤怒，便依之前向博士們所問得的線索，推算出那孩子應該是兩歲以下的幼兒，於是下令要將伯利恆及其周邊地區兩歲以下的幼兒全部殺光，不留下任何活口。伯利恆當時是一個人口近千人的貧窮村落，據估計有十名幼兒在這次的屠殺行動中慘遭毒手。

約瑟一家在天使的帶領下逃往埃及

〈路加福音〉2章40～52節

耶穌的童年時代

耶穌了解到聖殿就是「自己父親的家」，並將此事告訴了四處尋找他的父母。

約瑟一家住在加利利的拿撒勒城

在千鈞一髮之際逃難的約瑟一家，直到公元前四年大希律王去世為止，都住在埃及。留居當地的費用應該相當可觀，於是東方三博士所餽贈的禮物正好就派上了用場。大希律死後，天使又在約瑟的夢中顯現，告訴他：「快起來，帶著孩子和他的母親返回以色列，因為那要殘害孩子性命的人已經死了。」

大希律死後，他的領土分給了三個兒子以及他的妹妹四人。約瑟一家預備返回的伯利恆，是屬於亞基老所統治。亞基老殘忍的性格與他的父親大希律不遑多讓，他在即位後立刻肅清了三千名反對者，但也引起猶太人和羅馬人的憎恨，而在公元六年被流放，之後猶太地區則由羅馬帝國所派遣的總督和希律‧安提帕共同統治。從埃及返往以色列的約瑟一家，避開了亞基老所統治的伯利恆，逃到加利利地區的拿撒勒在那裡定居下來。選擇這裡的理由有兩個，第一是希律‧安提帕比起亞基老比較不具威脅性，第二則是因為拿撒勒是約瑟和馬利亞生長的地方。

於是，年幼的耶穌就住在拿撒勒健全地成長。聖經上有關耶穌少年時代的事幾乎隻字未提，只有一章提到他們全家每年逾越節時，都會按照慣例前往首都耶路撒冷城，由此可知約瑟一家是忠實奉行摩西律法的猶太教徒。

耶穌在聖殿質問教師

耶穌十二歲的時候，為了慶祝逾越節，全家人和親戚又一同前往耶路撒冷參加聖殿朝拜。雖說是大家一起行動，但通常是大人們成群結隊，小孩子也自己結伴而行，親子是分開行動的。

慶典結束後，約瑟和馬利亞已經在回家的路上，耶穌卻仍留在耶路撒冷城裡，沒有跟同伴們一起行動。走了一天的路程，約瑟和馬利亞才發現耶穌不見了，急忙在親戚和熟識的人當中尋找耶穌，可是一直沒找到，最後只好折返回耶路撒冷。

　　就在孩子失蹤的三天後，他們在聖殿裡發現耶穌坐在眾位律法教師之間詢問他們問題。他們十分地驚訝，馬利亞由於擔心而上前叱責了耶穌，但是，耶穌卻令人意外地說道：「為什麼要到處找我呢？難道你們不知道我在我父親的家中嗎？」

　　兩人並不明白這句話的意思，但馬利亞仍把這句話謹記在心。耶穌果真是個特別的孩子。

　　聖經上記載著，隨著年齡的增長，耶穌的智慧日益增加，身材也長得高大，深得上帝和人們的喜愛。

約瑟一家的移居路線

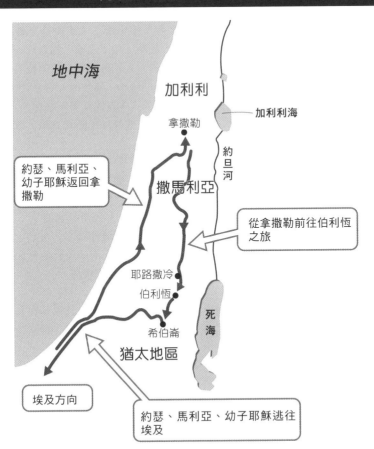

地中海

加利利

拿撒勒

加利利海

約旦河

約瑟、馬利亞、幼子耶穌返回拿撒勒

撒馬利亞

從拿撒勒前往伯利恆之旅

耶路撒冷

伯利恆

死海

希伯崙

猶太地區

埃及方向

約瑟、馬利亞、幼子耶穌逃往埃及

〈路加福音〉3章1～22節

施洗約翰為耶穌洗禮

藉由接受施洗，不僅是耶穌正式以救世主身分踏上傳道之路的開端，也帶有親自站在罪人的立場為人民設想的用意。

猶太人應當真切地悔改！

以利沙伯和撒迦利亞的兒子約翰，已經成長為一名身心健全的優秀青年。長大成人的約翰，獨自一人在曠野裡苦修，因此並沒有出現在人民的面前。

然而，在公元二六年的某一天，聖靈突然降在約翰的身上，此後，他就開始向約旦河畔的居民傳道：「天國已經近了，你們快悔改吧！」後來，人們就稱呼他為施洗約翰。

許多猶太人殷切盼望著「神的國」（或說是天國）的到來。這裡的「國」意味著「統治」和「主權」的意思，因此他們所說的「神的國」，是指猶太人脫離羅馬帝國的統治；信神的猶太人因信稱義，不敬畏神的羅馬人等外邦人則必須悔改。

但是，施洗約翰卻主張猶太人本身應當要先悔改。

施洗約翰的生活非常簡樸，他身穿粗陋的衣服，以吃蝗蟲和蜂蜜維生。

他的說理簡明扼要，告誡人們要認罪悔改，將自己擁有的東西分給貧窮的人，正當地生活，要滿足自己所獲得的糧餉，不要敲詐，不可責備冤枉的人。

長久以來盼望著救世主出現的人民紛紛猜測：「擁有如此卓越領導力的約翰，難不成就是彌賽亞嗎？」但是，約翰卻說：「我是以水為大家施洗的人，但是有一位比我更加卓越的人物即將來臨，他將會用聖靈與火為你們施洗。」

耶穌順服上帝的旨意而受洗

施洗約翰不僅對人民講道，也嚴屬地批判法利賽人、撒都該人等猶太教主流支派的領袖及政治家。後來，他因為批判希律王而身陷牢獄之中。

法利賽人是以中產階級手工業者為主要核心，嚴守猶太教

MEMO

「選民」是上帝特別揀選出來的民族，負有帶領其他民族歸主的使命。選民思想最初是從猶太民族中產生，後來被基督教所採用。

律法的宗派；撒都該人則是以祭司階級為主要核心的宗派；除此之外，還有崇尚禁欲主義，終其一生不結婚的愛色尼人。

　　耶穌長大成人之後，在公元二六年的某一天，他前往拜訪在約旦河畔講道的約翰，請約翰為他施洗。然而，約翰拒絕了耶穌的要求，他說：「本應是我接受你的施洗才對，你怎麼反而要我為你施洗呢？」但耶穌強調這是神的旨意而堅持不讓步，於是約翰便為耶穌施行了洗禮。

耶穌時代的猶太教

耶穌時代的猶太教有三大主要宗派，
為法利賽人、撒都該人和愛色尼人。

法利賽人

◎以中產階級手工業者為主要核心
◎在耶路撒冷的猶太公會（宗教的最高評議會）裡雖然屬於少數派，但在人民之中有很大的影響力
◎嚴守猶太教的律法
◎相信死者會復活

撒都該人

◎以活動於耶路撒冷聖殿中的富裕祭司階級為主要核心，在猶太公會裡是多數派
◎只承認摩西五經為聖典，因此不相信死者會復活

愛色尼人

◎嚴厲批判耶路撒冷聖殿中的腐敗行徑，過著禁欲的生活
◎終其一生獨身不婚
◎嚴守猶太教的律法

耶穌沒有犯下任何需要悔改的罪，那麼他接受施洗的理由是什麼呢？對於耶穌來說，接受洗禮是新的出發，也是人生的轉捩點，今後他將從原本隱逸的生活，以救世主的身分邁向公開的傳道生涯；而更重要的意義是，之後將在十字架上獨自背負人類的罪的耶穌，在這公開傳道的一開始，即先讓自己和人類同樣站在「罪人」的立場，領受「認罪悔改」的洗禮。

　　耶穌受洗完畢，從水中站起來時，突然間上帝的靈彷彿鴿子一樣從天上飛下來，降臨在他身上，接著從雲裡傳出上帝的聲音說：「這是我的愛子，是我所喜悅的。」

耶穌接受施洗約翰的洗禮

〈馬太福音〉4章1～11節．〈路加福音〉4章1～13節

撒但三次誘惑耶穌失敗

因戰勝了撒但的誘惑，耶穌正式展開傳道活動前的一切準備都已完備。

**耶穌連續
四十天禁
食祈禱**

　　耶穌在約旦河畔領受施洗約翰的洗禮之後，並沒有立刻開始傳道。他來到了曠野（沙漠）當中，在四十天之內完全禁食，一個人獨自認真地祈禱。禁食本身並不具有信仰上的意義，但祈禱則是有意義的；由於太過於熱切地祈禱，以致於忘了吃東西才禁食。這次耶穌祈禱的目的，是要為往後傳道的重責大任做好心理準備；此外，無罪的耶穌透過洗禮，親自站在一般人身為罪人的立場，這次他也要親自感受人在一生當中所會經歷到的種種誘惑。這是成為真正的救世主必要的修行。

　　撒但（魔鬼）在耶穌祈禱的過程中一直監視著他。耶穌結束了四十天的禁食禱告後，頓覺頭部暈眩以及空腹的饑餓感，於是，撒但便趁此機會開始誘惑耶穌。撒但當然知道耶穌是神子，也因此才想要試探他。

**撒但前兩
次的試探
失敗**

　　撒但用如同貓一般的柔細聲音對耶穌說：「你一定餓了吧。你若是上帝的兒子，就把這些石頭變成食物呀！」這句話當中隱含的用意是，若耶穌能夠解決自己的饑餓，表示也能夠解決他人的饑餓，那麼救世主的任務就可以輕易達成了。撒但藉此假裝以朋友的立場來引誘耶穌。

　　但是耶穌回答：「聖經說：『人活著不單是靠食物，而是依靠上帝所說的每一句話。』」

　　聖經上寫著（耶穌在世時，所謂「聖經」指的是《舊約聖經》），以色列人民在摩西的率領下，在曠野裡流浪了四十年，卻變得不相信帶領他們逃出埃及的上帝，絮絮叨叨地滿嘴抱怨。這時候，上帝從天上降下了令他們意想不到、如同白餅一般的食物嗎哪，使他們得以吃飽。

MEMO

聖經中經常表現出「光」與「暗」的對比。光是「神的力量」，暗是「惡的力量」。此外，《新約聖經》的〈約翰福音〉則將耶穌比喻為「世上的光」。

大希律王的繼承者

大希律王（公元前37年～公元前4年在位）

亞基老（大希律的兒子）

管理猶太、以土買和撒馬利亞地區。由於他生性殘忍而無能，受到猶太人和羅馬人的憎恨，在公元六年被流放出境。（公元前4年～公元6年在位）

希律・安提帕（分封王／大希律的兒子）

管理加利利及東約旦河的比利亞等地。他和自己同父異母的哥哥希律・腓力一世之妻希羅底有染，之後和自己的妻子離婚，娶了希羅底。（公元前4年～公元39年在位）

希律・腓力二世（分封王／大希律的兒子）

管理住在加利利海以東的外邦人所居住的地區。（公元前4年～公元34年在位）

撒羅米（大希律的妹妹）

管理雅麥尼亞、亞鎖都等非常小的區域。（期間：公元前4年～公元10年在位）

撒但誘惑禁食祈禱的耶穌

就這樣，他們了解到食物固然重要，但能夠知曉賜予他們食物的上帝，以及用祂的話語來餵養自己，才是更為重要的。

撒但第一次試探耶穌終告失敗，但當然他不會輕易罷休，就帶著耶穌進了耶路撒冷城，讓他站在聖殿的屋頂上，再次試探道：「你若是上帝的兒子，就從這裡跳下去吧！因為聖經說：『神會差派天使來保護你，他們會用手托著你，使你的腳碰不到地面。』如果見到了這樣的神蹟，任何人都會相信你就是彌賽亞。」耶穌則回答：「聖經上也說了：『不可試探主──你的上帝。』」嚴厲地駁斥了第二個試探。

如果耶穌從聖殿頂上跳下去，就是自己製造危險的狀況，還要求神的幫助，如此等於是要神按照自己的想法行動，這是侵犯神的主權，犯了褻瀆的罪。於是，撒但的第二個試探也失敗了。

耶穌也通過了金錢與權力的試探

最後，撒但又進行了第三次誘惑。他帶耶穌登上了一座高山，讓他看見這世上一切的富貴榮華，然後對他說：「如果你跪下來拜我，我就把這一切都賜給你。」這是極為露骨的挑釁。撒但提議用金錢和權力在地上建造神的國，並且提出如果屈服於他，就賜予金錢和權力這樣的極度誘惑。

但是，耶穌斷然拒絕了這樣的試探，他回答：「撒但你滾開！聖經說：『要敬拜你的上帝，你的主，而且只侍奉他。』」。撒但聽了只好宣告放棄，從耶穌的面前離去。但是，撒但對於試探耶穌這件事還沒有完全地死心，如同我們一樣，耶穌終其一生都一直與撒但的誘惑對抗。

耶穌戰勝了撒但的誘惑之後，公開展開傳道活動的一切準備就都已完備了。

MEMO

耶穌明確地講述了地獄是讓犯下惡行的人們受罰的地方。

〈路加福音〉3章19～20節・〈馬可福音〉3章13～19節

耶穌選召十二個門徒

耶穌給予十二個門徒特別待遇。他們受到耶穌直接的訓練，在宣教上扮演相當重要的角色。

約翰身陷牢獄，耶穌挺身而出的時機到來

耶穌歷經受洗與勝過撒但的試探之後，便往來於猶太與加利利地區。此時，施洗約翰正因希律王（希律・安提帕）而身陷牢獄之中。施洗約翰被關入牢中的理由，是因為他批判希律王，指出他許多施政的錯誤和個人操守的問題，並指摘他犯下亂倫和通姦之罪。

希律王不僅與他兄弟腓力一世的妻子希羅底有染，甚至將她奪過來娶為自己的妻子。身為治理人民的君主，竟然做出如此傷風敗俗的事，因此施洗約翰嚴詞譴責希律王如此的荒誕行為。然而希律王非但不知悔改，還將施洗約翰關入監牢，這樣的行為更是罪加一等。

耶穌得知約翰被補入獄的消息後，決定從猶太遷移到加利利，開始他正式的傳道生涯。

耶穌此行並不是害怕自己受到牽連而選擇逃避，施洗約翰入獄的當時，猶太以及加利利都是希律王統轄的地區，所以逃到哪裡都一樣。施洗約翰被補，正使耶穌更加確信是自己該出來傳道的時候了。

耶穌沒有選擇在他生長的家鄉拿撒勒落腳，而是居住在加利利海旁的湖畔城市迦百農。若說到彌賽亞的活動地點，猶太人都認為應該會從首都耶路撒冷發端，但耶穌卻選擇了加利利地區這樣的鄉村地方，而且以該地區當中並非處於重心城市的迦百農，做為傳福音的據點。

耶穌密集地選召門徒

有一天，耶穌走在加利利海的湖畔邊，看見兩個兄弟正準備撒網在湖裡捕魚，他們是漁夫，名字分別為彼得和安得烈。耶穌對他們說：「來跟從我吧。我要使你們成為得人的漁夫。」

雖然不清楚兩兄弟是否明白這話中的含意，但能夠確定他們一定知道這是一項比捕魚更值得去做的使命。兩人聽了耶穌的話之後，就立刻丟下了漁網，從此跟隨耶穌。

耶穌的十二個門徒（使徒）

彼得（本名西門，也叫做「西門‧彼得」，漁夫，伯賽大出身）

安得烈（彼得的弟弟，漁夫，伯賽大出身）

西庇太的兒子雅各
（雅各的英文名是「James」，他是使徒中第一位殉教者）

約翰（西庇太的兒子）

腓力（伯賽大出身）

拿但業（又名「巴多羅買」，迦拿出身）

馬太（徵收稅金的稅吏，後來跟隨了耶穌）

加略人猶大（背叛耶穌的人，出賣耶穌後自殺）

馬提亞（遞補加略人猶大的人選）

亞勒腓的兒子雅各（雅各的英文名是「James」）

10 **奮銳黨的西門**（與西門‧彼得是不同人）

11 **多馬**

12 **達太**（即聖經中的「雅各之子猶大」）

 奮銳黨　激進派團體，主張要與統治猶太地區的羅馬人對抗，以武力打倒他們，爭取獨立。

耶穌繼續在湖畔邊走，又看到了另外一對兄弟雅各（編按：一般稱「大雅各」）和約翰（和施洗約翰是不同的人），他們正和父親西庇太一起在船上修補漁網。耶穌招呼他們，他們就下了船向父親道別，然後跟隨了耶穌。

有一天，在別的場合裡，耶穌找到了和彼得及安得烈一樣出身自伯賽大城的腓力，他對腓力說：「來吧，你也跟隨我吧！」便選召他為門徒。

被選召為門徒的腓力相當興奮，立即邀請他的朋友一起加入。他向朋友拿但業說：「我已經遇見了摩西律法上所寫、以及先知們所預言的那位救世主，他就是拿撒勒人耶穌。」

但是拿但業聽了很不以為然，質疑說：「拿撒勒這麼小的村莊，舊約裡根本完全沒有提到，能出什麼偉大的人物來？」但是，當他見到耶穌之後，內心立即湧起相當深刻的感觸，之前的疑慮完全消失了，便就此成為耶穌的門徒。

耶穌的十二個門徒，其他還有馬太、加略人猶大、亞勒腓的兒子雅各（編按：一般稱「小雅各」）、奮銳黨的西門、多馬和達太等人。

就這樣，耶穌選召了被稱做「使徒」的十二個門徒。

十二門徒在早期教會進行宣教活動

耶穌開始講道之後，跟隨他的信徒愈來愈多，但耶穌特別讓十二門徒隨侍在側，並且加以訓練。耶穌讓他們和自己一同生活，生前直接訓練他們；當耶穌被釘死在十字架上，並從死裡復活，這十二門徒也成為直接的見證者。

因為這個緣故，他們被特別冠以「使徒」的稱呼。不過，他們當中的加略人猶大背叛耶穌後自殺，所以由馬提亞遞補他的位置，成為最後一個加入的使徒。

使徒在後來誕生的早期教會（原始的基督教會）中，負責傳道和教育信徒的工作。

〈約翰福音〉2章1～11節
耶穌所行的第一件神蹟

在迦拿的婚禮上把水變成葡萄酒，是耶穌所行的第一件奇蹟，但只有他的門徒相信這是神蹟。

耶穌以代言人身分開始傳上帝的福音

　　耶穌在加利利海的湖畔邊選召了五、六個門徒後過了三天，他和門徒前往拿撒勒北方十四公里的迦拿城，受邀參加一場婚禮，耶穌的母親馬利亞也前往出席了。依照猶太人的習俗，婚禮時會邀請所有的親戚與朋友前來參加，慶祝的筵席將持續一整週之久。

　　耶穌所參加的不是什麼王公貴族的婚宴，只是在小城迦拿所舉行的一場貧民們的小型婚禮。由於前來參加的賓客比原先預計的還多，以致於葡萄酒很快就喝完了。筵席進行到一半就沒有酒可以招待客人，對於主人來說是莫大的恥辱，而且要是讓賓客知道了，歡慶的氣氛肯定大打折扣。即使再怎麼貧窮，也不容許婚宴上發生這種事，因此筵席的負責人急得團團轉，不知道該怎麼辦才好。

　　馬利亞發現了這個情況，就悄悄地將宴會用的葡萄酒喝完的事告訴了耶穌，希望他能幫忙解決。但是，耶穌卻冷漠地回答母親：「婦人，這件事與我無關，現在還不到我出面的時候。」

　　耶穌身為馬利亞的兒子，如今年齡已過三十歲，是一位負責傳達上帝旨意的公眾人物。耶穌的回答有兩個含意。第一，不應該將上帝所賦予的能力使用在私人的用途；第二，目前他所說的話和能力只能在門徒的面前展現，還不到他以救世主的身分出面的時候。

只有門徒相信耶穌所行的神蹟

　　雖然耶穌說了重話，但馬利亞知道他其實有意要幫忙，就對一旁的僕人說：「他叫你做什麼，就儘管照著他的吩咐去做。」剛好旁邊有六個容量約一百公升的大水缸，耶穌便吩咐僕人把這些缸子都裝滿水。

　　僕人聽從耶穌的吩咐，將每個大水缸都裝了水直滿到缸口邊緣。耶穌看見大水缸已經裝滿，就又吩咐僕人把水舀出來送

去給筵席的負責人。這時候水已經變成了葡萄酒。

　　筵席的負責人嚐了一口葡萄酒，便對這酒的高品質大感驚訝，於是把新郎叫來，非常感動地對他說：「大部分的人都是在婚宴一開始時先上好酒，等到大家喝醉了，就換上普通的酒，你倒是把最好的酒留到現在才拿出來。」

　　筵席的負責人和宴會上的賓客都不知道葡萄酒是哪裡來的，只有舀水的僕人以及眾門徒知道。把水變成酒，就是耶穌所行的第一件奇蹟。

　　這場宴會中，有新郎、新娘以及他們的親戚朋友等眾多的出席者，但是相信耶穌把水變成了酒的，只有他的門徒而已，僕人們則心想「這種事根本不可能發生」，不願意相信耶穌行了一項奇蹟。

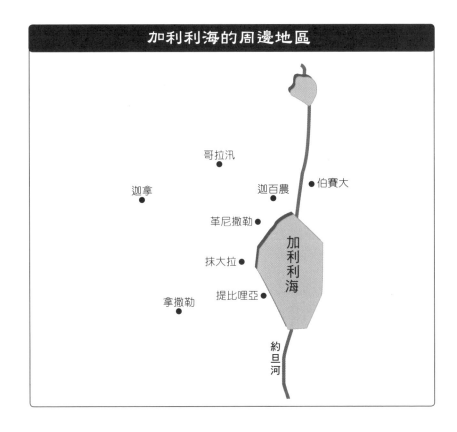

加利利海的周邊地區

哥拉汛

迦拿

迦百農

伯賽大

革尼撒勒

抹大拉

加利利海

拿撒勒

提比哩亞

約旦河

〈約翰福音〉2章13～17節
耶穌在傳道之初潔淨聖殿

耶穌經常表達出神的忿怒，這是由愛的出發點對罪惡與不義所發出的忿怒。

向在聖殿中做買賣的人發怒

在迦拿的婚禮後，耶穌和門徒來到加利利海附近的迦百農住了下來。接近逾越節的時候，耶穌和門徒們一同前往耶路撒冷的聖殿敬拜。

耶路撒冷的希律聖殿，是希律王為了博得猶太人的支持以及誇耀自己的力量，花費了四十六年的時間興建而成的豪華建築。

在這座聖殿當中，人們會獻祭、敬拜上帝；此外，分散到各國的猶太人也會陸續聚集到耶路撒冷來。

不過，由於他們多半是從遠地而來，沒辦法將獻祭用的牲畜帶在身邊，因此，就有許多排成一整列的小販在販賣牛、羊、鴿子等牲畜；此外，也有商人在聖殿以乾淨的硬幣來交換外邦髒污的硬幣，做起兌換銀錢的買賣。聖殿敬拜徒具形式，反倒變成了商人的市集。

耶穌看到了這種情形相當忿怒，就拿起細繩當做鞭子，將販賣牛、羊、鴿子的小販趕出聖殿，打散兌換銀錢商人的錢幣，推翻他們的桌子，又對賣鴿子的人大聲斥責：「帶著你們的東西滾出這裡！不要把我父親的殿當成了市場！」

門徒們見到耶穌如此劍拔弩張，知道他是為了神的家才會如此焦急，並且想起了舊約當中的一節經文：「因我為你的殿，心中迫切如同火燒。」（詩69：9）

耶穌的愛正如嚴父一般

許多人都認為基督教是強調愛的宗教，耶穌是個全然慈悲的救世主。

也有許多基督徒認為，耶穌對人充滿了憐憫與寬恕之情，他們看待耶穌的態度，就如同一位身陷愛情中的婦人一般。

但是，這個印象是對耶穌最大的誤解之一。表面上看起來

MEMO

所謂的「敬拜」，就是要讚美上帝，將榮耀歸給上帝。因此，真心的敬拜很重要，並不須拘泥於表面上的儀式或任何形式上的東西，而是要發自於人的內心。

似乎很文弱的耶穌，骨子裡其實非常堅強，而他的愛也如同一位嚴厲的父親般，強悍而正直。

耶穌曾多次動怒。在他剛開始傳道的時候，曾經生氣地說「不要把我父親的殿當成了做買賣的地方」，然後將販賣牲畜與兌換銀錢的商人趕走，潔淨聖殿。

後來在傳道的末期，耶穌又再次以激烈的言詞大聲叱責：「你們竟把聖殿當成了賊窩！」然後同樣把商人趕出了聖殿。

基督教的本質極度地憎恨罪惡

耶穌並非軟弱的救世主，而會充分地表現神的忿怒。許多人把忿怒想成是負面的，但是這樣的想法太過膚淺。所謂的忿怒，其實是對罪惡與不義所展現出的一種愛的表現。

有許多人，即使神的名被玷污、他人的權利遭受踐踏、社

許多人寬容罪惡與不義，但上帝卻發怒

罪惡與不義
◆ 神的名被玷污
◆ 他人的權利被踐踏
◆ 社會公義被扭曲
◆ 對於公然犯罪，表現出極寬容的度量

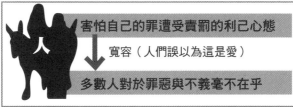

害怕自己的罪遭受責罰的利己心態

寬容（人們誤以為這是愛）

多數人對於罪惡與不義毫不在乎

神　神的愛　忿怒　→　罪惡與不義

會公義被扭曲，也仍然冷靜不發怒，對於公然的犯罪表現出極
度的寬容。那是因為，許多人並不憎恨罪惡。

　　不憎恨罪惡的原因，可以歸咎為因為害怕自己的罪也遭受
責罰的利己心態在做祟。

　　回過頭來說，基督教的本質是憎恨罪惡的。基督徒所崇信
的上帝，不僅是慈愛的神，也是公義的神，並且就像烈火一般
要燒盡一切的罪惡。

耶穌把商人逐出聖殿

〈約翰福音〉3章1～16節

耶穌回應尼哥德慕的提問

所謂「看見神的國」，是指因相信耶穌是救主而產生「心靈的變革」，信者被聖靈充滿，而成為一個全新的人。

尼哥德慕
向耶穌提
問

潔淨聖殿後，耶穌一行人待在耶路撒冷。許多民眾因為耶穌治好他們的疾病，宣揚他們從未聽過的道理，因此相當欽佩他。

其中有一個叫做尼哥德慕的猶太人領袖，他是猶太公會（譯注：猶太公會是古代以色列由七十一位猶太長老組成的立法議會和最高法庭。）的議員，也是個法利賽人。

尼哥德慕想要更進一步了解耶穌講道的涵意，但身為猶太公會的議員，卻向一名新手請教信仰上的問題，在面子上實在掛不住，因此他便趁夜晚四下無人的時候，悄悄地造訪耶穌。

他感慨地對耶穌說：「老師，你能夠行那樣的奇蹟，一定是因為上帝與你同在的關係，否則沒有人可以辦得到那樣的事情。」

耶穌告訴他：「人如果不重生，就看不見神國的實現。」然而，尼哥德慕完全不明白這句話的意義。

於是他進一步問耶穌：「所謂的『重生』是什麼意思呢？難道說已經出生的人還要重回到母親體內嗎？」

這裡所謂「看見神的國」，是指藉由相信耶穌是救主的信仰，聖靈將從天而降在這些信者身上，他們的心中就會產生「內在革命」。而透過「內在革命」，在此之前的「舊的自己」就會邁向死亡，並重生為被聖靈所充滿的新造的人。這就是「復活」的意義。

人們因信
耶穌而得
以重生

但是許多猶太人深信，「神國的到來」意指猶太人從羅馬帝國的統治中被解放出來。

名為「奮銳黨」的激進派宗教團體，主張武裝起義可以使

MEMO

「神的國」和「天國」是相同的意思。「看見神的國」、「進入神的國」、「擁有永恆的生命」，都是「得救」的意思。

猶太地區脫離羅馬帝國的統治；此外，法利賽人則認為猶太血統出生的人，藉由嚴格遵守律法，就可以達成相同的目的。每個人對於「神的國」的解釋都完全不同。

回過頭來看尼哥德慕的提問。耶穌指出所謂的「重生」，是藉由聖靈充滿而引發的「內在革命」，是屬於精神層面，而非肉體上的重生。雖然耶穌告訴尼哥德慕不需要重回母親體內，但他仍然無法理解。對他來說似乎還需要多一點時間來思索、消化這樣的概念。

耶穌又說：「正如摩西帶領以色列人走在曠野的時代，以色列人藉由仰望青銅所鑄成的銅蛇，最後得以平安度過災難。」

同樣地，人們藉由仰望並相信耶穌是救主，即能從死裡被拯救，成為「新造的人」（即重生）。

因尼哥德慕的提問得以明示耶穌的話語

接下來耶穌對尼哥德慕所說的這段話，是聖經中經常被引用的一段經文：「神愛世人，甚至把他的獨生子賜給他們，叫一切信他的，不至滅亡，反得永生。」（約3：16）

尼哥德慕是個誠實正直的人，不會不懂裝懂，他勇於承認自己的無知，並且誠摯地向耶穌提問。也因為如此，使得神拯救人類的計畫，得以用如此簡潔的形式在聖經中表現出來。

此外，「得到永恆的生命」和「看見神的國」以及「得救」，都是相同的意思。

剛開始，尼哥德慕實在難以理解耶穌的話，但後來他還是信了耶穌。所以當耶穌在十字架上受難之後，他也立即出面協助處理耶穌的遺體。

然而，他是法利賽人之中的少數派，多數派仍將耶穌的教義視為異端，完全不將他當做一回事。

〈約翰福音〉4章3～41節

在雅各井與撒馬利亞人交談

撒馬利亞人為了聆聽耶穌傳道聚集到井邊，許多撒馬利亞人都成了耶穌的信徒。

猶太人敵視撒馬利亞人

從猶太地區前往加利利方向，沿著約旦河北上的路線會經過撒馬利亞這個地方。耶穌和他的門徒經過這裡的時候，一行人決定在敘加城外的雅各井邊休息（這是雅各為了兒子約瑟所鑿的井，故有此名）。門徒們進敘加城購買食物，耶穌則因旅途疲累而獨自坐在井邊歇息。

到了中午的時候，一名撒馬利亞婦人來到井邊打水。通常打水時，一群婦女會避開炎熱的正午時分，選擇在早晨或傍晚時一塊兒來到井邊打水。這名婦人肯定是出於某種特殊的原因，才會避開人多的時間，獨自一人來到井邊。

耶穌感到喉嚨很渴，於是就請求這名婦人給他一點水喝。撒馬利亞婦人感到很驚訝，就問他說：「你是猶太人，怎麼會向我這個撒馬利亞人要水喝呢？」

公元前七二二年以色列王國滅亡的時候，因敘利亞的殖民政策而移入了許多外邦人，他們和猶太人之間通婚後所生下的混血民族就是撒馬利亞人。撒馬利亞人的聖地是基利心山，猶太人的聖地則是耶路撒冷。此外，猶太人返回耶路撒冷重建聖殿（即第二聖殿）時，撒馬利亞人曾從中阻礙，兩者之間的成見極深，素不往來。

因此，猶太人親切地和撒馬利亞人說話，或是向對方要水喝這樣的行為，以當時一般人的常識來說，相當令人匪夷所思。

於是撒馬利亞婦人問耶穌為什麼會和她說話的理由，耶穌回答她：「如果妳知道這是上帝的恩賜，並知道向妳要水喝的人是誰，妳一定會有求於我，而我也必定會將活水賜給妳。」

這名婦人與尼哥德慕一樣，並不明白耶穌話中的涵義是什麼。

耶穌又接著說：「無論任何人喝了這個井水，之後都還會再感到口渴；但是一旦喝了我所給的水，就絕對不會再口渴。

耶穌與撒馬利亞婦人

我所給予的水，將在那人的體內形成一道泉水，奔湧不絕直到永生。」那名婦人便乞求說：「請賜給我這特別的水吧！」

耶穌說中了婦人的處境

結果，耶穌要婦人把她的丈夫帶過來，但是她告訴耶穌自己並沒有結婚。耶穌又說：「妳過去雖然結過五次婚，但現在和妳住在一起的那位，並不是妳的丈夫。」

由於她的過去完全被耶穌說中了，使得撒馬利亞婦人感到十分驚訝。

就在他們持續交談的過程中，婦人確信了眼前這位同她說話的人絕對不僅僅只是一位先知而已，他一定就是彌賽亞。

於是，她把自己的水罐留在井邊，往城裡走去對她的朋友

說：「快來看！有一個人說中了我所有的過去，這個人也許就是救世主。」

於是一群人從城裡來到耶穌的身旁，聽了婦人的證詞並且也信了耶穌。

此外，撒馬利亞人為了進一步聽耶穌傳道，就把耶穌請到自己的家中。耶穌在當地待了兩天，許多撒馬利亞人都成了他的信徒。

就這樣，被猶太人視為敵人的撒馬利亞人，打從心底接納了耶穌。

雅各井的所在處

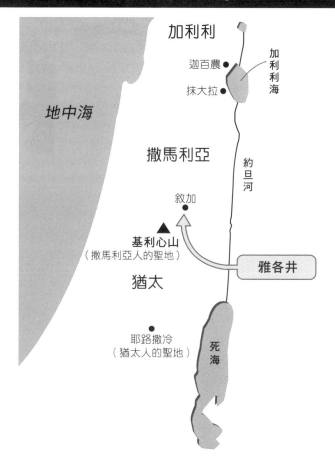

〈路加福音〉4章16～30節
耶穌在拿撒勒險遭殺害

先知在家鄉通常都不受尊敬，因此耶穌宣告了不會對拿撒勒人進行拯救，而要前往救其他地方的人，之後就離開了拿撒勒。

**耶穌朗讀
〈以賽亞
書〉六十
一章**

　　耶穌接受施洗約翰的洗禮之後，進行了四十天的禁食祈禱，並在曠野戰勝了魔鬼的誘惑。

　　之後，他在加利利地區開始傳道的工作。耶穌所傳的福音，人們從未聽聞過，都覺得很新鮮，甚至許多病人也都被耶穌醫治，使得他受到許多人民的崇拜、感謝和尊敬。

　　他的名聲在加利利一帶被人傳頌。被聖靈充滿的耶穌，來到了自己成長的故鄉拿撒勒城，這裡的居民們為了一睹耶穌的風采，都聚集了過來。

　　耶穌如往常一樣在安息日這天（猶太人的安息日是星期六）進入會堂（猶太教的教會），站在聖壇上準備要念聖經。

　　這時候，司會者交給了耶穌關於先知以賽亞預言彌賽亞到來的書卷（《舊約聖經》的〈以賽亞書〉）。

　　於是，耶穌打開書卷開始朗讀〈以賽亞書〉的第六十一章，上頭寫著：「主的靈在我身上。為了向貧窮的人傳福音，神揀選我為彌賽亞，將我送到世上。被俘擄的將得到釋放；瞎眼的將重見光明；受虐待的將得到自由。」

**眾人聽到
救世主的
宣言大感
驚奇**

　　朗讀結束後，耶穌把書卷交還給司會，開始對現場的參與民眾說話。

　　他或許很詳細地說明了有關以賽亞的事，不過，這次他所講道的重點是：「今天，你們所聽到的這段聖經經文已經實現了。」這等於是大膽地宣稱：「先知所預言的救世主，就是坐在各位面前的這個人。」意味著自己就是從前先知所預言上帝特別的使者、前來拯救世人的彌賽亞。

　　這不是傳道，而是彌賽亞的宣言。敢說出如此驚人的話，這個人要不就真的是上帝的兒子，要不就是瘋子。

周圍的人聽了耶穌所說的話都大感驚奇，有人紛紛地說「他果然是我們的英雄沒錯」、「拿撒勒竟然出了這麼偉大的人物，真是太光榮了」……等等，讚賞的聲音此起彼落。

但是，有更多的民眾議論紛紛地說：「那傢伙不是約瑟的兒子耶穌嗎？」他們彼此談論到這個人就是那個木匠的兒子，並且質疑他竟然自稱是彌賽亞。不過，他們的懷疑也是合理的。

以他們的心境來說，如果約瑟的兒子真是神子彌賽亞的話，但看看他自己的環境又如何呢？

於是，他們叫耶穌改善看看自己的經濟狀況，如果要救人的話，不如先救救自己吧！

寧可救其他地方的人，也不會救拿撒勒人

另一方面，他們聽說了耶穌在迦百農等其他城市行了神蹟，也希望他能在本地展現給他們看。

但是，耶穌看出了他們的心意，並且告訴他們先知在家鄉都是不被尊敬的。舊約時代的偉大先知以利亞和以利沙，也不曾救過自己家鄉的人，因此耶穌自己也將如同他們一樣，捨去家鄉拿撒勒的人民，反而拯救其他地區的人。

會堂裡的人聽到耶穌這番話都非常憤慨。被激怒的民眾把耶穌推出會堂，並且把他帶到山崖旁邊，打算把他推下去殺害他。

但是，耶穌從容地從他們之間走了過去，離開了拿撒勒城。

〈路加福音〉5章17～25節

耶穌醫好癱瘓病人

人們見到醫治的奇蹟都讚頌上帝。因為還有比醫治更偉大的神蹟。

神蹟使耶穌的名聲得以確立

　　耶穌的訓示超出了常識範圍以外，富有革命性的創見，聽了他的訓示，人們都大感驚奇，又因為他能醫治疾病，因此大受歡迎。自然而然，耶穌的跟隨者也急劇地增加。

　　然而，敵對者當中，有人因為耶穌赦免人的罪，就認為他冒瀆了上帝，或根本將他視為騙子。有關耶穌的敵對者和批評者會詳述如後，首先，先來看看耶穌所施行的神蹟。

　　耶穌講道時運用了種種道理和邏輯，向聽眾說明自己的主張，針對各種問題做答覆，並在遭受批評者的攻擊時，堅守自己的立場。

　　但是，大多數的人們都是在看見他行的神蹟之後，才被他的話語所刺激而有所感。

　　耶穌雖然行了許多的神蹟，但最廣為人知的還是對於苦於病痛的人們，以一對一方式進行的個別治療。此外，有時人們也會為了自己所愛的人去懇求耶穌醫治，或是有行動不便的人由朋友或親戚抬到耶穌面前求診。

　　然而，無論是什麼情況，若要讓疾病被治癒的神蹟發生，最重要的關鍵是必須擁有信仰，聖經上也不斷地再三強調這一點。以下便是一則有關癱瘓男子被治癒的神蹟。

告訴中風男子其罪得赦免

　　有一天，耶穌在迦百農的某戶人家裡講解教義，由於耶穌醫治的事蹟已傳遍了全城，因此圍觀的群眾將屋子裡裡外外擠得水泄不通。

　　這個時候，有一名因中風而躺在床上不良於行的癱瘓病人，被他的四個朋友抬到了屋子旁邊，但由於圍觀的人太多，他們無法將病人抬進屋內。不過，這四個朋友並沒有就此放

MEMO

以利亞是活躍於以色列王國亞哈王時代的先知，他被流放並遭受迫害，但卻依然戰勝了崇拜巴力的先知。以利沙是以利亞的弟子，與亞哈王敵對，要求

棄，他們想出了一個妙計。

　　首先，朋友們將這名男子抬上了屋頂，找到耶穌在屋裡的所在位置後，就拆開屋瓦，連人帶床將病人緩緩地垂放下去。

　　就這樣，正在講道的耶穌面前，突然就出現了一名躺在床上的中風病患。

　　這個突如其來的訪客中斷了耶穌的演說。耶穌見他們心中有信仰，就靜靜地對那名癱瘓病人說：「朋友，你的罪蒙赦免了。」

癱瘓病人站起來走回家去

　　這句話使得現場的律法學者們聽得怒火中燒，他們在心中想著：「只有神才能赦罪，耶穌又不是神，這樣赦罪的行為根本是對神的冒瀆！」

　　耶穌看透了他們的想法，就搶先一步問他們：「你們覺得對一個中風的病人說：『你的罪蒙赦免了』比較容易？還是對他說『起來行走』比較容易呢？」

　　當然，說「你的罪蒙赦免了」比起「起來行走」要容易得多了。如果說「你的罪蒙赦免了」，根本找不到實質證據來證明，簡簡單單就能說得出口。但是，一旦說出「起來行走」，結果在現場就能夠立見分曉。

　　耶穌說：「我要讓你們知道，人子在地上有赦罪的權柄。」於是他對癱瘓病人說：「起來吧，拿著你的床回家去吧！」結果這名男子，果然當著眾人面站了起來，讚頌上帝之後就回家去了。眾人見狀，都滿懷敬畏地讚頌上帝。

　　不過，治癒的奇蹟其實是為了證明比「赦罪」更偉大的神蹟才展現的，這一點必須要特別注意。

王應當回歸出埃及當時神所定的原則，追求順服神的生活。以利亞和以利沙兩人都是猶太人家喻戶曉的英雄人物。

〈路加福音〉4章33～37節・7章1～10節・〈馬太福音〉8章14～15節

被耶穌治癒的人們

敵對者當中，也有人認為耶穌是以戲法和魔術表演這些奇蹟。

一句話就治好癱瘓的百夫長僕人

耶穌不僅治癒過癱瘓的病人，也治好了患麻瘋、熱病、被污鬼附身的人、瞎眼的人，用各種方式醫治他們。

可是，混雜在聽眾之中的敵對者裡，也有人認為耶穌是透過戲法和魔術來表演出這些奇蹟，懷疑這一切都是事先串通好的騙局。

然而，耶穌能治好病人是基於信仰的緣故，沒有任何戲法或騙局，醫治的手段也並不重要，重點在於患者的信心。

之前耶穌治癒了一名因中風而不良於行的男子，這次耶穌也只說了一句話，就醫好了相同病症的另一名男子。

耶穌進入迦百農，就有一位身為外邦人的百夫長（羅馬軍官，麾下有一百名士兵的隊長）前來找他，希望他能夠為家中因中風所苦的僕人醫治。

於是，耶穌便準備前往僕人的地方要治療他，但百夫長謙虛地說：「主啊，要勞駕你到舍下來實在不敢當。只要你說一句話就很足夠了，我的僕人一定會好起來。」

身為軍人的百夫長，認為只要是真正擁有權威的人，便有能力使他人完全服從他，照他的話語而行。他認同耶穌的權威，耶穌相當讚賞這位外邦人的信仰，便照著百夫長的希望說了一句話。就在同時，百夫長的僕人就完全治癒了。

施行無數治癒的神蹟

另外，又有患了麻瘋的病人俯伏在耶穌的面前，懇切地請求道：「主啊，只要你願意，就能夠使我潔淨！」

耶穌便伸出手觸摸他說：「我願意，你潔淨吧！」話一說完，麻瘋病患就治癒了。

另一次在在別的場合裡，有十個患了麻瘋的病人從遠處大

MEMO

「人子」是耶穌指稱自己時，最喜好使用的稱呼。

聲呼求：「耶穌，先生，請憐憫我們吧！」耶穌便吩咐他們去見祭司。當他們聽從耶穌的話走在路上時，痲瘋病就治好了。

又有一次耶穌來到彼得的家，看見他的岳母發高燒躺在床上。耶穌一摸她的手，燒就退了，她立刻起身招待耶穌。

耶穌除了醫治之外也會驅鬼

不只是醫治病人，耶穌也會驅趕惡鬼。有一次會堂裡有被鬼附身的人，不停大聲地喊叫。

耶穌嚴厲地命令污鬼從那人身上出來，結果那個人往旁邊一倒，污鬼果然就出來，那個人也清醒了。

又有一次，信徒們帶著許多被鬼附的人來到耶穌面前，耶穌就開口把污鬼從他們身上趕出來，那些人就清醒了。

另外，有一位罹患心病的抹大拉的馬利亞，她因為相信耶穌就是救主，病就痊癒了。

有幾位盲人也來到耶穌面前，請求治好他們的眼睛。耶穌問他們說：「你們相信我能辦得到這件事嗎？」

他們回答說：「是的，主啊！我們相信。」耶穌認為他們的確具有信仰，就用手摸他們的眼睛，並說：「就依照你們的信心，成全你們吧！」說完，他們的視力就恢復了。

〈路加福音〉5章1～11節

歡喜得魚的彼得

為了成為得人如得魚的漁夫，彼得和他的同伴決心跟隨耶穌。

**彼得聽從
耶穌的話**

耶穌和門徒在加利利海停留了很長一段時間，並在那裡行了許多神蹟。接下來要講的是在傳道初期所發生的神蹟。

有一回，大批的群眾湧上來為了要聽耶穌講道，就跟著他來到了加利利海的湖畔邊。耶穌看見有兩艘船停在湖邊，剛結束徹夜捕魚作業的漁夫們，正在船邊清洗漁網。

突然，耶穌上了彼得的那艘船，開始對岸邊的群眾講道。講完後，他對彼得說：「把船划到水深的地方去，然後撒網捕魚。」

彼得對此提出了異議，他承認耶穌雖然是優秀的演說家，但並不是漁夫，自己才是經驗豐富的漁夫。不過他們整夜辛勞卻毫無所獲，於是彼得還是聽從了耶穌的話。

**彼得和同
伴成為耶
穌的門徒**

彼得把船划到了水深處，然後撒下漁網，立刻就捕獲了大量的魚，漁網幾乎要被擠破了。彼得大聲呼叫同伴雅各和約翰，他們立刻划了另一艘船趕過來幫忙。魚獲裝滿了兩艘船，數量多到船身幾乎要沉了下去。之後一行人很順利地將船划回了岸邊。

回到岸邊之後，彼得俯伏在耶穌面前說：「主啊！我是罪惡深重的人，請離開我吧！」而耶穌則對彼得說：「從今以後，你們要成為得人如得魚的漁夫。」由這時起，這群漁夫們便捨棄了船，決心跟隨耶穌。

MEMO

聖經上所謂的「痲瘋病」，不等於現代醫學所說的韓森氏病，而是各種難以治療的皮膚病的總稱。依照律法而被視為是一種污穢不潔的病。

〈馬可福音〉4章35～41節・〈馬太福音〉14章22～33節

耶穌平息風浪在湖上行走

彼得聽從了耶穌的話也走上湖面，但因為心存疑惑而身體開始往下沉。

風浪聽任耶穌而行

　　有一次，耶穌和門徒要移動到另一個城鎮去，就坐船橫渡加利利海。突然，周圍的群山間開始颳起大風吹向湖面，頓時間波濤洶湧，船身也隨著大浪搖晃。但由於這天耶穌講了一天的道，身體非常疲累，此時的他正在熟睡當中。

　　驚恐萬分的門徒，連忙把耶穌搖醒，慌張地說大家就快要溺死了，害怕地向耶穌求救。耶穌只簡短回答道：「為何如此膽怯呢，真是信心薄弱的傢伙。」隨即便起身斥喝風和浪，湖面馬上就恢復了平靜。門徒看了都都十分驚訝，紛紛議論：「這個人究竟是何方神聖呢？居然連風浪都聽從他的話。」

　　類似的神蹟，在門徒自己搭船橫渡加利利海時也曾經發生過。當時，耶穌在湖邊展現了用五塊餅和兩條魚餵飽超過五千人的神蹟，見到這個神蹟的人們，無不驚訝於耶穌的能力，對他十分尊敬，並且打算將耶穌拱為猶太人的王。

　　他們所謂的猶太人的王，指的是帶領百姓脫離羅馬帝國統治的政治領袖。但是，耶穌並不是政治家，他對這一點興趣也沒有。

彼得也在湖面上行走

　　於是，耶穌遣散了群眾，讓眾門徒先上船出發到對岸，然後獨自一人上山祈禱。眾門徒所乘坐的船來到距離岸邊五公里的深水處時，湖面刮起了大風，船幾乎要沉了。直到深夜時分，船仍然完全無法前進，門徒們都感到相當不安。

　　就在半夜三點鐘的時候，他們突然看到有一個人在湖面上行走，由於心理上已十分地不安，因此都還以為自己看見了鬼，而害怕地尖聲喊叫起來。但是，當他們再仔細一瞧，行走在湖面上的不是鬼，而是他們的老師耶穌。耶穌對驚慌不已的門徒勉勵道：「振作點，是我，不要怕！」

　　結果，十二個門徒當中最容易激動的彼得說：「主啊，如果真的是你，就讓我從湖面上走到你那裡去吧！」於是耶穌回答：「來吧！」彼得就離開了船走在湖面上，朝著耶穌的方向過去。

　　彼得確確實實地走在了湖上。但是才走了幾步，他一看到湖面波濤洶湧，就失去了信心，神蹟也跟著消失了。心裡感到害怕的彼得身體立刻往下沉，他便急忙向耶穌求救。耶穌伸出了手把他拉起來，並對他說：「為什麼要心存懷疑呢？」

　　耶穌和彼得乘上了船，突然間風就停了。眾門徒目睹這一切，就一起向耶穌俯伏禮拜說：「你真的是上帝的兒子啊！」

耶穌在湖面上行走

〈約翰福音〉11章1～45節
耶穌使死者復活

許多猶太人看見耶穌使死人復活的奇蹟，無不感到驚訝，就信了耶穌。

耶穌來不及醫治拉撒路的病　　有個名叫拉撒路的男子，他和姊姊馬大以及妹妹馬利亞住在耶路撒冷東南方三公里處的伯大尼，他們是耶穌的好朋友。有一天，拉撒路生了重病，姊妹倆便派人去請耶穌來醫治他的病。然而，耶穌抵達伯大尼時遲了一步，拉撒路已經死了。他的屍身被放置在墓穴裡已過了四天，有許多猶太人都來到姊妹的家中安慰她們。

馬利亞聽見耶穌來了，就出去迎接，並哭著對他說：「你若是早點來的話，哥哥就不會死了。」許多陪她來的猶太人也一起哭了起來，耶穌看了也不禁傷心落淚。猶太人看見了，便小聲地說：「你看主耶穌如此地愛著拉撒路。他既然能讓瞎子恢復光明，難道不能使這個人不死嗎？」這是不信任耶穌的聲音。

看見拉撒路復活眾人就信了耶穌　　感到忿怒的耶穌來到了墓穴，墓穴的入口有一塊石頭擋住，耶穌便叫人把那塊石頭搬開。馬大回答他，拉撒路已經死了四天，恐怕遺體已經腐爛了吧。

耶穌說：「如果你相信，就能看見神的榮耀。」說完，眾人就把石頭搬了開來。接著，耶穌感謝上帝聽他的禱告，然後就對著墓穴大聲說：「拉撒路，你出來吧！」突然間，身上還纏著屍體繃帶的拉撒路，就從墓穴中自行走了出來，耶穌便吩咐眾人把他身上的繃帶拆掉帶他回家。這些來到馬大和馬利亞住處的眾多猶太人看見耶穌使死人復活的奇蹟，無不感到驚訝，就信了耶穌。

不可思議的奇蹟

● 宇宙始於大爆炸即是奇蹟

　　聖經上記載著各式各樣的奇蹟。本書中也為大家介紹了其中的幾項，例如把紅海的海水變乾、把水變成酒、行走在水上、治癒病人、處女懷胎、死者復活等等。

　　現代人並不相信奇蹟。所謂的奇蹟，是指既有常識和自然法則無法想像的神祕事件。

　　然而，我們無法理解的事，在自然的情況下真的就不會發生嗎？這種事根本無法判定。奇蹟不僅難以用我們貧乏的知識做出合理的解釋，甚至奇蹟幾乎每天都在發生。宇宙、銀河系、太陽系、地球、生命的誕生等，就是最佳範例。

　　接下來便以宇宙為例，來探討究竟什麼是奇蹟？

　　以人類所知的範圍，宇宙的盡頭大約是十五億光年。一億光年是指「光」行進一億年的距離，因此宇宙可說是超乎想像的巨大。

　　然而，這個巨大的宇宙，最初不過只是個小點。這個小點是一個溫度超過一兆度的燃燒紅色火球，是威力相當龐大的一團能量。大約一五〇億年前，這團火球發生了大爆炸，這就是「宇宙大爆炸」。

　　從這一瞬間起，產生了時間和空間，宇宙開始急遽地膨脹。從火球中釋放出相當威力的能量，飛散到宇宙的各個地方，轉變成陽子、電子、中子的形態。

　　陽子、電子、中子形成了氫氣，等到氣體冷卻凝固之後，便誕生了星星以及銀河。

　　此外，在銀河系的邊緣發生了氣團的大爆炸，產生了各式各樣的元素，在銀河系中四處飛散。這些元素聚集起來，太陽系就此誕生，而隨著火星、水星、金星等星球的出現，地球也在同時間誕生了。

MEMO

251

在美國常會聽到「星期天基督徒」這樣的名詞，這是用來消遣那些只有出席星期天一個小時的禮拜教會，平日的生活卻和信仰完全沾不上邊的基督徒。

● 單細胞生物進化為多細胞生物的奇蹟

剛誕生的地球由於高溫的緣故，地殼呈現岩漿融化後黏糊糊的狀態，之後便漸漸冷卻。之後，飽含水分的彗星衝撞到地球，為地球帶來了充足的水分。就這樣於三十八億年前，地球上出現了海洋。

接著海底火山爆發，噴出的岩漿將海水的一部分掩埋，海底隆起形成了陸地。

此外，水中也溶進了氨、氫和二氧化碳，受到紫外線和熱能的催化產生化學反應，便產生了胺基酸及核酸等生命誕生不可或缺的物質。胺基酸連成一長串就形成了蛋白質，核酸連結在一起就形成了DNA。

原始的海浪波濤洶湧，產生無數的氣泡，這個氣泡將核酸及蛋白質包覆了起來。

這樣的氣泡不久便擁有了生命，成為能夠保存養分的單細胞生物——真菌，這就是地球最早誕生的生命。

好幾個單細胞生物聚集在一起，便出現了生命力更強韌的多細胞生物。隨著進化不斷地進行，就又衍生成各種植物和動物。

動物持續進化，脊椎動物誕生。脊椎動物是依照魚類、兩棲類、爬蟲類、哺乳類的順序進化而來，然後出現了最高等的哺乳類——猿猴。接著在五百萬年前，某種猿猴產生基因突變，而逐漸演化成今日的人類。

人類的祖先是猿猴。更令人驚訝的是，更早之前，猿猴的祖先竟然是真菌。比真菌還要更早以前則是氣體的團塊和宇宙中的塵埃。

不光是生物，大陸板塊也歷經長時間的進化過程。目前世界上雖然有好幾個大陸板塊，但從前就只有一塊盤古大陸。

然而，在一億八千萬年前，盤古大陸開始分裂，依序分離出印度大陸、非洲大陸、南美大陸，連巨大的大陸板塊也開始移動。

● 嬰兒的誕生即是近在身邊的奇蹟

宇宙初始的「宇宙大爆炸」、宇宙膨脹、從氣團中誕生銀河系及星體、太陽系誕生、地球誕生、生命誕生、生物進化、人類誕生、大陸板塊移動……，以上列舉的任何一項事物，都是令人不可思議的大奇蹟。從宇宙開始以來，就

一直持續發生著各種大奇蹟。此外，星星、生物乃至人類所有一切的源頭，都是從氣體中產生的。這也是一項大奇蹟。

　　就近在你我身邊的奇蹟之一，即是嬰兒的誕生。精子和卵子結合之後形成了受精卵，一個新的生命便就此開始孕育。

宇宙是一連串大奇蹟的總和

- 宇宙本來只是個小小的核
- 宇宙本來是個高溫的火球
- 宇宙本來既沒有時間也沒有空間

宇宙大爆炸
約一百五十億年前

宇宙膨脹

產生氫氣

產生氣體團塊

銀河系誕生

太陽系誕生

地球誕生（46億年前）

生命的誕生（35億年前）

生物演進

人類誕生

從原本只是單一的受精卵開始分裂，增加為兩個、四個、八個、十六個乃至無數個細胞，並別分成為腦、心臟、手、腳、眼、鼻、耳、血液等。接著在受精後約九個月，擁有數十兆個細胞的嬰兒便從母親的胎內誕生。

數十兆細胞源自於單一的受精卵，並逐漸形成了眼、鼻、腦等器官，真的可以說是一項奇蹟。

● 從宇宙到近在身邊的事物，奇蹟每天都在發生

此外，也有一些被醫師宣告不治的患者，竟然奇蹟似地完全康復的案例。接下來便是一位自行車選手的例子。

美國一位自行車選手藍斯·阿姆斯壯是一九九三年度的世界冠軍，曾在一九九二年、一九九六年兩度出賽奧林匹克運動會，是自行車道路賽的超級明星。然而在一九九六年十月，他被發現罹患了睪丸癌。

當時他已處於癌症末期，不只睪丸被癌細胞侵入，癌細胞還移轉到了肺部和腦部，所有的人都預測他會死。

從那之後他歷經了十六個月的治療，包括兩次手術和化療等。一般來說，一旦被宣告罹患了癌症，通常會從選手生涯中退出，關在家中等待死亡的來臨。但藍斯·阿姆斯壯卻與別人不同。

他從絕望的深淵爬起來，再次展開自行車比賽的艱苦訓練。持續不斷練習的他，終於再現活力。

令人驚訝的是，到了一九九八年，他全身所有的癌細胞都完全消失了。這也是一項奇蹟。於是，他在千禧年又再次代表美國參加自行車賽。

癌症被治癒，從不治之症到完全康復這樣的小小奇蹟，每天都在發生。

無論是大到如宇宙的規模，或是小到就近在我們身邊也好，奇蹟每天都不斷在發生。

而自行車選手戰勝病魔的奇蹟，和先前提及的宇宙大爆炸、宇宙膨脹、從氣團中誕生無數的星體、以及生命的誕生等這些重大奇蹟相較之下，可說只是奇蹟當中極為渺小的一個例子而已。

〈馬太福音〉5章1～7節
登山寶訓

透過信仰上帝就能得到上帝給予的愛，而獲得無數的幸福。這是耶穌給信徒的祝福。

給信徒們
的話語

在耶穌眾多的談話之中，〈馬太福音〉第五章所記載的「登山寶訓」特別為人所熟知。

這是耶穌走遍加利利周邊地區傳福音時，談話內容的總結。無論信徒或非信徒都聽過耶穌的道。

耶穌對那些非信徒的聽眾所傳道的內容，首先便是要他們悔改；另一方面，對於已成為信徒的人們，則給予「……的人有福了」這樣的祝福話語。所以說「登山寶訓」，其實是耶穌為信徒們祝福的話。

也就是說，如果實踐了以下所列的這些行為，不僅會成為神的子民，也會因為相信神、得到來自神的愛，而成為一個蒙神祝福的信徒。

①心靈貧乏的人有福了；因為他能進入天國。
②哀痛的人有福了；因為他必得安慰。
③謙和的人有福了；因為他必繼承土地。
④追求正義的人有福了；因為他們必得滿足。
⑤仁慈的人有福了；因為他們必蒙憐憫。
⑥心地純潔的人有福了；因為他們將看見上帝。
⑦追求和平的人有福了；因為上帝要稱他為兒女。
⑧為義遭受迫害的人有福了；因為天國是他們的。

登山寶訓
的含意

①所謂「心靈貧乏的人」，不是指心胸狹隘或內心自卑的人，而是自覺內心空虛的人。亦即不誇耀自己的正直，懷著謙虛的心，不懷有惡意、不懦弱、不吝嗇。懷著謙虛的心的人，神必與他同在。

②為損失而哀痛的人、為失敗而哀痛的人、為生離死別而

MEMO

孔曰：「己所不欲，勿施於人」將仁道推向極致就是不傷害他人。耶穌說：「你們願意人怎樣待你們，你們也要怎樣待人。」（太7：12）神的道推向極致時，就是至善的境界。

受耶穌祝福者（登山寶訓）

1. 謙遜的人
2. 哀慟的人
3. 謙和的人
4. 追求正義的人
5. 仁慈有同情心的人
6. 心地純潔的人
7. 促進和平的人
8. 為了實行上帝旨意而受到迫害的人
9. 為基督而遭受迫害的人

在世間受到祝福的人（俗稱的幸福者）

1. 有錢人
2. 愉快的人
3. 掌握權力的人
4. 為了利益不擇手段的人
5. 欲望強烈的人
6. 享樂主義者
7. 誇耀權力的人
8. 備受推崇的人
9. 被有錢有權者奉承的人

哀痛的人、為墮落而哀痛的人、為道德上的缺失而哀痛的人，這些人雖然悲傷哭泣，但上帝會擦去他們的眼淚，安慰他們的心靈。

③所謂謙和的人，是忍讓他人、不抵抗，也不以言語或文字口誅筆伐的人。這樣的人，甚至連他讓出去的部分，最終也會成為自己的東西。

④忠實實行上帝旨意的人，將會得到神的祝福。

⑤表現出憐憫的人，上帝也會以仁慈待他。

⑥人心雖然不潔，但若能因上帝而改變，就必定能和上帝面對面相見。

⑦世界上充滿爭戰，為世間的人們帶來和平的人，從他們的身上必可以看到身為神子的印記。

⑧凡是不偏行己意，而順服上帝的旨意，或是順服耶穌的人，即使被人誣陷惡言相向，也應該感到喜悅。

這是因為被上帝祝福的人，在從天而降的聖靈洗禮下能夠「重獲新生」，從心底湧出喜悅，不易受環境所左右。接受耶穌為救主的人，不需要再次進入母親體內，即能「重獲新生」，這就是耶穌的祝福。

相對此而言，受世間祝福的人、即俗稱的幸福者，他們的幸福感是來自環境（外在條件）的刺激將訊息傳遞到大腦後，在大腦感知到「快感」時所出現的。因此，當外在條件改變，刺激的因素產生變化的時候，就會感覺「不快」而變得不幸。如此的「幸福」，是無法長久維持的。

〈馬太福音〉5章～7章
耶穌的話語與律法精神一致

謙虛而隱善，雖然不會得到人們的讚賞，但神會因為這樣的善行給予報酬。

耶穌的教訓目的在「成全」律法

「登山寶訓」主要在闡明，因信耶穌是救主而能進天國的人所必備的品德，以及因蒙神的恩惠，唯有信徒才能享有的特權。因此，也可以稱之為天國的福音。

登山寶訓是上帝透過耶穌傳達給人的道，因此若把它想成是所謂的道德，這是極大的誤解。登山寶訓對一般人而言，就算要遵從也無法達到真正的遵守，因此這絕對不是一般人所言的道德。

耶穌將弟子們比喻做「地上的鹽」和「世界的光」。「地上的鹽」意謂著用鹽醃漬存放以防腐敗；「世界的光」則意謂著讓世人都能看得見。

也就是說，耶穌期待透過信仰的維繫，使信徒的生活產生巨大的改變。

另一方面，摩西的教訓（摩西律法）是教導人民「什麼可以做」、「什麼不能做」的法律。由此可見，耶穌的教訓與摩西的律法大不相同。

但是，耶穌也明白表示：「我的到來不是為了要廢掉律法和先知，而是要來成全律法。」

也就是說，耶穌強調他的教訓並不是全新的思想，而是要完成摩西律法與先知們所說的話語。

罪的範圍從行為擴展到內心的意志

耶穌所謂的「成全」是什麼意思呢？在此之前，當實際犯下惡行時才會被認定為有罪；但從此之後凡是在心中有犯罪的念頭、尚在計畫的階段，就已經被認定為有罪了。意即重新定義了「罪」的範圍。以下由殺人和姦淫來看具體的例子。

根據「不可殺人」的戒律，過去犯下殺人行為的人都受到

MEMO

中文的「福音」是從希臘語「euangelion」翻譯過來的，原意為「好消息」。這個字本來用於戰勝的捷報，後來被賦予宗教上的意義，指稱以色列人從巴比倫之囚被解放，或是透過上帝差派的彌賽亞使以色列人被解放等等的好

了嚴厲的懲罰。可是，耶穌認為只要在心裡憎恨他人，暗暗罵對方「無能」、「愚蠢」等做出如此「輕蔑」的行為，就是在心中殺人。

另外，根據「不可姦淫」的誡律，過去犯下姦淫行為者都會遭受到懲罰。可是，耶穌認為若是看見婦女就動了淫念，這人心裡已經犯了姦淫的罪，將這個罪的範圍，從行動擴及至內心的念頭。

當然，看見貌美的女性心生傾慕是人之常情，不算是構成犯罪。

由以上來看，「罪」不單單只是涉及行為而已，在行為之前必是先有意志主導。在心中動了犯罪的念頭而計畫犯罪，如此「罪」便已經產生了。

也就是說，耶穌定義所有的罪都是出於人的意志。

表面的善行是偽善　此外，耶穌也曾教導人們不可輕率發誓。當時，人們習慣將誓言分成絕對要遵守的誓言和不一定遵守的誓言兩種。不過如此一來，誓言就失去它的意義了。

耶穌曾告誡，誓言和約定都是在造物主面前所立下的，所以務必要遵守。

耶穌還說：「要愛你們的仇敵，為那逼迫你們的人禱告。」並且教導不要對惡人還手，如果有人打你的右臉，要連左臉也讓他打，藉此把爭執降到最低限度。如果對方有求於你，除了他所要求的，還要再給他更多。

此外，耶穌也規誡弟子要施捨給窮人、為他人祈禱、禁食等等，而且這些行為要隱善而行。

為了得到讚賞而刻意在人前行善，是偽善者的行為。將施捨給窮人的善行大肆張揚，為了表現自己信仰虔誠而在人前進行漫長的祈禱，佯裝憔悴的臉進行斷食讓別人印象深刻，這些都是偽善的。

相形之下，謙虛而隱其善行者雖然無法得到眾人的讚賞，但是上帝看見其所隱藏的善行，必會給予他應得的報酬。

259

消息。而在《新約聖經》中的福音，則是要傳達身為帶罪之身的人類，只要相信耶穌是救主，就可以蒙神恩惠，赦罪得救。因此，福音即是「耶穌的信仰」。

〈馬太福音〉5章～7章

耶穌革命性的指導

路得身為外邦人女子，卻成為彌賽亞的先祖。這代表著神是所有的人唯一的神。

讓人誤以為要追求不幸的指導

世間所謂的幸福，是指得到金錢、名聲、地位和快樂四樣東西；此外，也有許多人的人生目標是被周遭認定是好人、受到表揚、接受政府所頒發的勳章等等，因此積極參與社會運動及慈善活動。無論古今中外，人的本質是不會改變的。

然而，不論是登山寶訓或律法精神，都教導我們要實行與上述完全相反的行為，才會得到神的祝福。耶穌的指導若以世間價值的標準來判斷，似乎是要讓人追求不幸。不過，耶穌的指導並非不合理的想法，而是超越常識的革命思想。

要遵循這套革命思想，必須要有相當的覺悟。

首先，要決定什麼是人生中最重要的事。若要問必須如此做的原因，耶穌曾對此回答道：「因為你的財寶在哪裡，你的心也在那裡。」

耶穌把人生最重要的事稱之為「你的財寶」，並教導一個人不可能事奉兩個主人，因為人一定是憎惡這個而愛另一個，或是重視這個而忽略那個。

耶穌曉諭信徒：「不需要憂慮要吃什麼、喝什麼，或憂慮要穿什麼，人的生命重要性更勝於飲食，身體的重要性更勝於衣物。與其憂慮這些，不如先相信神，並向神祈求。」

另外，耶穌又告訴信徒：「天父不是養育著天上的飛鳥和地上的野花嗎？而你們比鳥來得貴重多了。在神國降臨之前，你們要先求實行正義。如此一來，這所有的一切都會賜予給你們。」

超越常識
的革命性
講道

　　此外，不要過分憂慮將來的事，應當把注意力集中在眼前該做的事情上。也就是說：「不要為明天憂慮，因為明天自有明天的憂慮，一天的勞苦當天承受就夠了。」

　　除此之外，也應當謹記不可為了使自己的行為正當化，而去挑剔別人的毛病；也不可為了揶揄別人而批評他人。「人對於別人眼中有塵埃，總是能馬上就發現，但卻沒發現自己的眼中有樑木。因此，應該先去除自己眼中的樑木，然後才能去除別人眼中的塵埃。」

　　耶穌又告訴門徒，要看對象傳福音。

　　他說：「不要把聖物給狗，也不要把你們的珍珠丟在豬的面前，免得牠踐踏了珍珠，還反過來咬你們。」

　　所謂「珍珠贈豬」，是指對於那些用下流言語謾罵或口出惡言的人傳福音，反而是對神的冒瀆，因此應該要採取堅毅的態度。

　　接著，耶穌又告訴他的門徒一項最後的挑戰：「凡是遵從我的指導實踐在自己人生上的人，就是一位把家蓋在岩石上的聰明人；但聽了我的話卻不去實行的人，就是把家蓋在沙土上的愚笨者。假使遇到了暴風雨，沒有穩固基礎的家，必定會被狂風吹倒。」

　　聽完耶穌傳道的群眾，都非常地驚奇，因為像這樣超越常識的革命性談話，他們從來未曾聽過。

〈路加福音〉10章25～37節

善良的撒馬利亞人

所謂的「鄰居」或「鄰人」，指的是有憐憫心、主動行善的人，與真實的距離無關。

律法學者的詰難

有一天，耶穌在群眾面前講道，有一位律法學者起來問耶穌說：「請問我該如何做，才能得到永恆的生命呢？」

然而，耶穌卻反問他：「摩西律法是怎麼樣寫的呢？你又是怎麼樣解讀的？」

於是，律法學者從舊約中引用了兩段文字，「你要全心、全性、全力愛耶和華你的神。」（申6：5）；「要愛你的鄰舍好像愛自己。」（利19：18）回答迅速且應答如流，不愧是律法學者，將聖經讀得相當熟稔。

耶穌對於他的應答說了一句「你回答得很好」，給予及格的評價，並且要他就照著自己所回答的去實行。然而，在社會上備受尊敬的學者，不但向耶穌這樣一個鄉下木匠求教，而且還被對方評斷應答的優劣，相當掛不住面子。因此，律法學者轉而反攻追問耶穌說：「不過，鄰居又是指誰呢？」

戰勝仇恨的撒馬利亞人

於是，耶穌說了一個故事來回答他的問題。

一名猶太人在旅行途中被強盜師所襲擊。這名男子是從耶路撒冷要出發到祭司之城耶利哥（祭司大多住在這裡），這之間的距離大約三十公里左右，由於地處沙漠地帶，岩石多且道路險峻，不時會有強盜出沒。

強盜襲擊了旅途中的猶太人，不僅剝光他的衣服，還把他打成重傷，棄置在路旁。

起初有位祭司路過那裡，他卻視若無睹地走向路的另一邊。接著路過的是一個利未人（祭司底下在聖殿工作的人），他也是只瞧了一眼，就從旅人的身旁經過。

第三位經過的是一個撒馬利亞人，他相當具有惻隱之心，

MEMO

在聖殿主持獻祭與禮拜是祭司主掌的職權，利未人的工作則是從旁協助祭司。祭司最早是從亞倫和他的四個兒子開始，此後祭司的工作都交由亞倫的後裔，也就是十二支派當中的利未族來擔任。

雖然猶太人和撒馬利亞人是世仇，但他並沒有把受傷的猶太人看成是敵人，反而將他視為一個需要幫助的人。

撒馬利亞人先用葡萄酒和橄欖油為負傷的男子消毒傷口，用繃帶包紮好，然後扶著他騎上自己的驢子，送到附近的旅店休息，一整晚照顧他。

隔天早上，撒馬利亞人將住宿所需的費用交給旅店的主人，委託代為照顧受傷的男子，並且承諾如果這些錢不夠的話，回來時必定會再付齊。

所謂鄰居指的不是距離的遠近

這就是「好撒馬利亞人」的比喻。耶穌說完了故事，便以律法學者提出質問時相同的方式再問道：「這三人之中，你認為誰才是被強盜襲擊者真正的鄰居？」律法學者理所當然地回答：「是照顧傷者的撒馬利亞人。」

好撒馬利亞人

耶穌聽了這個答案，便告誡他：「要像這位好撒馬利亞人一樣地去對待別人。」

所謂的鄰人是誰？對我們來說，通常是指站在身邊的人、坐在身旁的人、住在隔壁的人。也就是說，我們本能地聯想到物理上距離近的人。

然而在耶穌的定義裡，鄰人指的是有憐憫心、主動行善的人，和距離遠近完全無關。

在美國常可以看見招牌上寫著「撒馬利亞醫院」的公立醫院，其立意是希望醫護人員成為像是好撒馬利亞人一樣，不分人種、貧富、職業，讓所有需要救助的患者都可以接受診療，基於這樣的理念而命名的。

從耶路撒冷前往耶利哥的道路

地中海

加利利海

撒馬利亞

撒馬利亞 ●

約旦河

▲
基利心山
撒馬利亞人的聖地

● 約帕

被盜賊襲擊的
猶太人旅途路線

耶利哥
祭司與利未人
多聚居於此
「祭司之城」

猶太

耶路撒冷
猶太人的聖地

死海

〈馬太福音〉9章9節
稅吏馬太成為耶穌的門徒

被猶太社會視為外人的馬太，受到耶穌的呼召而打從心裡感到喜悅，立刻就成為他的門徒。

馬太回應
耶穌的呼
召

　　法利賽人和律法學者這些猶太社會的宗教領袖，對於耶穌向群眾傳道感到十分不悅。正當他們處心積慮想找機會陷害耶穌時，卻赫然發現聽道的群眾之中，竟有稅吏和娼妓等在宗教上被視為不潔的「罪人」。

　　妓女被人瞧不起，這點可以理解，可是為何稅吏會受到與妓女同等的歧視呢？這點在猶太社會當中有其特殊的理由。

　　稅吏是向猶太人徵收稅金繳納給羅馬帝國的官僚。從弱者身上剝削金錢，就好像那些專門以地下錢莊放高利貸的人。

　　猶太的稅吏，即是付錢給羅馬帝國以買取向猶太人徵收稅金的權利的特種份子。他們的好處是，除了羅馬帝國所要求的應付稅額之外，還可以自行加徵稅金，將其中的差額挪為私用，並且這樣的做法被認定為是合法的。

　　也就是說，稅吏是靠著猶太人的犧牲換來了財富。因此稅吏普遍為猶太人所厭惡，被視為猶太社會的背叛者。在當時的猶太社會裡，稅吏與娼妓同樣是被輕蔑的職業。

　　然而，耶穌看見了稅吏馬太坐在稅務所裡，就揀選被眾人所厭惡的他做為門徒。馬太雖然富有，卻被猶太社會所排擠，被視為了外人，於是當耶穌出聲對他說：「跟我來！」他就滿心歡喜地捨棄了高收入的職業，從此跟從耶穌。這個稅吏正是耶穌的十二門徒之一，《新約聖經》開卷的〈馬太福音〉就是由他所執筆的。

MEMO

安息日是神所定下的休息日，但是耶穌即使在安息日也依然為大眾治病。因此堅守摩西律法束縛的法利賽人，非常厭惡破壞了安息日戒律的耶穌。

〈路加福音〉15章1～10節

尋找失羊的比喻

在天國裡，一個罪人的悔改所帶來的喜樂，比九十九個不須悔改的正直的人所帶來的喜樂，還要大得多。

傳達一個罪人悔改時的喜樂

有一次，法利賽人和律法學者小聲地議論道，說耶穌不但與罪人說話，還和他們一起吃飯。

在猶太教的教義裡，即使是為了讓污穢的人親近律法為目的，也不能與他們往來。

耶穌並沒有回應這樣的批判，反倒是突然說了兩個寓言回敬他們。

第一個寓言是羊走失的故事。有一個富裕的牧羊人養了一百隻羊，他將羊群帶到了草原上放牧。可是到了傍晚時分，仔細清點之後卻只剩下九十九隻羊。

如今走失了一隻羊，應該要怎麼辦才好呢？這一百隻羊全都歸牧羊人所管，他必須負起責任，想辦法把走失的羊找回來。

首先，他把九十九隻羊帶到安全的場所，讓牠們進入羊圈之中，然後拚命地找尋那隻走失的羊。最後，他終於找到了那隻虛弱的羊，就開開心心地把羊扛在自己的肩上帶回去。

第二個寓言是丟失銀錢的故事。有一個貧窮的婦人，不斷地省吃儉用，終於存到十塊銀錢。這對她來說是一筆很重要的錢，可是由於她一時疏忽，在房間裡把其中的一塊銀錢弄丟了。

她很心疼，急忙點亮了房間的燈，移動椅子、桌子、床鋪，搜遍房間的各個角落，仔細地尋找，終於把這塊銀錢找到，讓她高興不已。

透過這兩個寓言，耶穌傳達了當一個罪人悔改時，天國所感受到的喜悅。耶穌告訴他們：「在天國裡一個罪人的悔改所帶來的喜樂，比九十九個不須悔改的正直者所帶來的喜樂，還要大得多了。」

上帝四處
找尋不信
神的人

人們時常會有這樣錯誤的想法：「宇宙如此龐大。在如此龐大的宇宙中，地球只是極緲小的天體；而在這個地球中，自己的存在又是如此微不足道。因此，這樣的自己與神之間的距離是遠是近、與神的關係如何等，對於支配宇宙的上帝來說，根本無關痛癢。」

然而，牧羊人丟失了一隻羊，心痛地把其餘的羊留下而到處找尋那隻迷失的羊，這樣的心情正與上帝的心境一致，上帝也四處尋找著願意悔改的罪人。

耶穌在第一個寓言裡，傳達出當人們離棄上帝的時候，上帝是多麼疼惜的慈悲心；在第二個寓言裡，耶穌則傳達出上帝是多麼焦急地到處找尋不信神的人。

上帝巡視宇宙中各個角落，用盡一切方法找尋迷途的羔羊，恐怕沒有比這件事還要更讓神所重視的了。

〈路加福音〉15章11～24節

浪子回頭

遠離父神而犯下不信之罪的小兒子，因悔改而被迎接進入神的國。

賢明的父親尊重小兒子的自由意志

　　耶穌的第三個寓言，是因為沉溺於嗜酒和賭博，而將所有的一切揮霍殆盡的浪子回頭的故事。

　　有一位大財主，他有兩個兒子。大兒子為人務實，對父親的話言聽計從，做起事來認真負責；但是小兒子從小任性而為，不懂人情世故。從哥哥的眼裡看來，弟弟根本是個愚笨的人。總之，這對兄弟就是為人正直的哥哥和自大愚笨的弟弟的組合。

　　有一天，小兒子興起了要到異地見識一番的想法，便要求父親把他應得的家產在此時就分給他。

　　一般來說，父親一定會想到如果把錢給了小兒子，他一定會把所有的錢都揮霍掉。這位父親是個聰明人，一定能夠想得到這一點，按理來說他應該會斬釘截鐵地拒絕。

　　可是出乎意外地，這位聰明的父親卻順著小兒子的心意，把財產分給了兩個兒子。他明知道小兒子一定會把錢揮霍掉，為什麼還要把大筆財產分出去呢？這是因為，父親知道即使講再多的道理，小兒子也無法理解父親所說的話。

　　因此，即使父親猜測到小兒子會失敗，依然尊重他的自由意志，希望他往後能夠從痛苦的體驗中學習到教訓，才會把財產分給他。

陷入絕望深淵決心返家

　　小兒子拿到大筆金錢後，就整理行李志氣昂揚地前往陌生的異地去旅行。他在異地的聲色場所每天和朋友花天酒地，度過歡樂的時光，身邊也聚集了許多酒肉朋友。

　　然而，即使他身上有大筆金錢，但是花錢如流水的用法，也使得所有財產很快就見了底。這時候，圍繞在他身邊的朋友也相繼離去。

MEMO

摩西律法當中詳細地規範了可以吃和不能吃的食物。獸類之中，牛、鹿、綿羊、山羊可以吃，但野兔、豬不能吃。魚類之中，無鰭無鱗的不能吃，因此

小兒子原本想工作賺錢來度過難關，但卻事與願違，因為當地發生了始料未及的大饑荒。

最後，窮極潦倒連果腹都無法的他，不得不去投靠別人，幫忙人家照料豬隻。

豬是猶太人最嫌棄的不潔動物，因此養豬絕對不是良家子弟會願意從事的工作，但是隻身在異地淒慘落魄的小兒子，已經沒有可以選擇的餘地。

更悲慘的是，他的食物比豬吃的飼料還不如，因此他甚至想過吃豬的飼料來充飢。此時，他的人生可以說是跌到了谷底。

陷入絕望深淵的他，突然醒悟過來，在心中吶喊著：「父親家裡面有許多的雇工，他們的糧食有餘，我難不成要在這裡餓死嗎？」

浪子回頭意味著神與人之間的和解

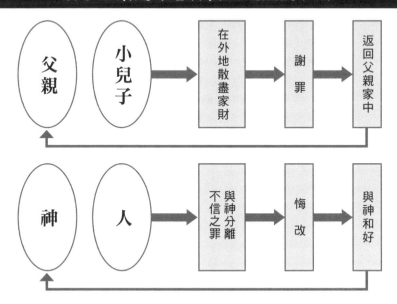

父親　小兒子　在外地散盡家財　謝罪　返回父親家中

神　人　與神分離不信之罪　悔改　與神和好

MEMO

章魚和烏賊不能吃。鳥類之中，黑鳶、禿鷹、隼、烏鴉、駝鳥、貓頭鷹等不能吃。

於是，他決定拋下無謂的自尊，重返父親的家。

可是，他應該要如何向父親謝罪呢？小兒子決定要這麼對父親說：「父親，我得罪了上天，也得罪了你。從今以後，我已經沒有資格說是你的兒子，請把我當做你的一名雇工吧。」為了向父親謝罪，他事先練習了許多遍。

不肖兒子
歷盡艱難
返回神的
國

當他將道歉的話練習得能夠流利說出口後，便啟程返回父親的家。而父親遠遠地看到小兒子走來，見他如此落魄的樣子相當心疼，就衝上前去擁抱並親吻他，不斷地歡迎他回來。

小兒子開始用先前練習好的台詞向父親謝罪，但話還沒說完，父親就吩咐僕人拿最好的衣服給他穿上，又為他戴上戒指，給他穿上漂亮的鞋子。之後，又把肥牛犢宰殺來吃大肆慶祝。

為何父親要為了不肖兒子的歸來如此喜悅呢？

父親說：「因為這就如同死去的兒子又活了過來，失而復得。」這就是他要開設宴席慶祝的理由。

在這個寓言裡，父親代表了神，小兒子代表了人。擁有自由意志的小兒子，離開父神，犯下不信的罪，不久便陷入了失意和絕望的深淵。

但是，他下定決心痛改前非，希望父親能赦免他。

重返父親懷抱的他，正打算要向父親謝罪，但話還沒說完，父親就為兒子設宴慶祝。因為父親已經赦免了他，而且長期以來，父親一直在等著兒子的歸來。因此，這個宴會是為了展現父親的喜悅而舉行的。

〈路加福音〉15章25～32節
浪蕩弟弟的正直兄長

自己是浪蕩子的時候，更容易感受到神的愛，但旁人卻很難理解這樣的人何以能夠獲得神的赦免。

哥哥責難父親的行為

　　浪子悔改而返回父親家中，小兒子與父親和解，這樣似乎已是圓滿的結局，其實不然。這個比喻是耶穌因與罪人們一同說話一同用餐，而遭受法利賽人與律法學者抨擊時，出自防衛所說的故事。接下來則是故事當中有關浪子的兄長，也就是大兒子的部分。

　　到了傍晚，在田地耕作的大兒子結束工作返家。當他來到家中附近時，卻聽見了宴會當中唱歌及舞蹈的樂聲。他感到不可思議，於是叫來其中一名僕人，問他發生了什麼事，才知道弟弟返回家中，父親見他平安回來心裡很高興，就為他宰殺肥牛犢設宴慶祝。大兒子聽了很生氣，不肯進家門，父親連忙出門勸解他。

　　於是，大兒子向父親表達他的不滿，他基於以下兩點理由指責父親的不是。第一點，長年以來都是由他服事父親；第二點，他從未違背過父親的命令。但是，父親卻從未給過他一頭小山羊，讓他與自己的友人同歡。

　　接著又責難父親道：「你這兒子沉溺於聲色耗盡了你的財產才返家，你卻為他宰殺了肥牛犢來慶祝嗎？」

　　大兒子以輕蔑的言詞斷定弟弟的罪，並陳述自己長年以來服事父親，又遵守父親的戒律（律法），不斷對父親表達自己的不滿。所謂「服事」，並非指大兒子像對待孩子般地照顧父親，而是意謂著「僕人」對主人盡忠的態度。儘管「一頭小山羊」遠比「肥牛犢」廉價許多，大兒子卻怪罪父親連「一頭小山羊」都不曾給過他；而且，這時候他把自己的弟弟稱為「你的兒子」，並且也沒有直接向弟弟詢問過在異地生活的情形，

MEMO

曾任證券操作員的牧師、曾是酒鬼的牧師、曾是黑道的牧師等等，眾多牧師的經歷五花八門，當然各個信徒的經歷更是千差萬別。這足以證明主耶穌基督無論何種經歷的人，都願意拯救。

因悔改而得神拯救

哥哥（大兒子）

世間的模範孝子

行為良好
社會的模範生
出人頭地
擁有名聲
擁有地位
……

不願悔改 ▷ 不能得救

弟弟（小兒子）

世間的愚昧者

生活放蕩
暴飲暴食
酗酒
醜聞
沉溺男女關係
……

願意悔改 ▷ 與神和好 ▷ 可以得救

在世間身為模範孝子的大兒子沒有得救，反而是愚昧的小兒子因為願意悔改而獲得拯救。惡人總是比較悔改而被神拯救。

就任意斷定弟弟耽溺於娼妓，以致於耗盡家產。這些地方充分表現出大兒子的性格。

神為迷途知返的人而喜悅

這位父親並沒有責備大兒子，他語氣沉穩地對兒子說：「孩子，你始終與我同在，我所有的一切都是你的。」但是，大兒子並不明白父親的愛，因此父親又說：「你的弟弟死而復生，失而復得，這不是應當要歡喜慶祝的嗎。」父親說明了舉行宴會宰殺肥牛犢慶祝的理由。

耶穌知道在他的眾多聽眾裡，特別是法利賽人和律法學者對於大兒子的想法深有同感。我們很容易理解當主人找到丟失的銀錢和迷途的羔羊時，內心是何等的喜悅，因此做父親的想要舉行宴會慶祝的心情，也可以說是相當理所當然的。

然而，當迷失的東西是人的時候，我們很容易就會陷入「這是他自己應得的報應」這樣的想法。

耶穌的比喻裡，父親代表的上帝所持的看法，和一般人完全不同。上帝看到失而復得的人滿心喜悅，因此舉行宴會慶祝，而上帝這樣的想法超越了一般人的常識之上。如果我們是身為浪子的那一方，很容易就能感受到上帝的愛；但是當他人獲得神的赦免時，我們卻變得難以理解其中的道理。

以世間的觀點來看，身為楷模孝子的大兒子沒有被拯救，反倒是愚笨的小兒子因悔改被神拯救。但是，信仰與人格、性格、品格、才能毫無關係，拯救是必須經由悔改和信神才會獲得的恩惠。當然，並不是所有的浪子都能得救，唯有悔改的浪子才能得救。此外，在社會上獲得成功的人們，只要願意悔改和信仰上帝，也能獲得拯救。不過以事實來說，壞人總是比較容易悔改的。

耶穌藉由這個故事，想要對法利賽人和律法學者表達的就是：「我不是要召義人，乃是為了召罪人而來的。」

〈出埃及記〉19章4～8節・〈瑪拉基書〉3章6節及其他

舊約與新約的神是同一位

若沒有明確的標準，很難讓人意識到「罪」的存在。因此神為了讓人能夠自覺是罪人，而頒佈了摩西律法。

新約裡耶穌的愛如同嚴父一般

　　科學家提出了能夠說明小到原子、大到星星及宇宙全體的統一場論，並且不斷持續研究。

　　然而，可以充分說明日常生活現象及星星移動原理的古典力學（亦稱作牛頓力學），卻與說明原子理論的量子力學之間，兩者無法相合。

　　縱使如此，世界上仍有許多科學家不斷地研究思考，相信一定能建立一套包含地球在內，可以適用於宇宙全體的統一理論。

　　想要理解神的情形，也和上述的狀況有些相似。《舊約聖經》描寫的神充滿正義感，對惡事發怒，將惡人所建立的繁榮文明破壞殆盡，對違逆神的人施以嚴厲的處罰。

　　舊約的神給予人「發怒的神」、「固執的父親」的印象。

　　相形之下，《新約聖經》所描寫的神，則給予人「慈愛的神」、「溫柔的母親」的印象。

　　聖經上描寫耶穌是個會擁抱痲瘋病患者，體恤被社會遺棄的男女，寬大為懷的神子。耶穌會溫柔地對待那些被社會當成罪人，而避之唯恐不及的人。

　　因為這個緣故，一般很容易會以為舊約的神很嚴格，新約的神很溫和。然而，這是很大的謬誤。耶穌在傳道之初，曾在聖殿裡怒言：「這是我父親的家（聖殿），不是你們做生意的地方！」並且用細繩當做鞭子，把販售牛、羊、鴿子的商人全部趕出聖殿，將兌幣商人的銀錢扔了一地，掀翻他們的桌子。之後在傳道末期的時候，他又重回聖殿怒斥了商人，再次潔淨聖殿。

　　耶穌對待掌權者、備受社會尊崇的律法學者以及法利賽人，態度極為嚴厲。

MEMO

「哈利路亞」（Hallelujah）源自於希伯來文的「Halleluya」，意味著「讚美主」的意思。這個字在聖經〈詩篇〉中使用了廿四次、〈啟示錄〉中使用了

耶穌的愛，就像是一位嚴厲、強悍而正直的父親。（見233頁「耶穌在傳道之初潔淨聖殿」）

神頒布律法做為定罪的準則

基於上帝特別的恩賜，摩西被差派將以色列人從身為埃及奴隸的窘境中拯救出來。這樣的恩惠，宛如母鷹用牠的翅膀呵護雛鳥乘風飛翔一樣，這是母性的愛。

但是，以色列人懷疑神，不斷背叛神，甚至不願認神做父，將神視為外人，但卻又在西奈的曠野同聲對摩西說：「凡神所吩咐的都願全部遵守。」

以色列人口口聲聲說要順從神，卻在背地裡陽奉陰違。

律法尚未頒布之時，因為沒有明確的基準，普遍缺乏罪的意識。

有鑑於此，上帝賜予了他們律法，希望透過實際的律法做為依據，讓他們對於自己不順從神而身為罪人的身分有所自覺，因為他們當中沒有任何一個人完全地遵守了所有的律法。

如此制定律法的目的，不是要他們遵守律法，成為堂堂正正的人；而是要他們能夠自覺是罪人，承認自己有罪。期盼他們能藉此悔改，重回父神的懷抱。

為了這個緣故，上帝差派許多先知和士師，不斷地向以色列人述說神的愛。但是，他們對神的話語卻充耳不聞。於是，上帝最後只好差派他的兒子耶穌降臨人間。

真正的悔改，必須包含能夠自覺自己是罪人，以及相信耶穌是救世主；因此，藉由耶穌的福音，便能夠使以色列人和外邦人從律法的束縛中解放出來。

從以上的事例，便可以得知神從舊約時代開始一貫都是慈愛的神。神在舊約和新約裡看似不同，其實完全取決於人們抱持何種態度去看待神。舊約的最後一卷〈瑪拉基書〉也寫道：「我耶和華是不改變的。」

四次，是為了讚美神創造的偉業、以及神給予以色列人的祝福等恩惠時所使用的頌辭。

〈馬太福音〉16章13節～17章9節

基督變容

耶穌吩咐門徒，有關自己在黑門山上改變容貌的事，在他從死裡復活之前都不要告訴任何人。

耶穌向門徒預告自己即將受難

認識耶穌的人都知道他絕非等間之輩，但卻沒有人真正了解他究竟是什麼人物。

耶穌和他的門徒來到該撒利亞‧腓立比傳道時，他問弟子有關人們對自己的傳聞，弟子們回答道：「有些人說你是施洗約翰，有些人則認為你是先知以利亞或耶利米，也有人說你是其他先知。」

於是耶穌再度問弟子：「那你們認為我是誰？」彼得說：「你是基督，永生神的兒子。」如此的洞察力必定是天上的神所賦予的，因此耶穌稱讚彼得的智慧，並將天國的鑰匙交給了彼得，意即賦予彼得建立教會的權柄，使上帝藉此來管理祂的子民。

但是，耶穌也立即吩咐門徒，不要把自己是救主基督的事告訴任何人。

從這時開始，耶穌便清楚地向門徒們表示：「我必須上耶路撒冷去，在長老、祭司長和律法學者手下遭受許多苦難，並且被殺害，然後在死後第三天復活。」

這是最早關於耶穌受難的預告。他的門徒聽到這消息都感到相當悲傷。

彼得的心願和撒但的立場是相同的

耶穌最鍾愛的門徒彼得當然不願聽到老師即將受難的消息，況且彼得認為，榮耀的基督按理說不應該遭受苦難才對。因此他向神祈禱：「請不要讓耶穌死去！」還把耶穌拉到一旁勸阻他說：「主啊！你要多加小心，注意將災難避免掉。」可是，這樣的行為與曠野裡誘惑耶穌的撒但，立場幾乎是一致的。

MEMO

耶利米是公元前六二七年至公元前五九〇年左右南方猶大王國的先知。耶利米曾警告人民如果不悔改，將會成為巴比倫的階下囚，但是人民無視於他的警告，後來果真被尼布甲尼撒王俘虜至巴比倫城。

耶穌把天國的鑰匙交給彼得

耶穌改變形象的地點

地中海

大馬士革●

敘利亞

黑門山▲

●推羅

但
●

該撒利亞·
腓立比

耶穌臉上散發榮
光，改變形貌的
地點

多利買
●

迦百農●

加利利

加利利海

拿撒勒
●

因此，耶穌轉身嚴厲地叱責彼得：「撒但，走開！你是我的絆腳石。因為你所想的不是上帝的想法，而是人的想法。」

　　接著耶穌又對門徒說明，即將會有比單單只是個人生死還要更重大的事情將會發生。

耶穌的聖容如太陽似地散發光芒

　　預告受難的六天後，耶穌帶著他最親近的門徒彼得、雅各和約翰三人登上黑門山祈禱。

　　正當耶穌祈禱的時候，突然間，耶穌的聖容好像太陽似地散發光輝，連身上的衣服都像雪一般潔白明亮。接著，摩西和以利亞從光芒中顯現，並和耶穌談論他即將在耶路撒冷完成的事情。

　　彼得、雅各和約翰在半夢半醒間，目睹到了這異常的光景。興奮到失去理智的彼得，甚至說要為耶穌、摩西和以利亞搭棚子。

　　彼得話還沒說完，就有聲音自雲端傳來說到：「這是我的愛子，我所揀選的人，你們要聽從他。」這情況和耶穌領受施洗約翰的洗禮時完全相同。

　　門徒聽見這道聲音害怕地俯伏在地，但耶穌安慰他們，叫他們不要害怕，他們才終於從地上起來。但當他們抬頭一看，摩西和以利亞都已經離去了，只有耶穌一人留在原地，似乎什麼事都不曾發生過。

　　耶穌吩咐三位門徒，有關自己在黑門山上改變容貌的事，在他從死裡復活之前都不可以對任何人說。

基督變容

〈馬可福音〉11章1～18節
耶穌光榮地進入耶路撒冷

聖殿和教會都是人為的宗教組織，必然會產生程度不一的腐敗，因此上帝必得要用祂的手來潔淨聖殿和教會。

耶穌在民眾的歡呼聲中進城

接下來要敘述的是耶穌在受難前一個星期所發生的事。首先，耶穌光榮地被迎進耶路撒冷城，沒多久就被門徒出賣，釘死在十字架上，最後從死裡復活。基督教會稱之為耶穌基督的受難週。

在接近逾越節的星期天，耶穌差派兩個門徒借來一隻還不曾有人騎過的小驢子。

門徒把自己的衣服脫下鋪在驢背上，耶穌就騎著這隻驢英姿煥發地進入耶路撒冷城。正如《舊約聖經》的〈撒迦利亞書〉九章九節裡所預言的，王會騎著小驢子進入耶路撒冷城，這是耶穌宣示自己是彌賽亞的動作。

為了守逾越節，大批來自各地的猶太人紛紛湧入耶路撒冷城。當他們得知耶穌進城的事，都歡欣鼓舞地聚集而來，人山人海的群眾圍繞著耶穌，有人甚至脫下衣服鋪在他們要行進的路上。

人們手拿著棕櫚的樹枝迎接耶穌的到來，並且高聲讚美耶穌：「和散那，祝福那奉主名來的人！祝福我們祖先大衛的國！高天之上當稱頌『和散那』！」因為這個緣由，基督教會便將耶穌復活當天（禮拜天）的前一個禮拜天，稱做「棕櫚主日」。

「和散那」原意為「求救」，在這裡則為「稱頌」的意思。眾人如此齊聲高喊，展現出人民迎接王的喜悅。

法利賽人和律法學者聽見人民這樣呼喊相當地生氣，便要求耶穌應該為此責備自己的信徒，但是耶穌婉拒了，使得他們更為之氣結。

MEMO

「阿門」（Amen）是基督徒結束禱告時的用語，意即「是的，但願如此」、「就是這樣」。在《新約聖經》中，則是被用為聽眾對於指導者所說的話表示同意時的用語。在浸信會教派裡，若是贊同他人的發言時，也會用阿門來表示。此外，也有說法指出這是耶穌對門徒說話時，為了喚起門徒的注意所使用的發語詞。

耶穌騎驢進入耶路撒冷城

耶穌基督的受難週（從棕櫚主日到復活為止）

星期天	耶穌光榮地進入耶路撒冷城（棕櫚主日）
星期三	加略人猶大與祭司長密謀背叛耶穌
星期四	最後的晚餐 耶穌因猶大的背叛而遭到逮捕
星期五	耶穌被處以十字架刑（受難日） 耶穌的屍體被埋葬
星期天	耶穌復活（復活節）

MEMO

抹大拉的馬利亞的出生地抹大拉，是加利利地區著名的賣淫地帶。雖然她被認為是妓女，但身分究竟如何則不得而知。她被形容為「被七個鬼附身的女

人們會如此狂熱不是沒有理由的。四百年來，猶太人一直盼望的彌賽亞終於如預言般來到了耶路撒冷。就這樣，耶穌以彌賽亞的身分被迎進了首都耶路撒冷中，這是他一生當中名聲最榮耀的時刻。可是，狂熱地迎接耶穌的同一批人，卻在短短一週內改而大聲咆哮：「把耶穌釘上十字架！」最後終於將他置於死地。如此可見人心難測。

當權者面臨迫切的危機感

耶穌一行人接著進入了聖殿。這是每位造訪耶路撒冷的虔誠猶太人固定的習慣。然而，聖殿卻變得就像是專為觀光客所開設的紀念品商店般，人潮絡繹不絕。

耶穌一進入聖殿，就把所有做買賣的商人都趕出去，將兌幣商人的銀錢灑落一地，推倒他們的桌子以及鴿子商人的凳子，然後嚴厲地叱喝道：「聖經上不是寫著：『我的家要做全民禱告的殿』嗎！你們卻把聖殿當成賊窩了！」

另一方面，耶穌潔淨聖殿的行動，也等於成就了舊約當中的預言：「彌賽亞到來的時候，聖殿要被潔淨，商人將不在那裡。」

在公開傳道之初，耶穌曾經潔淨過聖殿；在公開傳道的末期，耶穌又再度做了相同的事。不只是耶穌的時代，聖殿本身就有著容易產生腐敗的本質。不過，腐敗的並不是聖殿，應該說只要是一切人為的組織，都一定會產生程度不一的不義和腐敗。

因此，一旦看到了腐敗與不義，就必須迅速地潔淨。耶穌做了正確的事。但是這個正確的行為，對於宗教權威來說卻是一大悔辱。祭司長和律法學者認為自己的權威遭受到否定，忿怒到幾乎不願意見到耶穌的臉。

然而，被他們視為眼中釘的耶穌，每天都會來到聖殿向群眾傳道，而且群眾都相當專注而熱忱地聆聽耶穌的訓示。

祭司長、律法學者和法利賽人面臨了迫切的危機感，便互相商討有關耶穌的事。他們的結論，是決不能讓這樣的危險人物繼續存活在世間上。於是他們又更進一步討論，最後意見一致地決定要設下圈套逮捕耶穌，然後將他除掉。

人」，足以表現出她罹患了相當嚴重的心病，因此就算她不是妓女，也還是被眾人視為「罪惡深重的女人」，而遭到其他人的蔑視。

〈約翰福音〉12章1～8節・〈馬太福音〉26章14～16節
抹大拉的馬利亞為耶穌塗抹香膏

當權者找不到處刑耶穌的好方法，但猶大竟登門提出令他們意想不到的交易。

多數民眾認為耶穌是救世主

　　儘管耶穌最終是被釘死在十字架上，但這並不是說他是屈服於強權之下的犧牲者。相反地，他是為了那些受迫害以及在痛苦中掙扎的人們，將所有的痛苦一肩扛起慷慨赴義。

　　耶穌知道自己被逮捕的時日近了，卻沒有離開耶路撒冷。換言之，他並不想逃走，因為他選擇走上這條不歸路。就在死期將近的時候，耶穌對他的門徒預告了兩件大事。

　　第一，耶穌的信徒將會受到憎恨、遭受迫害，甚至被殺死，而且許多信徒會捨棄信仰，相互背叛，彼此憎恨。第二，但能夠堅持信仰到最後的人，將會被拯救，在終末之日時，福音將會傳遍全世界。

　　此時，將耶穌視做危險人物的只有社會上少數的宗教領袖，大多數的民眾都認為耶穌絕非等閒之輩，至少是先知以上的人物。意即他們開始認為耶穌有可能是彌賽亞。

馬利亞在耶穌的腳上塗抹香膏

　　接下來這件事可以視為耶穌受難的前奏曲。

　　在逾越節的六天前，耶穌和門徒曾前往耶路撒冷附近的城鎮伯大尼，造訪馬大、馬利亞和拉撒路一家。拉撒路曾經被耶穌從死裡救活，馬大是他的姊姊，馬利亞則是他的妹妹。

　　他們正準備招待耶穌一行人共進晚餐。拉撒路和耶穌一起在餐桌上就位，馬大則忙著從廚房裡把煮好的晚餐端上桌。

　　就在這個時候，馬利亞有了驚人的舉動。她拿了約三百公克非常昂貴的純正哪噠香膏塗抹在耶穌的腳上，又用她的頭髮去擦拭。香膏迷人的芳香很快地散發出來，充斥整個房間。馬利亞突如其來塗抹了大量珍貴香膏的行為，引起了大家的注意，而這樣的行為看在過著簡樸生活的門徒眼裡，無疑相當浪費。

馬利亞在耶穌的腳上塗抹香膏，用她的頭髮擦拭

其中也包括了之後背叛耶穌的加略人猶大。

他主張說，這香膏應該可以賣到三百得拿利，可以將這些銀錢拿去救濟窮人，對於馬利亞的行為嚴加批判。當時的三百得拿利，相當於三百天份的工資，換算成台幣至少也有數十萬甚至上百萬，可說是價值不菲。

但耶穌卻為她辯護道：「任由她吧！她是為了我的安葬之日，才把香膏預先澆在我身上。你們常與窮人同在，隨時都可以向他們行善；只是往後你們就不能常與我同在了。」

耶穌並且讚賞馬利亞的行為，說道：「無論世界的任何地方，只要是福音所宣揚之處，都要述說這女人所做的事，紀念她這個人。」

撒但進入
猶大的心
裡

祭司長和律法學者們，從以前就想盡千方百計要除掉耶穌，卻始終想不到一個好辦法。又因為支持耶穌的群眾為數眾多，所以不能輕舉妄動。

然而，就在逾越節臨近的時候，卻讓他們遇上了一個絕佳的機會。原來，撒但在這時進入了十二門徒之一的加略人猶大的心裡。撒但在曠野試探耶穌不成，一陣子不見了蹤影，如今又逮到了機會再次現身。

於是，猶大前往祭司長的所在處，提出要將耶穌出賣給他們的交易，他們就給了猶大三十銀錢，相當於當時一名奴隸的身價。如此一來，雙方的交易就成立了。

這時猶大決定，要趁著人群少的時候把耶穌交到他們的手上，並虎視眈眈地等候時機的到來。

〈約翰福音〉13章1～10節・〈路加福音〉22章1～39節
最後的晚餐

耶穌在最後的晚餐前為門徒洗腳，又分配餅和葡萄酒給他們，親自展現神愛的意義。

耶穌為門徒洗腳

　　耶穌被釘死在十字架上的前一天，也就是星期四的下午，門徒開始為逾越節的筵席預做準備。這天下午，他們在聖殿使用屠宰過的羔羊肉獻祭，到了日落時分，逾越節的筵席就開始了。

　　在此之前，必須要有一個能夠用餐的房間，耶穌便差派彼得和約翰進城去，要他們找到一個頂著水瓶迎面走來的男子，問他：「我們先生問客房在哪裡，他要與門徒一起吃逾越節的筵席。」彼得和約翰照做，於是這個男子就提供了一間位於二樓的大房間，讓他們準備逾越節的筵席。

　　借到了房間，筵席也準備好了。在餐桌前就座的耶穌，知道自己不久將離開人世回到父神的身邊，於是決定用行動毫無保留地表達對門徒的愛，要為所有的門徒洗腳。

　　在晚餐開始之前，耶穌從座位上站起來，脫去上衣，將毛巾束在腰間，接著倒了一盆水，開始一一為門徒洗腳，並且用毛巾擦拭乾淨。

　　當他來到彼得跟前的時候，相當惶恐的彼得對耶穌說：「我決不能讓你幫我洗腳。」但耶穌回答他：「如果你不讓我洗腳的話，你跟我就再也沒有任何關係了。」於是彼得立刻改變心意，讓耶穌為他洗了腳。

　　在塵土飛揚的巴勒斯坦地區，流傳著為遠道來訪的客人洗腳的習俗，這通常是僕人的工作；此外，徒弟通常也會為師父洗腳。然而，耶穌在此將社會習俗整個顛覆過來，為門徒立了榜樣，親身示範什麼是謙恭的具體表現。

耶穌預告猶大的陰謀

　　耶穌替門徒洗完腳，就回到餐桌旁開始用餐。耶穌位於正中央，門徒則是三人為一組，每個人都橫臥在長椅上。接著，耶穌以左手肘支著下巴，用右手將食物送入嘴裡。

MEMO

「聖體」是指「主的身體」，在聖餐禮中會以餅來做為象徵。

在達文西的名畫《最後的晚餐》當中，耶穌和十二個門徒是就著桌子用餐，這個地方是錯誤的，一般認為可能是由於達文西不了解猶太習俗的緣故。不過，這當然並無損於名畫的價值。

用餐到一半的時候，耶穌告訴門徒：「你們之中有一人將會出賣我。」門徒聽到這件事都很悲傷，紛紛問道：「主啊！這個人該不會是我吧？」出賣耶穌的猶大也開口這樣問，耶穌便回答：「就是你！」並告訴他：「你想做的事，現在立刻去做吧！」

但是，同席用餐的人並不知道耶穌為何要對猶大這麼說。猶大拿了餅之後，就馬上離席外出，此時天色也已經完全暗了下來。為了出賣老師而走向黑暗中的猶大身影，和圍繞在真正的光耶穌身旁的眾門徒，形成極為強烈的對比。

將餅和葡萄酒分給眾門徒

當大家繼續用餐的時候，耶穌拿起餅，獻上感謝神的禱告及祝詞之後，就把餅擘開分給門徒，並對他們說：「拿去吃吧，這是我的身體。」然後拿起倒入了葡萄酒的杯子，獻上感謝神的禱告，說：「你們拿這杯酒去喝吧！這是我的血，是立約的血，將為了使眾人的罪得到赦免而流。我告訴你們，直到我與你們在我父親的國度裡喝新酒的那一天為止，我絕不會再喝葡萄酒。」接著所有的人唱起讚美神的歌，隨後一起前往橄欖山。

這就是「最後的晚餐」的大致情形。之後，由這個典故發展出了一同吃餅、喝葡萄酒的儀式，稱之為「聖餐禮」，與洗禮並列為教會中最重要的儀式之一。聖餐禮即是耶穌在被釘上十字架前夕，所親自制定的儀式。

最後的晚餐

　　另外，「聖餐禮」是新教會的稱呼，一年當中會在禮拜活動時不定期舉行數次；但在天主教會裡，則稱之為「彌撒」固定在星期日舉行。

287

〈路加福音〉22章23～53節

耶穌因猶大背叛遭受逮捕

猶大帶頭領著大批手持刀槍棍棒的群眾，在午夜前來逮捕耶穌。

耶穌預告將會前去自己的父親那裡

門徒一邊吃著逾越節的晚餐，一邊爭論著「誰會是出賣耶穌的人」，但接下來話題又轉成「他們之中誰最偉大」，這是他們最喜歡爭論的話題。門徒都無法脫離世間的欲望，想要在即將到來的天國裡獲得崇高的地位，因此把彼此視為競爭對手。

正因為門徒們這樣的情況，耶穌才會親自為他們洗腳，率先展現謙卑的模範。

耶穌否定在這種相互比較的世界裡爭著出頭的行為，並教導他們：「你們當中最偉大的，反而應當要表現得像最年幼的；做領袖的人，應當像僕人一樣。」

耶穌這句話的用意，是要曉諭門徒不可以世間的價值標準做為處世的原則。

接著耶穌告訴他們，自己已為門徒們祈求了，希望他們不要失去信仰。結果彼得一聽，便發誓即使自己坐牢或是被殺掉，也一定會跟隨耶穌。

然而，耶穌卻預告在今日雞鳴之前，彼得將會三次不認主（三次否認自己認識耶穌）。

耶穌告訴門徒自己將會去到父親（上帝）那裡，門徒聽了都很難過，相當地憂愁。但是，耶穌說終有一天憂愁會變成喜樂，並且吩咐門徒：「你們要彼此相愛，就像我愛你們一樣。」

此外，耶穌約定將會把聖靈賜予眾門徒，並曉諭門徒當他們奉耶穌的名向上帝祈禱時，聖靈就會從天上降在他們身上，指引他們該做的事，並且把耶穌要說的話都傳達給他們。

耶穌祈禱
的時候門
徒安然熟
睡

　　接著，耶穌和門徒來到了橄欖山（座落在聖殿旁，標高約八百公尺的山丘）一處名為客西馬尼的園子。這是耶穌常來祈禱的地方。

　　耶穌吩咐眾門徒：「要警醒禱告，免得陷入誘惑。」然後往前再走幾步，跪在地上開始懇切地祈禱。由於祈禱太過於熱切，耶穌身上所流下的汗珠就像大滴的血般落在地上。

在客西馬尼園拚命祈禱的耶穌和疲憊熟睡的門徒

耶穌說：「父啊，如果你願意，請將這苦杯移去。但不要照我的意思，而是成全你的旨意。」於是天使從天而降顯現在耶穌面前，並且安慰激勵他。

　　雖然耶穌不斷地懇切祈禱，但在他祈禱的途中三次回過頭看門徒時，他們三次都是在熟睡中。

　　第三次時，耶穌想要喚醒因疲累而沉睡的門徒，這時候有大群手持刀和棍棒的群眾朝著他們這邊接近了。這些群眾是祭司長和律法學者派來的，帶頭的人是耶穌十二個門徒之一的加略人猶大。

門徒紛紛逃走

　　猶大走向前擁抱耶穌，並親吻他的臉。這是猶大向群眾事先說好的暗號。於是，數名男子立刻一湧而上，將耶穌逮捕。擁抱和親吻本是表示親密的行為，猶大卻利用這樣的方式出賣自己的老師。

　　這時候，彼得抽出腰間的劍，砍向大祭司的僕人馬勒古，將他的右耳削了下來。可是，耶穌制止了彼得的行動，因為如果在這裡反擊的話，有可能連門徒也會被逮捕。況且，假使耶穌要以武力解決的話，上帝自會派遣天使前來相助，但這麼一來，就阻礙了上帝的計畫。

　　耶穌伸手摸向馬勒古的耳朵，他的耳朵就又完好無缺了。接著，耶穌向逮捕他的人指摘了以下三件事。

　　第一點，他們在半夜裡拿著刀棒來捉拿自己，是把他當成了強盜嗎？

　　第二點，自己每天都坐在聖殿裡向群眾傳道，為何不在當時捉拿他？

　　第三點，然而，這一切事情的發展都是為了應驗先知們所說的話。

　　這時候，眾門徒早已捨棄耶穌紛紛逃走了。

〈路加福音〉22章54～62節
彼得三次不認主

三次否認自己認識耶穌的彼得，想起耶穌曾說過的話，忍不住走出外頭號啕大哭。

彼得持續關注事情的發展

　　耶穌被逮捕以繩子綑綁起來，先是被帶往了大祭司該亞法的岳父亞那（前大祭司）那裡，接著亞那就盤問了耶穌有關門徒以及教義的問題。

　　耶穌堅定地回答道，自己向來都是公開地向世人說話；意即他都是在猶太人民眾聚集的會堂和聖殿裡講道，自己和門徒並不是地下組織，也沒有從事什麼帶有政治意圖的彌賽亞活動。

　　耶穌還回答說，要知道他對百姓們說些什麼，可以直接去問那些聽過他講道的人。結果站在一旁的僕役，以耶穌對亞那出言不遜為由，用手掌摑耶穌的臉。

　　可是，經過盤問後，亞那找不出有什麼理由可以定耶穌的罪，就將他捆著帶到了大祭司該亞法那裡。

　　律法學者和長老此時早已集結在該亞法的院子裡。雖然耶穌的門徒紛紛逃走了，但彼得仍遠遠地跟著耶穌，也一起進入了大祭司的院子，混雜在僕役之中，持續關注事情的發展。

耶穌承認自己是神子基督

　　以議長大祭司該亞法為首的猶太公會，早已決定要將耶穌判處死刑，罪狀是冒瀆耶路撒冷聖殿和摩西律法。

　　無論聖殿或是律法都是屬於上帝的，因此耶穌的罪狀簡要來說，就是冒瀆上帝。

　　為了定罪，他們必須在法庭上指控耶穌是冒瀆上帝的人，並且至少要有兩名證人以上的證詞才得以成立。大祭司和長老們為了要有足夠的證據，找了一批又一批的人前來做偽證，也蒐集了許多傳聞，但卻依然找不到有力的證據可以定耶穌的罪。

該亞法對於事情無法照原先想定的計畫實行感到很焦急，便對耶穌質問道：「我指著永恆的上帝命令你回答我們，你究竟是不是基督？是不是上帝的兒子？」耶穌回答他：「正如你所說的。」大祭司聽完這句話，氣得當場撕裂自己身上穿著的衣服，說道：「這是對神的冒瀆。我們何必再找其他證人呢？你們都已經聽見了他那褻瀆神的話語。你們認為該如何處置呢？」該亞法要求所有在場親耳聽見耶穌所說的話的議員們做出判決。

於是，議員們都異口同聲地說：「應當處死他。」他們朝耶穌的臉上吐口水，對他拳打腳踢，侮辱他。到了隔天早上，猶太公會召開全體會議。

最鍾愛的門徒彼得三次不認主

這時候，耶穌的門徒情況又是如何呢？出賣耶穌的加略人猶大，得知耶穌被判處死罪而後悔莫及，想要把祭司長和長老們付給他的三十塊銀錢還回去，但他們並不願意收下。於是，猶大就把三十塊銀錢扔在聖殿中，走到外頭上吊自殺了。

彼得勇敢地潛入大祭司的院子，觀察耶穌被捕的後續發展。當他待在大祭司的院子就著火取暖的時候，有個侍女盯著彼得看了又看，便說：「這個人也是耶穌的同伴。」但彼得馬上否認。結果，侍女又對站在一旁的人們說：「這人是耶穌的同夥。」而彼得也再次否認。

過了一會兒，站在一旁的人們再度說：「你確實是耶穌的同夥，從你說話的腔調，就知道你是加利利人。」於是彼得回答：「我不認識你說的那個人。」正當說話的時候，就傳來了一陣雞鳴。

耶穌轉過身來一直凝視著彼得。這時，彼得想起耶穌曾說過的話：「今日在雞鳴之前，你會三次不認我。」他再也忍受不住，就跑到外頭號啕大哭。

〈路加福音〉23章1～12節
彼拉多的煩惱與希律王的忿怒

原本彼此為仇的彼拉多與希律王，因共同的敵人耶穌而成為了朋友。

耶穌的罪狀成立　　黎明時分，祭司長與長老們為了確定耶穌的死刑，便將他帶往了總督彼拉多的官邸。耶穌的罪狀是冒瀆上帝，對猶太人來說這是足以判處死刑的重罪，但對羅馬人來說只是輕罪。

　　彼拉多認為這個案子只是猶太人之間的小爭執而已，根本不需要由他出面裁決。具有手腕的政治家彼拉多並不想干涉猶太人的宗教問題，因此他命令祭司長與長老們自己判決即可。

　　可是，如此一來祭司長與長老們就傷腦筋了。因為當時在羅馬帝國的統治下，猶太人沒有將人判死刑的權力，無論如何，都必須獲得彼拉多的同意才行。因此，祭司長與長老們向彼拉多控告耶穌謀反罪，說他自稱自己是王，而且反對向羅馬皇帝繳納稅金。

　　他們不僅變更耶穌的罪狀，還羅織了莫須有的罪名提出控告，不惜用盡各種卑劣的手段來除滅耶穌。

　　彼拉多心裡明白既沒有兵力也沒有武器的耶穌，絕對不是什麼危險的叛亂分子，於是把耶穌召進官邸，問他：「你是猶太人的王嗎？」耶穌回答：「我的國不屬於這個世界。」

　　在持續對話的過程中，彼拉多確認了耶穌所談論的並不是屬於俗世間的事情，於是向猶太人的祭司長和群眾說，他看不出耶穌犯了什麼罪，然後把耶穌交還給他們。

耶穌被送往希律王的宮殿　　群眾不斷大叫著，說耶穌是煽動者、是騙子，用激烈的言詞抨擊中傷他，耶穌卻一言不發。

　　這樣的態度讓彼拉多相當訝異，心想還是早一點卸下裁判的責任比較好。這時候，他從耶穌的口音聽出他應該出身於加利利。加利利是希律王的轄區，而且此時希律王正好來到了耶

路撒冷，為了逾越節獻祭而待在哈斯摩尼家的宮殿中。彼拉多想到了推卸責任的好方法，就把耶穌送到了希律王那裡。

希律王見了耶穌十分高興，他從以前就不斷聽說有關耶穌的事，很想親眼見識耶穌所行的神蹟。但是，耶穌不但連一個神蹟也不願展示給希律王看，對他所提出的問題也完全不發一語。耶穌從來沒有拒絕回答過任何人的問題，唯獨希律王例外。

希律王見耶穌不發一語而怒不可抑，於是跟士兵們一同嘲笑、侮辱他，然後為他穿上華麗的衣服，把他送回彼拉多那裡。在此之前，彼拉多與希律王原本彼此是對方為仇敵，從那一天起就變成了朋友，因為他們之間有了共同的敵人——耶穌。

判決耶穌處以十字架刑的

亞那

大祭司該亞法的岳父。公元6～15年的大祭司。他的五個兒子和女婿該亞法也都是大祭司。殺害耶穌的當時，亞那雖然已卸任大祭司之職，但在猶太公會當中仍握有實權，因此人們還是會稱他為大祭司。

大祭司該亞法

大祭司約瑟·該亞法。猶太公會最高權位者，是殺害耶穌的主謀。

希律王（希律·安提帕）

統治加利利地方。施洗約翰被他斬首。原本與彼拉多結仇。

本丟·彼拉多

羅馬總督，統治猶太全境。原本與希律王結仇。他是羅馬帝國派駐治理猶太的官員，受到猶太人的愛戴。

〈馬太福音〉27章15～34節．〈路加福音〉23章13～33節

耶穌被判處十字架刑

由於形容憔悴的耶穌無法負荷沉重的十字架，因此路過的西門便代替耶穌背十字架。

群眾也背離了耶穌

耶穌又從希律王那裡被送回了羅馬總督彼拉多那裡。於是，彼拉多決定採取新的對策，先鞭笞耶穌以示懲戒，然後再赦免他。為了贏得人民的愛戴，總督有個慣例，會在每年逾越節時依照人民的意願，特赦一名囚犯。

這次，彼拉多決定利用這項慣例，讓耶穌被釋放。彼拉多心裡明白，耶穌是因為各個宗教領袖們的嫉妒才會遭受指控，因此他猜想民眾應該會想要釋放被冤枉的耶穌。彼拉多的妻子也認為耶穌是無罪的，她派人傳話給在審判席上的丈夫說：「這人是正直的人，不可判他的罪。」

當時有個相當出名的囚犯叫做巴拉巴，他曾引發過暴動並殺了人，因此入獄服刑。彼拉多站在猶太民眾的面前，問他們：「你們想要釋放哪一個？是巴拉巴呢？還是被稱為基督的耶穌呢？」

然而，結果卻出乎他的意料，民眾要求釋放的並不是耶穌，而是曾引起暴動甚至殺人的暴徒巴拉巴。因為祭司長和長老們成功地說服了民眾，要他們釋放巴拉巴，並將耶穌處死。

彼拉多也無法推卸責任

彼拉多試圖告訴民眾耶穌是無罪的，應該要釋放他。可是當彼拉多問他們：「這個人到底做了什麼惡事？」民眾卻是大喊著：「將他釘在十字架上！」

彼拉多和民眾進行了好幾回問答，他不斷盡力要說服民眾釋放耶穌。但是，興奮激昂的民眾威脅地說：「如果彼拉多釋放了耶穌，我們就去向羅馬皇帝控訴。」彼拉多擔心這樣下去會變成暴動，只好打消了釋放耶穌的念頭。

接著，彼拉多就在民眾的面前洗手，說：「要流這義人的

耶穌被逮捕至十字架受難

在客西馬尼園被逮捕

↓

由亞那先行審問

↓

大祭司該亞法審訊後宣告判處死刑
罪狀＝褻瀆上帝

↓

總督彼拉多的官邸
宣告耶穌無罪

↓

希律王（希律・安提帕）所在處
耶穌完全保持緘默

↓

總督彼拉多的官邸
彼拉多想要赦免耶穌，但不敵群眾
的聲音，最後判決處以十字架刑

↓

耶穌在各各他被釘上十字架

MEMO

在眾人的面前洗手，是為了免除殺害無辜者使其流血的罪，而設立的一種猶
太教儀式。依照規定，在自己的領地上發現被害者遭棄屍，又找不到兇手
時，必須在河邊折斷小母牛的頸項，城裡的長老要在這隻小母牛身上洗手，

血，責任不在我，你們自己承當吧！」接著就下令將耶穌施以鞭刑後釘上十字架。

對於彼拉多所說的話，民眾也如此不負責任地回答：「這個人流的血，責任由我們來承擔。」無疑地，要冤枉的耶穌被釘上十字架的民眾是邪惡的；但是順應民眾要求而下了最後判決的彼拉多，即使在眾人面前洗手以示清白，也免除不了他應負的責任。

古利奈人背耶穌的十字架　總督的士兵們脫去了耶穌身上的衣物，讓他換上一件紫色的長袍，又用荊棘編成冠冕戴在他的頭上，並讓他右手拿著一根葦杖，然後跪在耶穌的面前說：「猶太人的王萬歲！」又吐口水在他的臉上，拿葦杖敲打他的頭。士兵們這樣戲弄完耶穌之後，就讓他脫下紫色長袍換回原來的衣服，然後將他帶出去，前往執行十字架刑。

當時規定被判十字架刑的犯人，要自己背著行刑用的十字架，在士兵的押解下走到刑場「各各他」（希伯來語中「髑髏地」的意思）。

但是，遭受嚴刑鞭打的耶穌相當虛弱憔悴，背著沉重的十字架根本走不動。於是，羅馬士兵就在路旁抓住一個剛好路過的古利奈人西門，強迫他替耶穌把十字架背到各各他山丘去。好不容易耶穌終於走到了各各他，接著他的雙手就被釘在橫木上，釘著他的十字架又在地上被立了起來。

士兵們拿了葡萄酒給耶穌喝，但耶穌只嚐了嚐就拒絕再喝了。當耶穌被釘在十字架上之後，士兵們就抽籤分他的衣服，坐在一旁看守。

和耶穌同時行刑的還有另外兩名強盜，各釘在他的左邊和右邊。此時正好是星期五的中午十二點。

然後禱告說：「我們的手未曾流過這人的血，我們的眼也未曾看見這事。耶和華啊，求你赦免⋯⋯不要使流無辜人的血的罪歸在你的子民以色列中間。」（申21：6～8）

〈馬太福音〉27章35～66節
耶穌受難

祭司長和長老們為了防止耶穌的屍體被盜走，用巨石封住了耶穌的墓穴，並安排衛兵看守。

耶穌默默承受被釘十字架的痛苦

彼拉多把寫著耶穌罪狀的牌子放在十字架上，上面分別用希伯來文、拉丁文、希臘文寫著「猶太人的王拿撒勒人耶穌」。祭司長等人提出要求在上面稍微添加幾筆，把「猶太人的王」改為「他自稱是猶太人的王」，但彼拉多沒有接受，仍然照原來的方式進行。經過的路人、祭司長和長老們都來嘲笑耶穌，並譏諷他：「救得了別人卻救不了自己。」甚至連被釘上十字架的其中一名犯人也譏諷他。但是，耶穌什麼話都沒有說，默默地承受著十字架的痛苦。

中午十二點耶穌被釘上十字架後直到下午三點為止，遍地都籠罩著黑暗。到了三點時，耶穌大聲喊著：「我的神，我的神，為什麼離棄我？」說完就斷氣了。

聖經上記載了接下來所發生的三件不可思議的事。

第一，聖殿裡的幔子從上到下裂為兩半；第二，大地震動，岩石崩裂，墳墓洞開，許多長眠的聖徒從死裡復活。第三，自百夫長以下參與行刑的人們，都相信並且表示「這位果真是上帝的兒子。」

以亞麻布包裹遺體安葬在約瑟的墓地

現場除了約翰以外的男性信徒都逃走了，相對地有許多女性信徒一直都守在耶穌身旁到他死去為止，像是抹大拉的馬利亞、雅各和約西的母親馬利亞、耶穌的母親馬利亞等人。不過，耶穌的死也激起了一些門徒的勇氣，其中一位即是亞利馬太的約瑟。他既富有又有勢力，是猶太公會的議員之一，因此不能表明自己身為耶穌信徒的身分。簡要來說，他是耶穌非正式的門徒。

這天是星期五，此時已經過了下午三點鐘，日落時（下午

MEMO

十字架刑的執行方式，是在埋入地面的木柱上再置上橫木，使之呈現十字形。犯人的雙手和雙腳會被以粗的釘子刺穿，再釘在十字架上，然後歷經漫長的時間，讓受刑人慢慢折磨至死。由於可以達到一邊拷問一邊示眾的警惕

六點）日期就會轉變成星期六，安息日即開始（譯注：猶太人的一天是從晚上六點開始算起，所以安息日是從星期五晚上六點到隔天星期六的下午六點為止。）。

依照規定，在安息日時不能入殮，因此必須趕在星期五的日落以前安葬耶穌的遺體。

傍晚，亞利馬太的約瑟鼓起勇氣，請求彼拉多讓他領取耶穌的遺體。彼拉多先吩咐士兵確認耶穌的確已死，就答應了他的要求。約瑟把耶穌的遺體從十字架上移下來時，那位曾經在夜裡悄悄拜訪耶穌的猶太公會議員尼哥德慕，也帶著沒藥和三十公斤混合了蘆薈的藥劑來到這裡。他們從十字架上將耶穌遺體移下來，用乾淨的亞麻布包好，然後就將耶穌安葬在約瑟新挖好的墓穴中。

最後的晚餐至耶穌死去

星期四	傍晚	最後的晚餐開始
	夜間9點	耶穌在客西馬尼園祈禱
	夜間10點	耶穌被逮捕
	夜間10點半	接受亞那的預先審訊，隨後被帶往大祭司該亞法的官邸
	夜間11點	該亞法審訊耶穌。彼得背叛主，雞鳴了三次

星期五	黎明7點	彼拉多進行審判，將耶穌送交希律王
	早上8點	希律王將耶穌遣送回彼拉多處，被判決處以十字架刑
	早上9點	送往各各他刑場，中午12點執行十字架刑
	中午12點至3點	遍地持續被黑暗所籠罩
	下午3點	耶穌在十字架上斷氣
	下午3點至5點	約瑟埋葬耶穌
	傍晚6點	（日期轉變成星期六）安息日開始

效果，是一種極為殘酷的刑罰；因此，十字架刑僅適用於強盜、刺客、發動造反的主謀者等凶惡的犯罪者以及政治犯。由此也充分地展現出猶太領袖對耶穌的憤怒與恐懼。

耶穌生前曾預言自己會在死後第三天復活。不只耶穌的門徒記得這件事，祭司長和長老們也都知道。雖然他們不相信耶穌會復活，但對於約瑟領走遺體一事感到相當不安，害怕門徒們會盜走遺體，然後宣稱耶穌已經復活了。因此，祭司長和長老們在安息日當天一起去見彼拉多，說：「門徒很可能會把耶穌的遺體盜走，向百姓宣稱他已經復活了，藉以蠱惑人心，但這樣一來恐怕會引起動亂。因此，請你在耶穌死後的第三天以前，派遣士兵嚴加看守墳墓。」彼拉多理所當然同意了這項提議。

就這樣，他們在耶穌墓前用巨大的石頭封住，並派遣士兵看守，做好萬全的準備，以防遺體被盜。

另一方面，對於耶穌的門徒及友人來說，沒有比這次的逾越節過得更令人還要悲痛的。整件事情發生得太快，他們的領袖突然地被逮捕，還被處以極刑釘在十字架上，連一聲告別都來不及說。

四處逃走的門徒潛回耶路撒冷探查情形時，耶穌早已殉道了。

耶穌受難

〈約翰福音〉20章1～18節・〈馬太福音〉28章16～20節
耶穌在死後第三天復活

耶穌復活後在加利利的山上現身，並且和門徒約定將常與他們同在，直到世界末日。

門徒不相信耶穌已經復活

　　安息日隔天的黎明時候（星期日的早上），趁著天還沒亮，抹大拉的馬利亞以及雅各和約西的母親馬利亞，帶著要為耶穌遺體塗抹的香料前往墓地探視。她們一邊走著，一邊商量如何才能把堵在墓穴門口的巨石移開。然而，當她們抵達墓地後，卻發現石塊早就已經被搬開了。

　　原來是發生了強烈的地震讓巨石滾到了一旁，而且有天使從天而降，坐在石頭上面。天使的臉發出眩目的光芒，一身的白衣就像雪一樣潔亮。看守的士兵看見這樣的情景都驚恐萬分，臉色害怕得像死人一樣慘白。

　　天使說：「不要害怕，被釘在十字架上的耶穌已經復活了。你們進入墓穴當中瞧瞧吧。」兩位馬利亞便進入了墓穴裡，發現耶穌的遺體果然已經不見蹤影。

　　天使對她們說：「耶穌已經如同之前對你們所說的從死裡復活了。復活後的耶穌已前往加利利，快將此事告訴他的門徒吧！」耶穌在加利利地方擁有眾多的信徒，是他傳福音的重要據點，因此復活後便選在加利利現身。

　　馬利亞們又驚又喜，趕忙離開了墓地，跑去將事情告訴了耶穌的門徒。但是，門徒聽了她們所說的，卻沒有一個人相信耶穌真的復活了。

復活的耶穌在門徒面前顯現

　　縱使如此，約翰和彼得還是跑到了墓穴那裡查看。兩人進入墓穴後，發現原本安放遺體的地方，只剩下包裹遺體用的亞麻布，耶穌的遺體已經不在那裡，情形就如同馬利亞們所說的一樣。他們急忙返回自己的同伴那裡，證實了這件事。

　　另一方面，與約翰和彼得一起再次返回墓地的抹大拉的

MEMO

復活節是記念主耶穌復活的節日，是在春分（3月21日）後第一個滿月之後的第一個星期日。

馬利亞，獨自留在耶穌的空墳外哭泣。突然間有天使顯現，問道：「婦人，妳為何哭泣？」馬利亞回答：「有人把主耶穌移走了，我不知道他被移到了哪裡去。」說完後她轉過身去，看見了耶穌站在那裡，但她卻完全沒有察覺到這正是耶穌本人。

馬利亞以為這是墓園的管理員，正想要請教他是否知道耶穌的遺體被移往何處時，耶穌便叫了她一聲：「馬利亞！」她才終於發現，站在那裡的人正是耶穌。

抹大拉的馬利亞喜出望外地告訴門徒，她見到了耶穌。

於是，在十一位門徒的帶領下，共計有五百名以上的信徒照著耶穌的指示前往加利利登上山頂，並見到耶穌在那裡顯現，然後向他禮拜。

耶穌的墓穴

耶穌的遺體用亞麻布包好安置在這裡

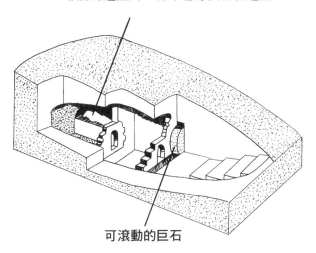

可滾動的巨石

耶穌在十字架上受難後，被埋葬在亞利馬太的約瑟預備好的墓穴裡。墓穴的洞口以滾動式的巨石封住。這種滾動式的墓石，一般是用於像耶路撒冷希律家這樣的王室之墓。

MEMO

基督徒特別重視星期日，因為這一天是耶穌復活的日子，因此又稱星期日為「主日」。新教會固定在星期日舉行禮拜，天主教會則是固定舉行彌撒。

　　由此可以了解，見證到耶穌復活的不只有那十一位門徒而已，至少還有信徒五百人以上。復活的耶穌在眾人面前顯現，並曉諭門徒以下三件事情。

　　①上帝已經把天上和人間一切的權柄都賜給了我（耶穌）。

　　②因此，你們要前往各處，讓所有地方的人們都成為我的信徒。

　　③然後你們要奉聖父、聖子、聖靈的名，為他們施洗。

　　最後，耶穌約定將常與門徒同在，直到世界末日。

抹大拉的馬利亞見到復活的耶穌

「所有的人都是罪人」是什麼意思？

〈羅馬書〉的內容是人類的救贖

聖經在緊接著福音書和〈使徒行傳〉之後，是保羅、彼得、約翰、雅各等使徒們為了信仰上的指導和激勵信心，而寫給信徒和教會的二十二卷書信，其中最重要的一卷就是〈羅馬書〉。這卷書信是保羅在第三次傳道之旅的途中，待在希臘的商業城市哥林多三個月的期間，寫給住在帝國首都羅馬的信徒的書信。

現今對於究竟是誰開創了羅馬教會並不清楚，但一般認為有可能是耶穌在十字架上受難並復活後的五旬節，有一些從羅馬前往耶路撒冷的希臘化猶太人（住在國外的猶太人），因改信基督而將耶穌的福音帶回羅馬去。此外，由於「條條大路通羅馬」，因此也可以推測，因保羅和巴拿巴的傳道而悔改信主的人，也會將福音傳到羅馬去。

〈羅馬書〉是保羅寫給羅馬信徒的書信，闡述的內容是有關人類的救贖，意即人類應該如何才能夠得救，以及何謂拯救的真義等等，是一套有體系的神學論述。保羅斬釘截鐵地主張，所有人在神的面前都是罪人，而罪人要能夠獲得拯救的唯一道路，就是透過相信耶穌是彌賽亞（救世主），才能接納上帝的愛而得救。

不感謝神的賜予即是罪

那麼，所有的人都是罪人，這句話怎麼說呢？所有的人又是指誰？

保羅將這世上的人，分成了猶太人和外邦人兩種。就生物學的觀點來看，用種族來區分人的方法是符合科學概念的；然而，神是以有罪與無罪來區分人類，比起保羅的方式更為適切。

猶太人遵從摩西律法，持續傳承割禮的習慣，並且由過去便一直受到先知們特別的指導，是信仰虔誠的子民。

簡言之，猶太人是神的選民。另一方面，外邦人則是指猶太人以外的文明人，在保羅的時代即是指希臘人和羅馬人。他們的觀念是要藉由知識和良知來親近上帝。

那麼，接下來便要看看外邦人犯了怎麼樣的罪。

雖然上帝無法以肉眼看見，但上帝即是在一五〇億年前創造出宇宙，並在四十六億年前創造出地球的造物主。接著在三十五億年前，又讓地球上誕生了單細胞生物（真菌），也就是最早的生命。

隨著單細胞生物持續進化，演進成了植物、動物，最後人類誕生了。上帝的力量和本質，從創造宇宙之初就一直不斷展現在受造物（神所創造之物）上。

因此，人類不向神獻上感謝和讚美之意，這樣的行為，在上帝的眼裡看來即是有罪的。

● 偶像崇拜是人類道德淪喪的元凶

此外，外邦人重視倫理、道德、哲學，卻輕視宗教。也就是說，他們認為神是不存在的，但實際上卻把不是神的東西當做神來祭拜祈求，這就是偶像崇拜。

被賦予了死亡命運的人類，漸漸地把牛、象、蛇等獸類，以及太陽、石頭、土地等自然物，視為偶像來崇拜。原本應當要向神獻上感謝和讚美，卻沒有這麼做，反而崇拜起偶像，這就是外邦人的歷史。神把這樣的行為看為有罪。由此來看，神會向人類發怒也是理所當然的。

偶像崇拜通常都必然伴隨著所謂「性的墮落」的現象，因此性的淫亂也變成了不敬拜真神的警訊。此外，神會蒙蔽偶像崇拜者的心，使他們失去理智的判斷，任憑己意，行諸般惡事。

所謂惡事，就是貪婪、嫉妒、殺人的意念、在背地裡罵人、憎恨上帝、爭執、欺騙、機巧、高傲、不守信用、無情等，這幾乎就是所有罪惡的全像。因此，聖經上警示了偶像崇拜即是人類道德腐敗的根源。

耶穌再臨後的世界變遷

● 再臨的耶穌會將撒但永遠消滅

公元二〇〇〇年是「千禧年」，當時興起了許多如世界末日等與聖經相關的熱門話題。所謂「千禧年」，是指耶穌在世界末了時將再次降臨世間，並於一千年間在地上統治新的王國，稱之為「千年王國」。

〈啟示錄〉十六章十六節記載著，耶穌再臨前夕時，將會發生末日戰爭「哈米吉多頓大戰」。一般多認為末日之戰會在公元二〇〇〇年世紀末的時候來臨，不過這也是沒有根據的臆測。

耶穌在十字架上受難之後又復活，並回到天上去。

他在世的時候，曾反覆說過當世界末了時，他將再次由天上降臨人間，那時候他將擁有任何人都一看即知的力量和榮耀。

再臨的耶穌，會除滅撒但的力量，並審判所有的人（上帝的審判）。這項審判，便是將人類分成綿羊（義人）和山羊（罪人）；順服主耶穌基督的價值標準者是綿羊，違背者則是山羊。

● 人被分成了綿羊和山羊

綿羊將會受到歡迎及祝福，並被授予進入耶穌的千年王國一同生活的權利。相對地，山羊會受到審判，並且不被允許進入千年王國。

在千年王國裡，所有的人都用共同的語言溝通，並且信仰上帝。和平將會到來，就像熊和獅子等猛獸能夠和羊羔及孩子一起嬉戲般地和諧。然後，在一千年以後，撒但將傾全力發動最終戰爭，但也將會被耶穌永遠地消滅。

聖經上並沒有明確標示耶穌何時會再臨，但曾提及耶穌說道：「是的，我必快來！」（啟22：20），以及記載「在主看來，一日如千年，千年如一日。」（彼後3：8），由此來看，可說耶穌再臨的日子已經近了。

從耶路撒冷宣揚至世界的基督教

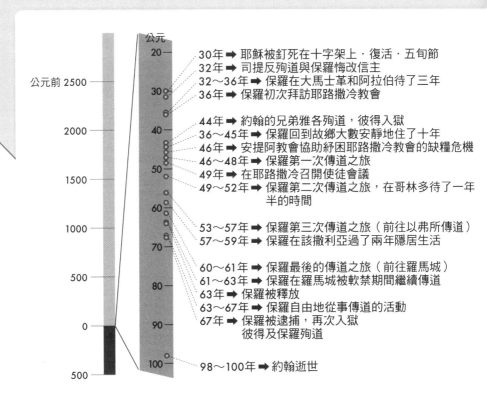

公元前 2500	公元
	20
	30年 ➡ 耶穌被釘死在十字架上・復活・五旬節
	32年 ➡ 司提反殉道與保羅悔改信主
	32～36年 ➡ 保羅在大馬士革和阿拉伯待了三年
	30
	36年 ➡ 保羅初次拜訪耶路撒冷教會
2000	40
	44年 ➡ 約翰的兄弟雅各殉道，彼得入獄
	36～45年 ➡ 保羅回到故鄉大數安靜地住了十年
	46年 ➡ 安提阿教會協助紓困耶路撒冷教會的缺糧危機
1500	46～48年 ➡ 保羅第一次傳道之旅
	50
	49年 ➡ 在耶路撒冷召開使徒會議
	49～52年 ➡ 保羅第二次傳道之旅，在哥林多待了一年半的時間
	60
1000	53～57年 ➡ 保羅第三次傳道之旅（前往以弗所傳道）
	70
	57～59年 ➡ 保羅在該撒利亞過了兩年隱居生活
	60～61年 ➡ 保羅最後的傳道之旅（前往羅馬城）
500	80
	61～63年 ➡ 保羅在羅馬城被軟禁期間繼續傳道
	63年 ➡ 保羅被釋放
	63～67年 ➡ 保羅自由地從事傳道的活動
0	90
	67年 ➡ 保羅被逮捕，再次入獄 彼得及保羅殉道
	100
500	98～100年 ➡ 約翰逝世

從軟弱轉為堅定的門徒

奉耶穌之名悔改，才能夠領受聖靈；憑著意志和實際行動，才能獲得拯救。

耶穌升天　　　耶穌被釘死在十字架上時，身旁陪伴著他的人僅有數名女信徒，和私底下相信耶穌是彌賽亞的亞利馬太的約瑟，以及尼哥德慕。

生前的耶穌最眷顧的十一個使徒（背叛耶穌的加略人猶大已經自殺），因害怕會有生命危險，已分別逃亡了。

被認為信仰虔誠、身強體壯的使徒們，害怕遭受迫害而逃亡；相對地，身體文弱、在社會上被視為弱者的女性，卻守在耶穌身旁直到最後，如此對照來看似乎有些諷刺。人的確不能光憑外表來下評斷。

可是，故事並沒有就此結束。耶穌死後，原本信心軟弱而四處逃亡的信徒，心態有了極大的轉變，變得信仰堅定且勇敢，這樣的改變相當不可思議。

首先，即是身為耶穌暗地裡的門徒——亞利馬太的約瑟，他鼓起勇氣從彼拉多那裡領回十字架上的耶穌遺體，埋葬在自己的墓穴中。

耶穌在死後第三天復活，並於接下來的四十天在門徒面前顯現。他曉諭門徒，當聖靈降臨在他們身上時，他們便會被賦予力量；並且告知他們將成為基督福音（耶穌所講的道）由耶路撒冷宣揚至全世界的見證者。之後，耶穌便離開了這個世間，回到天上去。

由於耶穌升天的影響，原本畏懼強權、信心軟弱而逃亡的門徒，都急遽地轉變為不惜犧牲生命而勇敢的福音傳教士；從以前毫無生氣、如行屍走肉般的人生，一步步邁向具有勇氣、無懼強權而活力十足的人生。這是耶穌升天後仍持續發生的奇蹟，因為耶穌的復活，眾門徒也跟著「復活」了。

MEMO

一般人多誤解「教會」指的是建築物，但教會其實是指信仰耶穌的人聚集在一起的集會，只要聚集了兩、三位以上的信徒，那裡就是教會。此外，教會

加利利人
開口說外
國語言

　　耶穌升天之後，門徒和信眾共計一百二十人，聚在耶路撒冷的一間屋子裡召開集會。

　　首先，他們打算選出一位新的使徒，來遞補因背叛耶穌而畏罪自殺的加略人猶大的空缺。

　　新任使徒所必要的條件，包括必須在耶穌生前和他一起行動過，並且見證了耶穌的復活。有兩名候選人符合所有的條件，因此便以抽籤的方式，選出馬提亞做為遞補猶大的使徒。

　　從逾越節算起的第五十天，就是五旬節的日子。這天耶穌的門徒在公開的廣場上集會，突然從天上傳來了激烈的聲響，簡直如同狂風吹過一般；此外，又有如同鮮紅火焰般的舌頭顯現，停在每個人的頭上。

　　結果，所有的人瞬間都被聖靈充滿，開始說起連本人也不

耶穌受難至五旬節

逾越節當天的星期五，耶穌受難

星期日，耶穌死後第三天復活

四十天期間，耶穌在門徒面前顯現，證明自己復活

耶穌升天

門徒從信心軟弱轉為信仰堅定

五旬節，從逾越節算起第五十天

也用來代表耶穌基督的身體，在這個情形下，耶穌代表了教會的頭，信徒則是身體的一部分。

知道是何國語言的外國話，展現了相當不可思議的奇蹟。

廣場上聚集了許多來自世界各地信仰虔誠的猶太人，他們聽到耶穌的門徒竟然講起自己國家的語言，都感到十分驚訝。鄉村出身知識水準不高的加利利人，竟能說各種外國話，令聽到的外國人都覺得難以置信，因此有人譏諷耶穌的門徒是葡萄酒喝太多，喝醉了才會變成這樣。

不過，彼得大聲地回應他們說，現在才早上九點，並沒有任何人喝葡萄酒。接著又說這是《舊約聖經》上的預言已經實現了，意即〈約珥書〉二章二十八節所記載的：「以後，我要把我的靈澆灌所有的人。你們的兒女要說預言，你們的老年人要做異夢，你們的少年人要見異象。」

憑著意志和行動才能得救

接著，彼得開始向大眾傳道，將耶穌如何誕生、如何受難死去、以及神如何讓他從死裡復活的事告訴眾人。

人們聽了他的見證，內心深受感動，於是問彼得說：「要怎麼做才能獲得拯救呢？」

彼得回答他們：「你們要奉耶穌基督的名悔改，請求赦罪，並且接受洗禮，如此就能領受聖靈。」

就在這天，大約有三千人接納了彼得所傳的道，相信耶穌是神，並接受洗禮成為新加入的信徒。

不過，洗禮雖然是一項看似了不起的儀式，但其本身並沒有拯救靈魂的力量。

要領受神所賜予的聖靈，還是必須奉耶穌的名自覺到自己是罪人，透過悔改才能夠達成；要能夠獲得救贖，也必須具有真正信仰耶穌的意志和實際行為才行。浸在水中這件事情，並不具有任何實質救人的力量。在教會裡領受餅和葡萄酒的聖餐禮，也是完全相同的道理。

〈使徒行傳〉2章42節～5章25節
初期耶路撒冷教會是共產社會

門徒公開地宣揚耶穌的教訓和復活事蹟，使猶太教的領袖們面臨危機感。

**共產社會
的經營極
為困難**

　　因耶穌死後復活而聚集在一起的信徒，以十二使徒為核心組織了原始教會（初期耶路撒冷教會）。當中，特別是耶穌生前最鍾愛的門徒彼得發揮了優秀的領導力，堅定信徒的信仰，並展開傳揚耶穌福音的教會活動。此外，全體信徒在一起過著團契生活，所有的東西大家共用，依各人的需要把物質分配給所有人，形成共產社會的生活方式。

　　乍看之下，表面上似乎很有理想性的共產社會，實際運作起來卻有其困難度，連耶穌的門徒也對於共產社會的經營感到棘手。在〈使徒行傳〉第五章中即記載到，由於強制執行共產生活的緣故，而發生了信徒偽善的事例；此外，〈帖撒羅尼迦後書〉三章十一節也記載了，不勤勞做事卻游手好閒的人很多，成天什麼事也不做專管別人的閒事，甚至還有人行淫亂之事。

　　從原始教會時代過了兩千年以後的二十世紀，在蘇聯和東歐各國也實行了共產主義，但所有的國家均在經濟層面獲得慘痛的結果，再次印證了共產制度的可行性與否。

**當權者對
彼得等人
的言行極
為惱怒**

　　彼得的話語和行動具有其權威性，以下的故事即為例證。有一天，一個生來瘸腿的乞丐向彼得乞討，要求他施捨一些金錢，彼得就奉耶穌的名把他的腳治好了。民眾看見原本瘸腿的乞丐一邊行走，一邊讚美上帝，都感到相當驚奇。於是，彼得便向眾人宣揚耶穌的死和復活事蹟，以及真正實行神蹟的是耶穌，規勸民眾應即時悔改。結果，此次新加入的信徒光是男性就多達了五千人。

　　祭司長和聖殿的守衛長對於彼得和約翰向民眾講道，並宣

MEMO

基督宗教當中有所謂洗禮的儀式。天主教會會在儀式中授予洗禮名（譯注：洗禮時所給的名字，或稱做聖名）；而新教的主流教派浸信會也會施行洗禮，但不會授予洗禮名。

揚耶穌的死和復活一事，感到十分氣惱，便將兩人拘捕，關在牢房裡一整晚。隔天，大祭司亞那、該亞法和其他猶太領袖聚集在耶路撒冷，商討該如何處置這兩人。他們看見彼得和約翰毫不畏懼，而且得知兩人不過是沒讀過書的普通百姓而已，都感到相當驚訝。於是，他們讓彼得和約翰站在會場中央，脅迫他們道：「今後，不許再以耶穌的名義傳道，倘若違背的話，就會受到嚴厲的懲罰。」

如果是從前，兩人聽到這樣的威脅必定會嚇得發抖；但如今有聖靈降在他們身上，使他們和從前判若兩人。他們可謂大膽且義正辭嚴地答覆：「聽從你們，而不是聽從上帝，這在上帝面前公正嗎？由你們去判斷吧！總之我們會繼續奉耶穌的名向大眾傳道。」大祭司和猶太領袖們實在想不出其他辦法制裁他們，最後只好將兩人釋放了。

猶太教領袖面臨可能被淘汰的危機

彼得精采的傳道和治病能力，漸漸地廣為人知，甚至有許多病人在外頭大排長龍，認為彼得路過的時候，只要能被他的影子照在自己身上，病就可以痊癒。此外，還有大批民眾帶著病患從耶路撒冷四周的城邑前來向門徒們求醫，這些病人全部都被治癒了。

對於猶太教的領袖來說，沒有比這樣的光景更令人不悅的。被自己殺害的耶穌的門徒，竟然行神蹟治好了他們無法治癒的病人，使得他們嫉妒心不禁油然而升。如此不僅有損自己的權威，也很可能失去人民的尊敬，更面臨被淘汰的危機。

於是，猶太教領袖們下令逮捕眾門徒，將他們關入牢房中，並且為了防止他們逃亡，還安裝了堅固的鎖，加派衛兵嚴加看守。然而到了半夜，天使來到了牢房，在衛兵完全沒察覺且門鎖未被破壞的情況下，將門徒釋放出來。重獲自由的門徒，宛如什麼事也沒發生過一般，又回到了會堂向人們傳揚耶穌的道。

〈使徒行傳〉5章27節～6章9節

猶太人宗教與社會的雙重結構

耶路撒冷教會內希臘化的猶太人深信耶穌是神，與猶太教之間彼此水火不容。

威脅的手段對無懼於迫害者無用

　　無論法利賽人和律法學者如何下令禁止奉耶穌之名講道，門徒完全不服從這道命令。

　　大祭司和猶太公會的議員們為此怒不可抑，於是決定要殺害這些門徒。不過，其中一位身為法利賽派的學者、且備受尊敬的迦瑪列（使徒保羅從前的老師）持有不同的意見，他告誡那些殺氣騰騰的議員，希望他們能夠謹慎處理，切莫輕舉妄動。

　　他說：「如果耶穌的門徒所教導的是虛偽不實之事，那麼他們一定不會成功；但如果他們的言行是出於遵從神的旨意，就不能夠制止他們。膽敢制止他們的話，就是與上帝敵對了。還是暫時按兵不動吧！」

　　由於迦瑪列言之成理，猶太公會的議員們都贊同他的意見。於是，他們將逮捕起來的使徒們鞭打一頓，嚴令他們不得再藉著「那人的名號」講道，然後釋放他們。這些議員甚至不願從自己的口中說出令他們深惡痛絕的「耶穌」之名。

　　然而，門徒雖然受到了鞭刑，卻認為自己是為了耶穌之名而受辱，而覺得相當值得，因此都歡歡喜喜地走出議會大門。

　　門徒們不但不畏懼迫害，反倒以此為榮耀，使得迫害行動不構成任何威脅。他們仍然天天在聖殿和個人的家中集會，熱心宣傳耶穌是救主的福音，早期耶路撒冷教會的信徒人數就這樣愈來愈多。

神的話語持續在耶路撒冷宣揚

　　教會的組成分子，大致可區分成說希伯來語的猶太人（以下稱希伯來人做為區別），以及說希臘語希臘化的猶太人兩種。

　　說希伯來語的希伯來人，是在猶太地區土生土長的猶太人；另一方面，說希臘語的希臘化猶太人則是原本分散在外

MEMO

上帝的攝理，即是神（或是聖靈）以人的利益為考量來引導治理世事。

耶路撒冷教會與猶太社會的雙重結構

說希伯來語的基督徒（希伯來人）

- 十二使徒視耶穌為使摩西律法臻至完成者
- 在跟隨耶穌的同時也不能背離摩西律法
- 基督教被視為猶太教之中的異端

說希臘語的基督徒（希臘化猶太人）

- 不認同聖殿的價值
- 只要信仰耶穌的福音，就沒必要遵守摩西律法
- 基督教是從猶太教獨立出來的宗教
- 相信耶穌是彌賽亞，是上帝的化身

說希伯來語的
猶太教徒

說希臘語的
猶太教徒

耶穌的信徒
（耶路撒冷教會）

猶太社會

國，後來回到本國定居的猶太人。

簡言之，即語言和生活習慣互異的兩種猶太人，在耶路撒冷教會單一的共同組織裡一同生活。

當然，由於語言和習慣的不同，難免會產生摩擦、不適應和誤解的情況。

從教會的經營面來說，曾有希臘化猶太人的寡婦抱怨，她們在每日的食物配給上受到了忽略。於是，使徒表示要他們撇下為神宣道而去管理伙食的事是不合宜的，他們應當以專心傳道為主。

因此，為了管理每天的伙食配給問題，教會挑選出了七位信仰堅定、深受信徒們信賴的希臘化猶太人，包括司提反、腓利、尼哥拉等，負責教會的服事工作。

就這樣教會活動得以順利地進行，神的話語逐漸傳遍耶路撒冷，信仰耶穌的猶太祭司也增加了。福音漸漸地滲透進入猶太教會的核心。

耶穌的信徒和固執己見的猶太教徒

在七位服事者之中，司提反的信仰堅定，雄辯滔滔，有著不可思議的力量，深受教會成員的信賴。

另一方面，在耶路撒冷教會外部不信仰耶穌的希臘化猶太人，卻比起使徒還要更加討厭司提反。

因為，以耶路撒冷教會的使徒為核心的希伯來人耶穌信徒，並不否定聖殿及猶太教的傳統慣例，因而被視為是猶太教之中的耶穌支派，猶太教的信徒並不厭惡他們。

換言之，他們被認為只不過是猶太教中的異議份子罷了。

然而另一方面，在耶路撒冷教會裡以司提反為代表的希臘化猶太人，則是嚴屬批判聖殿，且堅信耶穌是救主、是神。

這樣的態度和立場已經和猶太教是完全不同的宗教，而變得與猶太教之間形成對立的態勢，之後的宗教戰爭也是由此而起。

〈使徒行傳〉6章8節～7章60節
首位殉教者司提反

被石頭活活打死而殉道的司提反臨終的一席話，使得迫害者掃羅變成了大佈道家。

司提反在議會進行演說

　　不只一般人相信耶穌是彌賽亞、是神的化身（支持者大多是希臘化猶太人中的基督徒），連猶太教會內部也逐漸被滲透，使得猶太教的信徒們起了危機感。因此，猶太教的信徒們選擇攻擊這些基督徒當中的領袖代表司提反，與他挑起許多辯論，但由於司提反領受了聖靈所賜予的智慧，眾人均不敵他的雄辯之才。於是，他們使出卑劣的手段，煽動群眾、製造偽證，替司提反羅織了莫須有的罪名。就如同耶穌被逮捕、被處以十字架刑一般，這是他們慣用的伎倆。他們唆使一些人出面指控：「我聽見司提反誹謗上帝和摩西。」讓司提反被逮捕帶往公會。

　　然而，司提反在眾人的面前針對訴訟的真實性替自己提出了辯護，這就是著名的司提反的演說。

　　他演說的要旨如下：

　　①舊約時代的以色列歷史、亞伯拉罕、以賽亞和摩西等先知，都預先見證了耶穌是彌賽亞。

　　②舊約時代的以色列人不信神，沒有認真地遵守任何律法。

　　③舊約時代的以色列人壓迫並且殺害上帝所差派的先知。

　　④猶太人民就如同他們的先祖，以十字架刑殺害了上帝所差派而來的耶穌基督。

司提反的殉道促成使徒保羅的誕生

　　在審判中提出訴訟的人們，反而被司提反告發罪行。所有人聽了司提反演說都氣得直發抖。

　　於是，被頂撞的眾人不由分說將他趕出了城外，不斷對他丟擲石頭直到將他活活打死。司提反臨終前只留下一句話：

MEMO

「代罪羔羊」是指為背負所有以色列人的罪孽，在贖罪日這一天被放逐至曠野的山羊，又被稱為「阿撒瀉勒的山羊」。如今這個詞彙已衍伸為指那些替人頂罪的人。

「主耶穌啊！求你接受我的靈魂。請不要把這罪過歸咎於他們。」說完就斷了氣，成為耶穌的信徒中第一位殉道者。

當時年約三十歲的青年掃羅（後來的大使徒保羅）從頭到尾目睹了整起事件，他當時是持贊成殺害司提反的立場。掃羅原本是耶穌信徒的公敵，他破壞教會，將待在家中的基督徒從家中帶走，不分男女都送進監牢裡。在基督的信徒之間，掃羅以殘虐的迫害者之名廣為人知。為了脫離魔掌，耶路撒冷教會的成員除了使徒之外，都紛紛逃往猶太及撒瑪利亞等地區。

然而，迫害者掃羅目睹了司提反之死，又聽見他臨終所說的「請不要把這罪過歸咎於他們」，不知不覺間，這件事使他心中開始產生了極大的變化。

他後來改名為保羅，成為福音的大佈道家，也是聖經重要的作者之一，《新約聖經》二十七卷書當中，有十三卷都是出自他的手筆。耶穌的福音透過他得以從耶路撒冷傳到了世界的重心羅馬，但是這一切的發端，不僅來自於他當初贊成將司提反處以扔石頭打死的刑罰，也來自於司提反從容殉道的姿態。

司提反殉教

〈使徒行傳〉8章1〜40節
宣揚至世界的基督教

甚至連沒有受割禮的太監和外邦人，也可以因為信仰耶穌而得救，這是劃時代的教義。

迫害反倒成為基督教傳播的助力

　　猶太教徒的憤怒和憎恨，並沒有因為司提反遭到殺害而平息，甚至演變成對耶路撒冷教會展開全面性的迫害。由於迫害日益加劇，最後只剩下十二門徒還留在耶路撒冷，其餘的信徒紛紛都逃往猶太、撒瑪利亞、大馬士革等地區。

　　然而，他們在逃亡的期間仍不忘傳福音，基督教於是開始從耶路撒冷傳布到了世界各地。對基督徒的迫害，反倒成為了基督教對外傳播的助力。

　　七位服事者之一的腓利逃到撒瑪利亞之後，積極地在當地宣講福音。由於他趕走惡靈，又治療許多人的病痛，於是「腓利」的名聲在撒瑪利亞地區廣為流傳。

　　就連在撒瑪利亞地區長時間以來行邪術為生的西門，也拿錢給腓利，希望能買得醫治疾病的權柄。民眾聽了備受尊崇的腓利所傳的道，都接受了福音，紛紛受洗。

　　耶路撒冷教會得知福音在撒瑪利亞遍傳的消息又驚又喜，於是派遣彼得和約翰前往當地。他們為許多撒瑪利亞人洗禮，並賜予聖靈的智慧。於是，從前彼此敵對的猶太人和撒瑪利亞人，藉由信耶穌為彌賽亞的信仰，從此變成了「真正的朋友」。

　　此外，彼得嚴厲叱責行邪術的西門想要用金錢購買聖靈的行為。因為西門想任意自由操縱聖靈的力量，以行不可思議的事跡來誇耀自己的能力，增加信徒並藉此斂財。

　　聖靈是透過信仰耶穌並向上帝祈禱，而由上帝所給予的恩賜，是不求回報的禮物。因此，誰也不能以擁有聖靈來誇耀自己的能力，更不用說用金錢將聖靈販售給任何人從事斂財，這是絕不容許的行為。

腓利的傳道路線

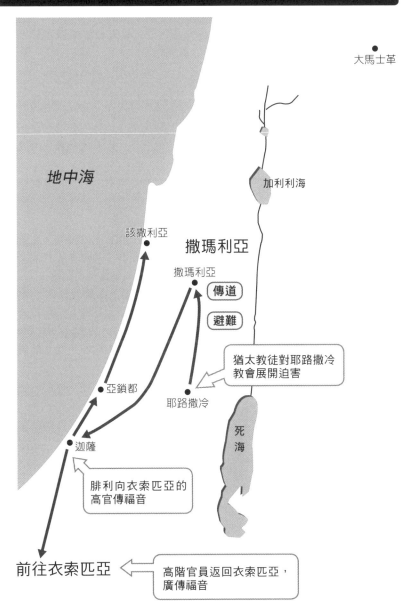

大馬士革

地中海

加利利海

該撒利亞

撒瑪利亞

撒瑪利亞

傳道

避難

猶太教徒對耶路撒冷
教會展開迫害

亞鎖都

耶路撒冷

死海

迦薩

腓利向衣索匹亞的
高官傳福音

前往衣索匹亞

高階官員返回衣索匹亞，
廣傳福音

福音在撒瑪利亞遍傳的時候，有神的使者出現在腓利的面前，對他說：「從耶路撒冷南下前往迦薩吧。」

他出發之後，在途中遇到了一位握有大權的太監，他是衣索匹亞女王干大基手下管理財產的大臣，剛結束了在耶路撒冷的禮拜，正在回程的途中，坐在馬車上讀著舊約的〈以賽亞書〉。

在聖靈的引導之下，腓利靠近了馬車，聽見這位大臣正在讀〈以賽亞書〉的聲音。腓利就問他：「你能夠理解你正在念的內容有什麼含意嗎？」對方回答：「沒有人教我，所以我並不明白。」

他所念的那段內容，正是以賽亞向猶太人預言彌賽亞即將到來的經文。於是，腓利便為他說明耶穌正是先知以賽亞所預言的彌賽亞，大臣也相信了腓利所說的話。

兩人繼續前進的路上，經過了一處有水的地方，太監說：「看哪！這裡有水，有什麼可以阻止我受洗呢？」言下之意是希望腓利能夠為他施洗，腓利也立即為他施行了洗禮。

被閹割的太監無法接受割禮，因此即使改信猶太教也不會受到認同。但是只要信仰耶穌，即使是外邦人且沒有接受割禮，也能夠得到拯救。這在當時來說，是相當劃時代的突破。

大臣應該提出了要腓利同行前往衣索匹亞，在當地傳揚福音的邀請。不過，兩人還是就此分道揚鑣。

於是，大臣滿心喜悅地南下回到衣索匹亞，他很可能就是最早將耶穌的福音傳到非洲的人。

另一方面，腓利以地中海沿岸為傳道據點，從迦薩北上約三十公里造訪亞鎖都之後，在該撒利亞建立了家庭，並持續不斷地傳播福音。

〈使徒行傳〉9章1～21節
迫害者掃羅悔改信主

掃羅由於從天而來的刺眼強光不慎落馬，並聽見來自天上的聲音，結果雙目失明。但不久後即重見光明，成為福音的宣教士。

掃羅聽到來自天上的聲音

　　耶路撒冷的基督徒因為受到迫害，而紛紛避難到撒瑪利亞及大馬士革等地方，繼續在當地傳播福音。

　　在耶路撒冷最為積極迫害耶穌信徒的掃羅，對基督徒燃起了殺意，準備花四天的路程動身前往大馬士革，在當地的會堂搜捕耶穌的信徒，不論男女一經查獲，隨即綑綁押回耶路撒冷，再將他們關入監牢。

　　精明能幹的掃羅為此前去拜見大祭司取得搜索令，獲得了搜捕耶穌信徒的正當權力。掃羅不僅身為熱心的猶太教徒，而且依照法律光明正大地迫害耶穌的信徒。

　　掃羅一行人勇猛地朝大馬士革出發。然而，當他們快要到達大馬士革的時候，卻發生了一件重大意外。突然間，從天上出現一道極強烈的光芒照射在掃羅身上，掃羅立刻從馬上摔了下來，跌坐在地上。

　　接著，他聽見一道聲音從天上傳來，對他說：「掃羅、掃羅，你為什麼要迫害我？」掃羅說：「主啊！請告訴我，你是誰？」那聲音回答他：「我就是一直受到你迫害的耶穌。起來吧！進城裡去，自然會有人告訴你應該怎麼做。」

透過亞拿尼亞的祈禱讓掃羅重見光明

　　掃羅好不容易從地上站起來，卻發現即使眼睛睜開也無法看見任何東西，與他同行的人便拉著他的手，把他帶進大馬士革城裡。整整三天的時間，他的眼睛什麼也看不見，不吃也不喝。

　　另一方面，主耶穌現身在大馬士革城裡一位名叫亞拿尼亞的信徒面前，吩咐他：「掃羅將會前來，你要照顧他。」亞拿尼亞聽了相當猶豫，因為他聽說了掃羅在耶路撒冷的惡劣行徑以及殘酷地迫害教會的作為，也知道這次他到大馬士革來，手裡還握著大祭司授予的權限，打算前來拘捕耶穌的門徒。掃羅

可以說是不折不扣的敵人，這樣的人怎麼能夠幫助他呢。亞拿尼亞一瞬間在心中閃過了這樣的念頭。但是，他還是聽從了主的吩咐行事。

掃羅因強光而落馬失明

掃羅要前往大馬士革迫害耶穌信徒的途中，被強烈的光芒照射，眼睛因此失明。之後他悔改信主，由原本的迫害者轉變為耶穌的信徒。

主耶穌對亞拿尼亞說出了他的計畫：「你只管去吧！他是我所揀選的人，我要派遣他到外邦人及其君王和所有的人面前，宣揚我的名。」

亞拿尼亞於是照著主的吩咐來到一位叫猶大的人的家，找到掃羅之後，就把手按在他的額頭上祈禱。結果，從掃羅的眼睛中似乎有鱗片掉落，他立刻又重見光明。

日本人常用的諺語「有鱗片從眼中掉落」（譯注：恍然大悟的意思），就是出自掃羅悔改信主的典故。一般認為掃羅眼睛看不見的三天期間，是象徵著他正處於內心的黑暗之中。

漫長的修行之後，掃羅開始傳道

於是掃羅站了起來，並接受亞拿尼亞為他施洗，成為基督的信徒。

歸信耶穌的掃羅便到各個會堂，宣揚耶穌就是猶太人一直期待的那位神子，但是人們都不信任他。掃羅從前身為迫害基督徒的罪魁禍首，突然宣稱自己相信耶穌就是彌賽亞，因此會被人們質疑他這麼說是想要欺騙門徒，藉以將他們一網打盡，這也是無可奈何的事。

掃羅於是前往阿拉伯沙漠，在那裡獨自默默思考了三年的時間。

其後，他回到生長的故鄉，也就是位於地中海沿岸西里西亞省的城市大數，度過十年平靜的生活，之後即前往耶路撒冷以及敘利亞省的安提阿（以後稱之為「敘利亞的安提阿」），積極地展開傳道活動，向外邦人及羅馬世界宣揚基督教。

掃羅共計有十三年的時間未曾公開露面，私底下潛心修行，但具體的內容並沒有記載在聖經上。

不過，如果對照從前耶穌長達十年未公開露面，私下研讀聖經，在開始傳道之前在曠野四十天禁食祈禱的過程來看，掃羅必定也是反覆研讀聖經，每天進行祈禱，傾聽上帝的聲音。

成就一番大事業之前，長時間的沉潛，從事不為人知的訓練是絕對必要的。

MEMO

323

在保羅的時代，同樣以安提阿為名的地方有十六處之多。其中最有名的是敘利亞的安提阿，也就是今日土耳其的安塔奇亞。

〈使徒行傳〉9章1～21節
掃羅悔改信主的緣由

成為耶穌的信徒之後，掃羅從最積極的迫害者，轉變成將基督教傳播到羅馬帝國的大佈道家。

掃羅擁有羅馬帝國的公民權

　　原本比任何人都熱衷迫害基督徒的掃羅，為什麼會如此輕易就轉變為基督徒？他那樣熱衷迫害基督徒的理由又為何？要了解背後的原因，必須對於掃羅過去的經歷有所認識。

　　掃羅在公元一世紀左右出生於大數城，是個純種的猶太人。當時的大數人口約五十萬人，既是一流的商業城市及國際都市，也是深受希臘文化影響的學術城市。

　　掃羅的父母在城裡從事帳棚的製造及販售，他從出生起就擁有羅馬公民權，這點足以證明他的父母應該是相當成功的生意人。當時的羅馬帝國是世界的中心，能夠擁有該國的公民權，是人人稱羨的特權。以今日來說，就好像擁有美國的綠卡（公民權）一樣，因此當時有很多人願意花大筆的金錢買下羅馬公民權。

　　當時生活在國外的猶太人，都會取一個方便稱呼的名字，因此少年掃羅還有另一個名字，叫做保羅。

　　掃羅出身於猶太教的家庭，他的父母都是隸屬於法利賽派的虔誠教徒。他在出生後第八天就接受割禮，在忠實遵守摩西律法的家庭裡接受嚴格的教育。從懂事開始，就徹底地研讀摩西律法和猶太民族的歷史書籍，甚至熟悉到幾乎可以背起來的地步。

掃羅是法利賽派的菁英分子

　　猶太人到了十三歲即被視為獨立的個體，因此掃羅十三歲就離開了父母，在耶路撒冷學習知識。他的老師迦瑪列，是法利賽人當中學問最淵博、人品高潔而備受尊崇，相當具有影響力的一位學者。

　　之前即提到過，迦瑪列就是那位審判彼得和約翰時，對於判決結果提出不同意見的賢者。

　　偉大的學者迦瑪列眾多弟子之中最優秀的掃羅，也被期許
將來能成為律法學者當中的新血。

　　他不僅在學問上出類拔萃，也是以身為上帝所揀選的猶
太民族為自豪的激進愛國者，極富有正義感。簡言之，掃羅擁
有希臘文化的成長環境背景、羅馬公民權以及猶太教徒三重身
分，是法利賽派的菁英分子。

　　掃羅在迦瑪列門下學成之後，便回到了故鄉大數，因此與
生前的耶穌從未謀面。後來，不知為何造訪耶路撒冷的掃羅，
便聽到了耶穌信徒司提反的演說。

使徒保羅的生平

時間（公元年）	生平事蹟
～1年	出生於地中海國際城市大數的純種猶太人，雙親為法利賽派。出生八天後接受割禮
13年	在耶路撒冷師承迦瑪列門下學習知識
30年	目睹司提反殉道。全力迫害基督徒
33年	前往大馬士革途中，戲劇性地悔改信主
33～36年	在阿拉伯潛心修行三年
36～45年	回到故鄉大數，安靜地生活十年
46～48年	第一次傳道之旅：前往小亞細亞傳道
49～52年	第二次傳道之旅：前往希臘傳道
53～57年	第三次傳道之旅：前往以弗所傳道
57～59年	在該撒利亞隱居兩年
60～61年	最後的傳道之旅：前往羅馬傳道
61～63年	在羅馬城被軟禁
63年	被釋放出來
63～67年	自由地從事傳道活動（在西班牙傳道）
67年	再次被逮捕入獄，然後在羅馬城殉道

注：掃羅是希伯來名；保羅是羅馬名

對於身為法利賽人的學者掃羅而言，司提反的演說內容聽起來就是在冒瀆聖殿與摩西律法而已。也就是說，掃羅認為司提反和耶穌一派，只不過是猶太民族的叛徒罷了。

於是，富有正義感和愛國心而被司提反的演說激怒的掃羅，竟一心為了上帝而贊成將司提反處死。掃羅親眼目睹司提反之死，是在他三十歲左右的事。但是，當他見到司提反臨死的情況時，並未意識到這件事已經在他內心深處引起了強而有力的變化。

殉教者司提反臨終之言動搖了掃羅

擁有豐富的學識、富有正義感、又是激進愛國者的掃羅，極端厭惡不成氣候的事物，因此將耶穌一派視為異端，打算斬草除根而展開徹底的迫害。為了追趕從耶路撒冷逃走的耶穌信徒，掃羅出發前往大馬士革。途中，他被天上突然出現的一道強光照射到，從馬上摔落跌到地上。

這時候，掃羅的腦中浮現了司提反臨死前被聖靈充滿的表情，司提反臨終一言：「主耶穌啊，請求你接受我的靈魂吧！不要把這罪過歸咎於他們！」又再次鮮明地迴響在他耳際。

搞不好是自己做錯了？為了上帝，為了自己所相信的正義而鎮壓耶穌的信徒，或許其實在上帝的眼裡看來是大錯特錯的？掃羅開始在心裡對自己產生了強烈的質疑，而這或許也就是來自天上的光要照向他的用意吧！

也許耶穌的信徒在上帝的眼中是義人？如果是這樣，那麼鎮壓上帝眼中的義人，自己豈不成了與神為敵的人？掃羅不得不重新思考自己以往的人生重心。他整整三天的時間完全不吃也不喝，或許就是在拚命思考這個問題。

之後，掃羅將問題想通並發現自己犯了錯，此時，他的眼睛又能看見了。

從這時起，掃羅從原本耶穌信徒最強力的迫害者，態度起了一百八十度的轉變，因為他背負著將基督教傳到羅馬帝國責無旁貸的重大使命。

從此以後，掃羅便改名叫做保羅。

〈使徒行傳〉9章26～30節・11章22～26節
巴拿巴建立安提阿教會

保羅的講道聚集了大批的信徒。後來安提阿教會成為「基督徒」這個稱謂的發祥地。

保羅被法利賽人追殺

　　在阿拉伯結束三年修行的保羅，返回耶路撒冷打算傳耶穌的道，但門徒都不信任他。這對保羅來說是一大打擊。不過，塞浦路斯出身而胸襟寬大的使徒巴拿巴，則出面替他解圍。

　　巴拿巴信仰虔誠，相當受到眾人的信賴。巴拿巴向門徒說明保羅在前往大馬士革途中見到主耶穌的情形，以及他悔改歸主的事，總算說服了耶穌的信徒願意相信保羅。

　　多虧了巴拿巴，保羅終於被認同是耶穌信徒的身分，教會也接納了他。

　　但是，保羅從前的同伴法利賽人卻視他為叛徒，而且亟欲要將他殺害。在信徒們的幫助下，保羅好不容易才安全返回了故鄉大數。

　　接著，保羅在故鄉大數待了十年，獨自過著修行的平靜生活。

　　另一方面，自司提反殉教起，因遭受迫害而從耶路撒冷分散到各地的耶穌信徒，都在當地繼續積極地宣揚福音，耶穌的福音也因此遍及撒瑪利亞、大馬士革、腓尼基、塞浦路斯、敘利亞的安提阿等地。

巴拿巴被派往安提阿教會

　　信徒們傳道的對象清一色都是猶太人，但安提阿教會的做法完全不同，他們也向外邦人傳道。

　　敘利亞的安提阿聚集了來自各國從事貿易及文化交流的大量人口，是個富有國際色彩的大都市。這座城市也吸引了信耶穌的外邦人來到這裡，向許多希臘人積極地宣教，使得歸信主耶穌的希臘人也變多了。

　　這風聲很快就傳到了耶路撒冷教會，教會便決議要派使徒

MEMO

十二使徒是曾經和生前的耶穌一起行動，並且見證了耶穌復活的門徒中被揀選出來的。保羅並沒有跟隨過生前的耶穌，而是透過復活的主耶穌基督直接任命為使徒。

前往安提阿教會支援宣教活動。

　　派去支援的人選，必須是一位信仰堅定、具有帶領教會的領導力、同時又熟悉外國事務的人。要符合以上條件的人材，實屬難尋。

　　然而，有一個人選恰好符合資格，那就是塞浦路斯出身的巴拿巴，他被譽為是「聖靈和信仰充滿的人」，也是可以與殉教的司提反相提並論的優秀信徒。

巴拿巴邀請保羅共同傳道

　　抵達安提阿的巴拿巴，見到許多人們都在尋求信仰，心中不禁想：「這一定要好好地提起勁來宣教才行，要到哪裡找一個頭腦好又有勇氣的人一起來完成這大業呢？」這時他的腦中立刻浮現出熟知聖經、學識豐富、既有勇氣又富有正義感的保羅。

　　於是，巴拿巴立刻啟程前往大數探訪保羅，並告訴他這是他出來為主宣教的時機了。此時從保羅往大馬士革途中悔改歸主，被耶穌任命為使徒至今，已歷經了十三年的歲月。

　　保羅很高興地答應了巴拿巴的邀請，於是兩人花了整整一年的時間，盡全力指導安提阿教會。

　　保羅的講道相當具有魄力與影響力，使得許多人都歸信了耶穌。

　　這些信徒首次被稱為了「基督徒」，安提阿教會即是基督徒這個稱謂的發祥地。自此之後，耶穌的教訓和福音也漸漸被稱做「基督教」。

　　一舉將在故鄉大數安靜生活的保羅推向宣教舞台的巴拿巴，不僅是「聖靈和信仰充滿的人」，也是個慧眼獨具的優秀信徒。

　　而這件事情同時也顯示了與他人的相聚或別離，有時也會成為人生重大變化的轉捩點。

〈使徒行傳〉12章1～23節
耶路撒冷教會遭受迫害

聖經上嚴禁將君王神格化的行為。希律‧亞基帕犯了此項禁忌而被蟲咬死。

希律‧亞
基帕逮捕
彼得

在公元三〇年時，將耶穌處死的兩位當權者相繼退位，一位是猶太總督彼拉多，他在公元四一年退位；另一位是統治加利利地區的希律‧安提帕，他在公元三九年去世。於是，猶太全境便由大希律王的孫子希律‧亞基帕所統治，他於公元四一年至四四年間在位。

希律‧安提帕的個性和祖父大希律王很相像，相當狂暴殘忍，耶路撒冷教會因他而遭受了極大的迫害。由於希律家並非屬於純正的猶太血統，因此而感到自卑的希律‧亞基帕，便藉此做為贏得猶太社會領導階層支持的手段。他的祖父大希律王也曾為了這個緣由興建豪華的聖殿，而身為孫子的希律‧亞基帕所想到的方法，就是壓迫耶路撒冷教會。

他首先做的第一件事，就是用劍砍殺約翰的哥哥雅各（加利利海的漁夫西庇太之子，大雅各），此舉受到猶太人一致的推崇。就這樣，十二個使徒當中出現了首位殉教者。此外，希律王認為若在逾越節時當眾公開審判彼得並處死他，就能進一步獲得猶太人民的支持，因此他下令拘捕彼得，用兩條鎖鍊銬住他關入牢房裡。為了防止他脫逃，還加派十六名士兵輪班，進行嚴密監視。身為耶路撒冷教會最高領袖的彼得遭到了逮捕，信眾們也只能為他向上帝懇切地祈禱，沒有別的辦法可行。

耶穌派來
的天使救
出彼得

然而，就在希律‧亞基帕將彼得提出來公審的前一晚，正當眾人安靜熟睡的時候，忽然有天使降臨把彼得叫醒，解開他身上的鎖鍊，並打開牢房的鎖，協助他逃走。

彼得不覺天使前來幫助他的事是真實發生了，還以為自己看見了幻象。直到天使離去後，彼得才恍然明白，是主耶穌差遣天使救他脫離險境。於是，他回到了同伴那裡，向信徒們報平安，眾人都齊聲讚美神的大能。

之前，耶路撒冷教會因為彼得遭到逮捕，只好推派耶穌的弟弟雅各帶領信徒傳福音。彼得知道希律・亞基帕的手下一定會前來追殺他，於是拜託耶穌的弟弟雅各繼續領導耶路撒冷教會，然後就逃往別的地方去了。

希律・亞基帕被蟲咬而猝死

希律・亞基帕聽說彼得越獄逃亡的消息，便親自搜查，最遠甚至搜查到了距離耶路撒冷將近一百公里處的該撒利亞，但是彼得已完全逃逸無蹤。希律・亞基帕認為是有看守彼得的士兵內神通外鬼，和基督教徒站在同一邊，才會讓彼得逃走，於是開始盤查所有看守的士兵。可是，無論怎麼查就是查不出任何線索，最後他乾脆把這些士兵都殺了，果真相當地殘虐無道。

希律・亞基帕對於向國內購買糧食、位於巴勒斯坦以北地中海沿岸的城市推羅和西頓的人民懷有敵意。這些城市基於對希律・亞基帕有糧食供給的需求，不想與他形成敵對關係，於是派代表團前來尋求和解。就在和解的慶祝典禮當天，來自推羅和西頓的使者恭敬地向希律・亞基帕呈獻禮物，使得他龍心大悅，就在使者的面前向人民發表談話。他穿上華麗而閃閃發亮的王袍，在日光的照耀下看來熠熠生

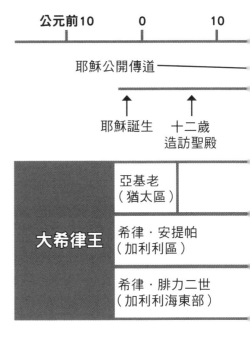

輝，使者們無不嘆為觀止。於是，他們直呼：「太了不起了，
這不是凡人的聲音，而是神的聲音。」將希律‧亞基帕當成神
一般地崇敬。此時，天使立刻擊打希律‧亞基帕，讓他被蟲咬
而死。

　　這是因為希律‧亞基帕沒有把榮耀歸給神，把君王神格化
是聖經上嚴格禁止的行為。犯了這項禁忌的希律‧亞基帕，便
在公元四四年時，突然暴斃身亡。

耶穌的福音與新約時代的當權者

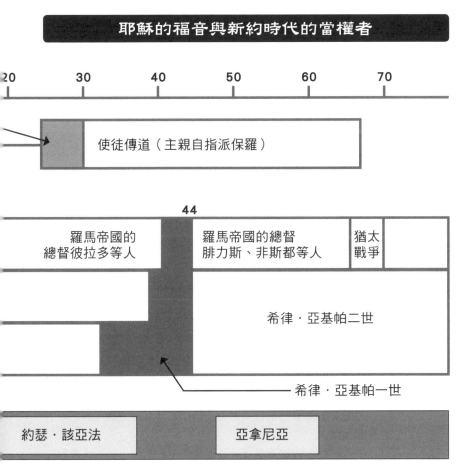

巴拿巴和保羅決心向世界宣教

巴拿巴和保羅擁有強烈的使命感，決心將耶穌的教訓（福音）傳到全世界。

運送救援物資給耶路撒冷教會

羅馬皇帝革老丟在位（公元四一～五四年）的時候，包括巴勒斯坦及其周邊地區在內，發生了多次大規模的饑荒。

猶太地區一帶的饑荒是發生在公元四五～四六年，這使得耶路撒冷教會陷入斷糧的危機，教會成員必須過著艱苦的日子。

這個消息傳到了安提阿教會，於是信徒們決議每人衡量自己的能力，分送食物和金錢救濟住在猶太地區的信徒。募集而來的救援物資，就交由巴拿巴和保羅這兩位教會領袖，負責運送到耶路撒冷教會。

像這樣的救援行動，也是正規教會活動當中的一環。個別的教會即使獨立運作，也會在信仰、人材、物資各方面，進行相互的交流和協助。這個優良的傳統，至今仍然持續傳承。

巴拿巴和保羅將食物及金錢運送到了耶路撒冷教會，他們也勸勉那些煩憂以及灰心喪志的人，鼓勵他們振作起來。

雖說暴君希律·亞基帕在公元四四年去世，但對於耶路撒冷教會的壓迫從未停止。

猶太教的激進派如奮銳黨等宗教團體，如同恐怖分子一般，持續攻擊那些被視為背叛猶太教的耶穌信徒。

為向世界宣教而展開策略演練

耶路撒冷教會的信徒們因為害怕遭受迫害而退縮，這也是理所當然的。

但是有一個不容忽略的事實，那就是他們雖然接受耶穌是彌賽亞（救世主），但在生活上仍然恪遵摩西律法，在孩子出生的第八天為他舉行割禮，忠實地遵守著猶太教的戒律。

他們對耶穌的信仰，到頭來只是將其理解成猶太教當中的耶穌支派。

巴拿巴和保羅看到了耶路撒冷教會的現況，對於這裡與安

提阿教會之間極大的差異性感到相當驚訝。在他們看來，耶路撒冷教會的信徒太過受制於猶太律法的束縛，過著極為不自由的信仰生活。

相對地，在安提阿教會則是完全脫離了猶太教的囿限，自由的猶太人和外邦人均信仰耶穌的教訓，信徒日益增加，教會充滿了活力而生氣蓬勃。

巴拿巴與保羅認為，耶穌的教訓（福音）不應只單單宣揚給猶太人及猶太教內部而已，他們更有著將福音傳遍全世界且捨我其誰的強烈使命感。這時兩人已有了心理準備，決心一肩扛起向世界傳道的重擔。

他們兩人在返回安提阿教會的途中，不斷想著應該要如何向世界宣教，以及思索著實行的步驟和規則，並制定傳道的方法和策略，開始為日後的宣教活動做準備。

第一次傳道之旅至小亞細亞

保羅在路司得城治好生來瘸腿的人而獲得讚賞，但他將榮耀歸給了神。

經由塞浦路斯島進入小亞細亞

安提阿教會陸續有新的信徒加入，勢力逐漸壯大起來。

信徒們懇切地祈禱，因此聖靈告訴他們：「要差派最強而有力的宣教士巴拿巴和保羅，將我所說的話宣揚出去。」

就這樣，國際色彩濃厚的安提阿教會，成為將福音傳播向世界的發信地。以保羅為中心向世界傳道的宣教活動，總計有三次是從安提阿教會出發。

於是，教會成員差派巴拿巴和保羅出去傳福音，這就是第一次傳道之旅（公元四六～四八年）。兩人從西流基搭船前往塞浦路斯島，並讓巴拿巴年輕的表弟馬可以助手的身分，也參加了這次的旅行。

他們三人的目標是小亞細亞，於是便搭船從塞浦路斯島朝向西北方出發，抵達旁非利亞省（今日土耳其西南沿岸地區）的別加。

小亞細亞（位於黑海和地中海之間突出的半島，即今日的土耳其）隸屬於羅馬帝國的統治下，地中海沿岸港口大開，有著完備的道路設施與文化建設。不過，若是從沿岸繼續往內陸走，路況就變得很差，連步行都不甚容易，這一帶經常有盜賊出沒。

巴拿巴和保羅為了傳耶穌的福音，決心走上這條險路。但是，年輕的馬可見到如此艱難的狀況，就害怕了起來，在別加乘船獨自返回耶路撒冷。馬可臨陣退卻，讓保羅大為失望。

保羅遭到猶太人民的嫉妒

不過，巴拿巴和保羅仍然從別加繼續踏上旅程，進入了小亞細亞彼西底省的安提阿（與傳道之旅的出發地——敘利亞省的安提阿，是不同的地方）。

在新的城市裡，保羅首先拜會當地的猶太會堂。人們固定

MEMO

今日的亞洲（Asia）東至日本，北至西伯利亞，南到印尼，西到土耳其，涵蓋了廣大的區域。不過，在《新約聖經》裡的亞西亞（Asia），指的則僅限於「小亞細亞」區域，也就是今日土耳其西部地區。

第一次傳道之旅的路線

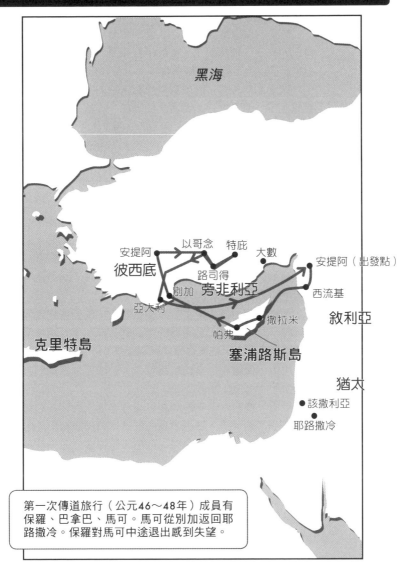

黑海

安提阿
彼西底

以哥念　特庇

大數

安提阿（出發點）

路司得

別加　旁非利亞

西流基

亞大利

撒拉米

敘利亞

帕弗

塞浦路斯島

克里特島

猶太

●該撒利亞
●耶路撒冷

第一次傳道旅行（公元46～48年）成員有
保羅、巴拿巴、馬可。馬可從別加返回耶
路撒冷。保羅對馬可中途退出感到失望。

會在安息日時在會堂朗讀律法和先知書，並按照慣例給予出席者發言的機會。

於是，保羅述說了猶太人逃出埃及、大衛王的故事、上帝與王的約定、依照約定大衛的子孫中誕生了耶穌，而耶穌正是大家長期以來等待的那位彌賽亞……等等的故事。

猶太人和外邦人聽眾對於保羅所講的道反應非常熱烈，希望他在下一個安息日能再次出席講道。保羅答應了這個邀請，在下個安息日時再度講道，這次的反應又比上次更為熱烈。

然而，其中也有猶太人因為忌妒而毀謗保羅，並且煽動負責會堂運作、富裕而敬虔的猶太教婦女和城裡的有力人士，將保羅和巴拿巴趕出境外。

保羅展現
醫治瘸腿
的神蹟

之後，他們在以哥念（今日土耳其中南部的城市空雅）這個地方，也同樣進入了猶太會堂裡發言講道，就有大批的猶太人和希臘人加入耶穌的信仰。但是，兩人得知反對者打算用石頭打死他們，就在千鈞一髮之際，及時逃往了路司得（羅馬帝國統治下位於加拉太省的一個小城市）。

保羅在路司得治好了生來瘸腿的人。人們見到這個神蹟，便稱呼年長的巴拿巴為希臘的至高神宙斯，並且稱呼保羅為宙斯的使者漢密士，把使徒當成神明獻祭。

不過，保羅和巴拿巴告訴眾人，神蹟不是靠他們自己的力量發生的，而藉此機會宣揚福音。

然而，彼西底的安提阿和以哥念等地反對福音的猶太人，專程來到了路司得，慫恿當地的群眾，將保羅拖出去用石頭打他。保羅倒在地上無法動彈，他們以為保羅已死，就各自回家去了。

之後，保羅就從地上站了起來，和巴拿巴一起進入特庇（今土耳其南部的城市）繼續傳道。

特庇是這次傳道之旅的折返地點。他們從這裡又再次經過已傳過福音的路司得、以哥念，然後踏上歸途返回出發地，即敘利亞的安提阿教會，結束了第一次的傳道之旅。

〈使徒行傳〉15章1～30節
基督教從猶太教中完全獨立

基督教確立了其基本教義，只要信奉耶穌為彌賽亞，不必行割禮也不用遵守律法。

人們唯有相信耶穌是彌賽亞才能得救

保羅和巴拿巴在第一次傳道之旅中獲得了許多新的信徒，兩人滿懷喜悅地返回安提阿教會。

此外，他們旅途外出的這段期間裡，安提阿教會的眾門徒們仍然繼續積極地傳教，信徒人數也愈來愈多。由於敘利亞的安提阿是一座國際都市，因此許多新的信徒都是外邦人。

身為外邦人的他們，既沒有受過割禮，也不受制於摩西的律法，只靠著信奉耶穌為彌賽亞，即立刻成為耶穌的信徒。

再者，洗禮充其量只是證明其為基督徒的儀式。保羅和安提阿教會認為要能被基督拯救的條件，單單只要透過相信耶穌是彌賽亞就能達成。

然而，有幾位從耶路撒冷教會而來的信徒，教導安提阿教會的信徒除非遵守摩西的律法以及接受割禮，否則不可能獲得拯救。這件事在教會內部引起了極大的騷動。

他們的主張，固然是耶路撒冷教會裡希伯來人對於基督教的看法，但與保羅和安提阿會的教義卻大相逕庭。

這是個相當重大的問題。因此，保羅和巴拿巴代表了安提阿教會前往耶路撒冷教會，與使徒及長老們討論這個問題。

彼得的發言使與會成員沉默不語

這次的討論被稱為了「耶路撒冷會議」。在會議當中，雙方針對教義的問題反覆進行激烈的辯論。

舉例來說，有原本身為法利賽派後來改信耶穌的信徒，主張外國人也必須要接受割禮，遵守摩西的律法才行。

然而，此時彼得發表了一段相當重要的見證。

他向與會人員分享了自己向外邦人傳福音的的親身體驗，並表示外邦人聽了福音信了耶穌，上帝也同樣把聖靈賜給了

MEMO

在《新約聖經》裡，信奉耶穌為神的男性教友稱做「兄弟」，女性教友則做「姊妹」。在今日的基督教會裡，教友們也多以兄弟姊妹相稱。

獲得拯救的條件

猶太教認為的得救條件

1 信仰上帝

2 接受割禮

3 遵守摩西律法

猶太人認為透過耶穌得救的條件

1 信仰上帝

2 接受割禮

3 遵守摩西律法

4 相信耶穌是彌賽亞（救世主）

保羅和安提阿教會認為透過耶穌得救的條件

相信耶穌是彌賽亞（救世主）

他，就如同賜給猶太人一樣，表明了上帝只憑信仰來潔淨信徒的心，並不會因為任何人而有不同的差別；況且，連猶太人自己的祖先都無法徹底遵守摩西律法，卻要求外邦人要將這擔子挑起，這根本是違背神的旨意。

聽完了彼得的這番話，所有與會的成員都沉默了下來。

雅各做出最後的決議

此外，保羅和巴拿巴將他們到外邦傳道的狀況、以及福音在外邦人之間也廣傳開來的事情，告訴了在場的人士。

兩人說完之後，雅各便以身為耶路撒冷教會指導者的身分，支持彼得的主張，並做出了最後的決議。

總括來說，外邦人無需遵守摩西律法，也沒有義務接受割禮，但是應避免崇拜偶像，也不可吃被勒死的牲畜。

使徒和長老們（教會的領袖），將這項決議寫在了信上，分送給各個教會。

保羅和巴拿巴帶著這封信回到了安提阿教會。教會的成員讀完這封信喜出望外，就更積極地展開傳福音的工作。

於是，基督教的基本教義就此確立。信徒不用接受割禮，也不必受制於律法的束縛，只要相信耶穌是彌賽亞（救世主），上帝就會給予恩賜，使信徒得到拯救。

過去被視為猶太教支派的基督教，如今終於透過教義的確立脫胎換骨，從猶太教中完全獨立了出來。

第二次傳道之旅來到希臘

原本信心軟弱的青年馬可成長了，成為撰寫〈馬可福音〉的作者，居於重要的地位。

因馬可的問題而意見相左

從割禮及摩西律法的束縛中解放的安提阿教會，在保羅和巴拿巴的帶領下，教會日益興旺。

過了些時日，保羅向巴拿巴提議：「讓我們回到從前傳福音的各個城鎮去，看看信徒們的情況如何？」巴拿巴相當贊成，兩人就這樣開啟了第二次的傳道之旅（公元四九～五二年，參照第343頁地圖）。

然而，為了挑選這次旅行的人選，保羅和巴拿巴之間發生了激烈的爭執。

巴拿巴希望能夠帶馬可同行。在上次的旅行途中，馬可擅自臨陣退卻，沒有完成傳道的任務，獨自從別加先行返回了耶路撒冷。但是，巴拿巴因為偏愛自己的表弟馬可，所以想要再給他一次機會；不過保羅認為馬可並非合適的人選，而強烈否絕了巴拿巴的提議。

然而，要不要帶馬可一起傳道旅行，其實只是小小的問題而已，背後其實卻隱含著更重大的問題，那就是保羅和巴拿巴在傳道方針上有了歧見。

巴拿巴信仰堅定，任何人都信賴他，可說是社會的菁英分子。但是他太過於感情用事，這點與凡人無異。如果給予巴拿巴主導權，必定無法達成將福音遍傳的使命。

巴拿巴和馬可返回故鄉塞浦路斯島

結果，巴拿巴帶著表弟馬可回到了故鄉塞浦路斯島繼續傳道，保羅迫於無奈，不得不和他們兩人分道揚鑣。

相較於回到故鄉塞浦路斯島安靜傳道的巴拿巴，保羅則是從未再踏上故鄉大數一步，頂多只是路過而已。為了宣揚福音，他長年奔波世界各地。

　　保羅志在世界，而巴拿巴則是時常思念起自己的故鄉，無法捨棄這樣微小的牽絆。從此以後，巴拿巴就從歷史的舞台上消失了。

　　保羅與巴拿巴和馬可分道揚鑣，並不是出於個人的好惡，單純只是考量到要如何才能使福音傳得更遠。

　　他仍然將分別的巴拿巴看做是自己的夥伴，這點從聖經中的〈歌林多前・後書〉即可明白。

　　另外，原本信心軟弱的青年馬可，後來搖身一變成為了堅定的信仰者，並深受保羅的信賴，成為他重要的得力助手活躍於當時。

　　這名青年正是撰寫〈馬可福音〉的作者馬可本人。而之後馬太和路加在撰寫各自的福音書時，〈馬可福音〉也成為了他們不可或缺的重要參考依據。

耶穌的道傳到了歐洲

對猶太人而言，耶穌的教義有如洪水猛獸，因此他們百般阻撓保羅等人的宣教活動。

青年提摩太參與第二次傳道之旅

　　與巴拿巴分道揚鑣的保羅，選了西拉與他結伴同行。西拉不僅擅長於預言和講道，同時也是擁有羅馬公民權的猶太人，是傳道旅行的不二人選。西拉很榮幸能夠和尊敬的老師保羅一同傳道，於是在安提阿教會信眾的目送下，兩人踏上了旅途。

　　他們走陸路從大數城出發，中途取道西里西亞省，然後進入小亞細亞的路司得。在那裡有一位信仰堅定的門徒，他是深受當地人民信賴的青年提摩太。保羅為了讓提摩太加入傳道行列，便親自為他施行了割禮。保羅雖然先前強烈反對行割禮，但他之所以這麼做有兩個理由。第一，提摩太的父親是希臘人，母親是猶太人，由於側重母親方面血統的緣故，他被視為是猶太人，所以有行割禮的義務；此外猶太人也會認為，如果提摩太不接受割禮，就必須捨棄猶太人的血統，選擇身為外邦人的身分。第二，若施行了割禮，路司得的猶太人就會願意接納他，而能夠在宣教上發揮效果。一般認為保羅是基於上述的理由，所以為提摩太施行割禮。簡要來說，保羅主要是考量要如何最有效地宣傳福音，因此採取了臨機應變的權宜之策。於是乎，第二次傳道之旅的成員，包括了保羅、西拉、提摩太等三人。

義大利

西西里島

　　此外，這次旅行目的之一是要走訪上次傳教時在小亞細亞各地新建立的教會，確認「耶路撒冷會議」決議的施行結果，並且勉勵各教會積極投入福音的工作。

　　於是，保羅一行人再往西走，抵達了特羅亞（位於特洛伊以南十六公里處的城市）。特羅亞是個海港都市，從這裡過了海就是歐洲大陸。

第一、二次傳道之旅的路線

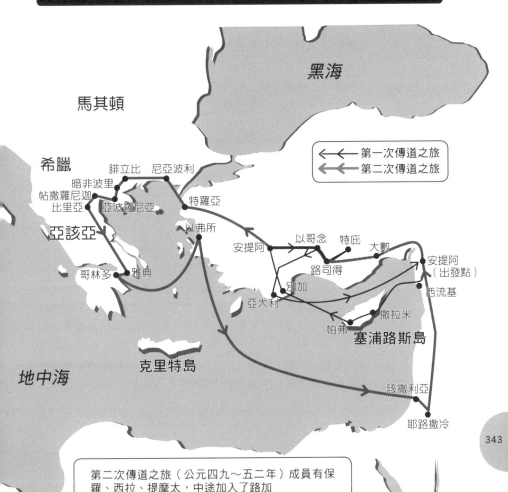

黑海

馬其頓

希臘

腓立比　尼亞波利
暗非波里
帖撒羅尼迦　亞波羅尼亞　特羅亞
比里亞
亞該亞　　以弗所

以哥念　特庇
安提阿　　　　　　大數
路司得　　　　安提阿
（出發點）
別加　　　　　　西流基
亞大利
撒拉米
哥林多　雅典　　　　　帕弗
塞浦路斯島

克里特島

地中海

該撒利亞

耶路撒冷

←← 第一次傳道之旅
←← 第二次傳道之旅

343

第二次傳道之旅（公元四九～五二年）成員有保羅、西拉、提摩太，中途加入了路加

**路加加入
傳道行列**

然而，當保羅站在特羅亞的港岸邊時，卻對於渡海到歐洲傳道一事感到相當猶豫，便決定還是暫且擱下此事，先留在小亞細亞傳道。但是，原本已如此打定主意的保羅卻看見了一個異象，有個馬其頓人前來求他，希望保羅能夠渡海來到馬其頓幫助他們。保羅認為這異象是上帝要召他們前去傳福音給馬其頓人的意思。此時路加（〈路加福音〉和〈使徒行傳〉的作者，是一位醫師和歷史學家）也前來加入保羅的行列，傳道的成員增加到了四人。

於是，保羅一行人從特羅亞乘船出發，隔天在尼亞波利（馬其頓的大城腓立比的港口）上岸，接著抵達馬其頓省的第一大城腓立比。耶穌的教義由此終於傳到了歐洲。保羅將腓立比視為在馬其頓傳道的最初據點，隨即展開了重點式的宣教活動。有一位販賣紫色布匹的婦女呂底亞聽了保羅講道，主開導了她的心，她就歸信了耶穌的福音。而且不只是她，連她的家人也都歸信耶穌，全家人都接受了洗禮。之後，路加就留在了腓立比繼續傳道。

保羅一行人接著經過希臘北部的城市暗非波里和亞波羅尼亞，來到了主要城市帖撒羅尼迦。

保羅進入了帖撒羅尼迦的猶太會堂，一連三個安息日都在會堂中向人們講道，當中有一些人便成了信徒。然而，那些心生嫉妒的猶太人糾集了一些市井流氓，將保羅等人趕出了城外。

**保羅隻身
前往雅典**

於是保羅一行人從帖撒羅尼迦往西移動了八十公里，來到鄰近的城市比里亞。這裡的猶太人都是良善的人，每個人都聚精會神聽保羅講道，並認真地翻查聖經，看保羅所說的是否屬實。因為這樣，有許多人都加入了信仰的行列。然而，帖撒羅尼迦的猶太人風聞保羅的事跡，強烈感受到耶穌的教義對猶太人的傳統社會構成威脅，於是專程追到比里亞來，並煽動群眾引起暴動，妨礙保羅等人的宣教。保羅於是暫時將西拉和提摩太留在了比里亞，然後在導遊的帶領下，隻身前往雅典。

〈使徒行傳〉17章16～34節
保羅在雅典學者面前演說

因感嘆雅典人們崇拜偶像的腐敗內心，保羅在亞略·巴古的議會上進行了一番演說。

雅典城到
處充斥著
偶像崇拜

　　希臘的大都會雅典，是學術與文化的重鎮。在這裡傳福音是保羅長年以來的夢想。保羅趁著等待西拉和提摩太前來與他會合的空檔，在雅典城內四處遊覽。

　　然而，他看到雅典人民將那些追求藝術極致表現的偶像當做神來崇拜而大感失望。他並不是對藝術的東西反感，而是感嘆崇拜偶像的人們內心的腐敗。

　　當時的希臘哲學家分成極端的兩派，一個是伊比鳩魯派，追求現世的快樂；另一方則是斯多噶派，禁止現世的享樂，崇尚禁欲主義。

　　無論哪個時代，都會存在著這兩種不同的生活方式。施洗約翰穿著簡陋的衣服，食用蜂蜜和蝗蟲維生，可以說他是屬於斯多亞派；此外，耶穌受弟子招待而出席宴會，則可以將他視為伊比鳩魯派。

　　保羅並不認為應當要捨棄應有的日常生活，而是主張不應受限於日常需求的束縛。然而，無論伊比鳩魯派的學者或是斯多亞派的學者，都很期待保羅跟他們站在同一邊，但當他們仔細聽完保羅的主張後，發覺不符合他們的預期都大失所望。這些學者們都認為，保羅不過是個對知識一知半解的傻子罷了。

保羅在亞
略·巴古
的長篇演
說

　　然而，當他們聽說了保羅在傳外邦的神，都對於他所講的道很感興趣。於是，學者們帶著保羅前往亞略·巴古的議會，想要調查他說的內容是否屬實。亞略·巴古是討論學術的殿堂，保羅便在此對著這些窮其一生探求真理的學者們，滔滔不絕地講述耶穌的福音。

　　首先，保羅講到了雅典人具備有堅定的信仰心，因為他在城裡發現了一座祭壇，上面寫著「獻給不認識的眾神們」。接

著他便由此切入主題，說他要為大家介紹一位雅典人所不知曉的上帝。

保羅發表了數小時的長篇演說，其內容梗概大約可分成以下四點：

①創造宇宙及世間萬物的上帝，並不居住在人的手所打造的聖殿裡；而且，也不會存在於人的手所打造出的偶像上。

②上帝從單一一個人造出了所有的人。

③上帝原諒人們至今為止製造並崇拜偶像的罪過，但如今他要吩咐眾人必須悔改。

④上帝差遣耶穌為彌賽亞（救世主）來到地上，讓他在十字架上受死為所有的人贖罪，並且讓他從死裡復活。

保羅的演說從宇宙的創造說起，接著陳述歷史與進化的過程，在場聽眾無不全神貫注聆聽保羅所說的話。

保羅原本就是個一流的知識分子，學者們對於他所講述有關自然、歷史、哲學的部分，都感到相當地心悅誠服。

雅典人多半不相信耶穌復活

但是，當保羅講起耶穌的復活，聽眾們的態度就從先前的尊敬一下子轉為輕蔑。有人譏笑他這種說法，也有人說：「有空再聽你講這個吧！」說完就離席了。於是，結束演說的保羅，就從他們當中悠然地離去。

如果保羅不提起耶穌的復活，這次的演說將以鼓掌叫好收場。學者們必定會認為保羅是個博學多聞的人，並且接納他為同伴歡迎他。

但是，即使保羅早就預知會引起眾人強烈的反彈，甚至遭受到輕蔑，他還是大膽地講述了耶穌復活的事蹟。

雖然果真如預期地引起反彈，然而還是有幾個人聽完保羅所傳的道，就歸信了耶穌基督，包括了亞略·巴古的議員、一位名為戴馬里的婦人和其他數人。之後保羅就離開了雅典，前往了附近的哥林多城。

〈使徒行傳〉18章1～22節

保羅在哥林多領許多人信主

公正而賢明的亞該亞省總督迦流，不願受理猶太人對保羅提出的誣告。

哥林多與
雅典呈現
強烈對比

　　保羅來到了哥林多。哥林多也和雅典一樣是座大都會，但和雅典的氛圍卻是截然不同。

　　雅典設有大學，是學術的重鎮，由於城中住著許多教授和學生，因此雅典人對於知識、智慧、藝術特別關心，並祭祀著賦予這三種才能的希臘女神雅典娜。

　　此外，學者們時常齊聚一堂侃侃而談，不斷進行各種辯論，或交換新的話題，並彼此評論，如此消磨一天的時間。

　　相較之下，哥林多則是屬於商業地區，是一座商人之城。商人們成天汲汲營營，滿腦子想著如何賺取更多的利益。祭祀的神明，也是能賜予愛與美、幸運與快樂、以及保佑生意興隆的希臘女神阿芙羅黛蒂。只要是商業地區，不論何處都會伴隨著許多不法勾當與色情交易的行為，帶來了混亂與異樣的活力，這種現象古今中外皆然。

　　若以日本為例，則可看成是學術重鎮的京都和商業之都大阪；或者把東京大學所在地的本鄉當做是雅典城，位於工商業住宅區的御徒町、上野、淺草等看成是哥林多城，或許更容易理解。

　　站在基督教宣教的立場上，或許會覺得在探究學問的學者城雅典傳教，更遠勝於被商人所污染的城市哥林多，然而事實卻恰好相反。因為福音並不是學問研究的對象，而是來自個人信仰體驗的實證結果。

　　在學術上想要窮究一切的學者和研究者，反而無法接受超越了自己腦中思考極限的事物；而上帝的大智大能，卻是學者窮盡一生的努力也無法理解的。

MEMO

347

希臘神話的女神阿芙羅黛蒂是愛與美的女神，相當於羅馬神話中的女神維納斯。英文當中形容「激發情欲的」以及代表「春藥」意思的辭彙「aphrodisiac」，即是由「阿芙羅黛蒂」（Aphrodite）一字衍伸而來。

保羅身兼
帳棚工匠
和宣教士
雙重身分

　　保羅在偶然間遇到了一對猶太人夫婦（丈夫亞居拉和妻子百基拉），他們因為羅馬皇帝革老丟在公元四九年頒布的敕令（下令所有猶太人離開羅馬），而從羅馬來到了哥林多。

　　他們和保羅同樣都是以製造帳棚為業，於是保羅便和他們住在一起並一起工作。保羅一週有六天從事製造帳棚的工作，安息日時就到會堂講道，如此過著規律的生活。

　　他如此長期推動福音工作總算有了成果，許多人都歸信了主耶穌基督。此外，保羅工作上的同事亞居拉和百基拉，也成為了熱心而虔誠的耶穌信徒。

　　有一天，西拉和提摩太從馬其頓省的腓立比帶著禮物和資金前來激勵保羅，因此在短期內，保羅得以衣食無虞地專注在福音宣傳的工作即可。

保羅信賴
羅馬政府

　　猶太人依舊不斷阻撓和迫害保羅的傳教活動。但是每次保羅都藉著向神禱告，順利地從宗教迫害的魔爪中逃脫。

　　希臘亞該亞省的總督迦流在位期間（公元五一～五二年），保羅面臨了重大的危機。一群猶太人向人們指稱保羅蔑視摩西律法，把他帶上法庭企圖誣告他。

　　然而，總督迦流是個公正而賢明的人。他認為保羅不論在政治上或刑法上，皆不構成犯罪的條件，因此不願受理猶太人對保羅提出的告訴。

　　被同胞控訴的保羅，得到了外邦人羅馬政府官僚的協助，因而自此他開始信任羅馬政府。八年後，保羅終於利用他擁有的羅馬公民權身分向皇帝上訴，如願實現前往羅馬的夢想。

　　保羅在哥林多待了一年六個月，使許多人悔改歸主。接著他從小亞細亞的首都以弗所搭船前往地中海沿岸的港都該撒利亞，南下拜訪耶路撒冷教會，然後就返回了敘利亞的安提阿。

〈使徒行傳〉18章24節～19章10節
亞波羅加入第三次傳道之旅

在以弗所信仰施洗約翰的信徒中，有十二人接受了耶穌的福音成為基督徒。

亞波羅拜
訪亞居拉
夫婦

　　在敘利亞的安提阿待了半年的保羅，再度啟程展開了他第三次的傳道之旅（公元五三～五七年）

　　此次旅行的目的，是前往小亞細亞的首都以弗所傳道，希望能讓福音由以弗所為發端，在小亞細亞一帶落地生根。這次的同行者提摩太和路加。

　　保羅和第二次傳道之旅時一樣，從安提阿進入小亞細亞，一邊造訪從前建立的教會，勉勵信徒堅定信心，一邊進行旅程。

　　另一方面，亞居拉夫婦則在以弗所期待著保羅的到來。這對夫妻在希臘的哥林多城與保羅相遇，並一同從事製造帳棚的工作，當時就已經成為基督徒了。

　　這對夫婦之後和保羅一同來到了以弗所，然後就這樣住了下來，做好要協助保羅傳道的準備。

　　就在夫婦倆等待著保羅到來的某一天，有一位名叫亞波羅的年輕猶太人來到了以弗所，他出身於埃及的亞歷山太，是個聖經學者。

　　他擁有堅定的信仰，在會堂裡教導猶太人有關耶穌就是彌賽亞的事蹟。

　　然而，亞居拉夫婦感覺到這名青年只知道藉由施洗約翰來認罪悔改的信仰。

　　悔改是邁向救贖之路的第一步，然而只有這樣救贖還不算完成。耶穌的信仰是藉由悔改使靈的空間被神的愛（聖靈）所充滿，如此救贖才算完成。於是，亞居拉夫婦便將這名青年邀請到自己的住家來，為他更清楚地講解有關耶穌的信仰。亞波羅誠懇地接受他們的教導，成為了基督徒。

MEMO

希臘的哥林多以商業興盛和道德腐敗聞名。然而，保羅使這裡成為信仰堅定的信徒聚集之地，創造了「神的教會在哥林多」的美名。

亞波羅曾在亞歷山太大學修習聖經和哲學，卻必須受到身為帳棚工匠的亞居拉夫婦教導他正確的信仰。

縱使如此，擁有學識的亞波羅卻能虛心接受亞居拉夫婦的指教，可說是個謙虛的好青年。

以弗所教會將一直想前往希臘傳道的亞波羅推薦給了哥林多教會，此後，他便在希臘以絕佳的口才活躍於當地。

亞波羅前往哥林多後，保羅隨即到達了以弗所。他遇到了一些信仰施洗約翰的信徒們，便向他們講解真正的信仰，向他們傳耶穌的道。結果，他們都歸信耶穌並被聖靈充滿，成為了基督徒。

這樣的信徒多達十二人，由此可知施洗約翰的信仰不僅限於加利利地區，也遍及了亞西亞省。

其後，保羅連續三個月每逢安息日，都在會堂向猶太人及希臘人傳福音。

可是，有一部分的猶太人毀謗並怒罵保羅，反對他所傳的道，阻撓他前往會堂，保羅就把信徒帶往醫師推喇奴的家中，繼續積極地傳耶穌的道。

就這樣過了兩年，福音傳遍了小亞細亞全境，主的道大大地興旺了起來。

亞得里亞海

羅馬
三館
部丟利

利基翁
敘拉古

西西里島

馬爾他島

地中海

第三次傳道旅行的路線

黑海

馬其頓

腓立比　尼亞波利

暗非波里

帖撒羅尼迦

比里亞　亞波羅尼亞　特羅亞

亞該亞　米推利尼　亞朔

以弗所　安提阿　以哥念　特庇

米利都　　路司得　大數

哥林多　雅典　　　安提阿
（出發點）

革尼土

海拉

羅德斯島　帕大拉

西頓

非尼基　佳澳

克里特島　　推羅

多利買

該撒利亞

耶路撒冷

第三次傳道之旅（公元五三～五七年）成員有保羅、提摩太、路加

〈使徒行傳〉19章23節～21章15節
基督教傳播到小亞細亞

看重自己的利益勝於神的榮耀的人們有如暴徒一般，使得保羅為了躲避迫害而離開了以弗所。

憎恨傳道的人們引發大暴動

在以弗所的宣教非常成功，於是保羅心想下一步應該就可以前往羅馬傳福音了。然而就在這個時候，由於福音遍傳而大受打擊的人們，因憎恨保羅和他的弟子，而在以弗所引起了大暴動。

受到福音傳播影響而受到打擊的人們，主要是靠著亞底米（帶來豐收的女神）神殿所帶來觀光產業維生。其中有一位叫做低米丟的銀匠，召集同業的工匠發表了以下的演說。

「我們都是靠著製造亞底米女神的銀像來做生意賺錢的。但是，保羅說人手所造的都不是神。都是因為這個緣故，害得我們生意減少，而且亞底米女神的神殿也變得不被人們重視了。」

底米丟的立場是將自己職業的危機視為優先，亞底米女神失去人們崇敬的事則為其次，自己的利益更遠重要於神的榮耀。

宗教的優先順位被排在後面，不管在何處或任何時代，這一點似乎都是一樣的。

同業的工匠聽了低米丟具煽動性的演說，頓時群情激憤地大聲呼喊：「以弗所人的亞底米女神萬歲！」而引起了暴動，全城陷入一片混亂。

變得有如暴徒的人們攻擊保羅和他的門徒，以弗所的官員連忙趕來安撫群眾：「保羅並沒有玷辱神殿，也沒有侮辱女神，如果有冤屈的話，可以上法庭控告，依法解決。」這場暴動總算平息下來。

保羅前往
該撒利亞
拜訪傳道
人腓利

　　保羅逃也似地離開了以弗所，來到馬其頓省的哥林多住了三個月。

　　他在這裡寫下了著名的〈羅馬書〉，內容闡述了基督教神學的精髓。

　　然後，保羅一行人從哥林多出發，經過特羅亞、米利都，再從帕大拉港乘船在地中海沿岸的推羅登陸。如果從推羅往北走，就可以返回安提阿教會，但保羅則是選擇往南走。

　　他們從推羅南下經過了多利買，然後抵達該撒利亞。

　　保羅一行人來到這裡，目的是要拜訪腓利，他從前在耶路撒冷教會裡與司提反同為七位執事之一。

　　腓利過去因為保羅對於基督徒激烈的迫害，而逃出了耶路撒冷，陸續在撒瑪利亞、迦薩、亞鎖都等地熱心地傳道，最後選在該撒利亞落腳，指導他的弟子們。

保羅不顧
眾人反對
前往耶路
撒冷

　　腓利讓從前的迫害者保羅在自己家中住了幾個晚上，和他一起用餐，愉悅地款待他。藉著歸信耶穌，從前的敵人變成了今日的好友。

　　雖然腓利的妻子去世了，但腓利仍然一手撫養四個女兒長大。他的四個女兒都被聖靈充滿，並協助獨身的父親從事傳教的工作。

　　另一方面，所有的人都規勸保羅不要去耶路撒冷，在那裡可能會有生命危險，希望他能待在該撒利亞。但保羅並沒有接受友人的勸告，一行人還是朝著耶路撒冷出發了。

　　就這樣，福音傳遍了以以弗所為中心的小亞細亞，為第三次傳道之旅劃下了完美的句點。

耶路撒冷教會也厭惡保羅

保羅一行人將禮物和大筆獻金交給耶路撒冷教會，但教會卻連一句慰問的話都沒有。

耶路撒冷教會不承認保羅等人的功勞

保羅一行人抵達耶路撒冷之後，只有少數派的希臘化猶太人（說希臘語的猶太人）信眾接待他們，多數派的希伯來人（此指生長在當地的猶太人）信眾則是冷漠相待。

保羅一行人並沒有受到耶路撒冷教會全體的歡迎。

隔天，保羅等人前往拜訪耶路撒冷教會最高領袖雅各（耶穌的兄弟）的家。他們將前往海外宣教使許多人歸信主耶穌的情形，向雅各及長老們彙報，並且把從海外教會帶回來的禮物和鉅額的獻金交給他們。

雅各聽完他的彙報之後就讚美上帝，不過連一句慰問辛勞的話都沒對保羅等人說。

這是很異常的情況。將榮耀歸給上帝是基本而正確的態度，這麼做能夠展現當事者的謙卑，因此不將成果誇耀為自己的功勞，也是一種美德，上帝對於如此謙虛的人也會給予褒獎才對。但是身為第三者的他人，理應要認同當事者的辛勞。保羅和雅各等人的情況正是如此。

保羅一行人因為耶路撒冷教會的財務拮据，才會將海外教會的禮物和鉅額的獻金捐贈給他們。耶路撒冷教會的領袖們，應該向保羅一行人表示感謝的心意，這是做人最基本的道理。

保羅接受雅各的建言

然而，耶路撒冷教會的最高領袖及其伙伴，不但沒有感謝，甚至還批判保羅的作為。

因為他們聽說保羅向住在外國的猶太人傳道時，教導他們不要為孩子施行割禮，也不要遵守摩西的律法。雖然這是沒有事實根據的傳聞，但卻成為他們非難保羅的原因。

耶穌的弟弟雅各要求保羅證明給周圍的猶太人看，他的確

MEMO

「百夫長」是指麾下有一百名羅馬士兵的指揮隊長。而千夫長則是負責統馭駐紮在耶路撒冷的羅馬軍守衛隊的隊長，隸屬於住在該撒利亞的總督腓力斯的管轄下。

以身作則遵從著律法。

具體來說，就是要保羅和四名準備前往祈願的人一起到聖殿上獻祭，並且和他們一起行潔淨禮。

保羅心裡很明白，這樣的做法只是為了平息耶路撒冷教會內部的混亂，實際上並沒有什麼意義，既浪費時間又浪費精力。但是為了防止紛爭，他只好接受了雅各的提議。

保羅差點被群眾殺死

然而，保羅的努力到頭來還是沒有作用，某天當他進入聖殿時，就發生了暴動。

一個以弗所出身的猶太人見到保羅進入聖殿，就煽動群眾並大聲喊叫：「這個人在各地到處教導百姓違逆摩西律法，現在他甚至把身為外邦人的希臘人也帶進了聖殿，玷污了這個神聖的地方！」

就這樣引發了一場大暴動，群眾抓住保羅，把他拉出了聖殿外。

正當他們要殺害保羅的時候，羅馬軍隊的千夫長呂西亞接到了耶路撒冷全城陷入混亂的消息，立刻帶領百夫長以及兩百名以上的士兵趕到現場，群眾看見羅馬士兵來了，才停止毆打保羅。

千夫長以為保羅就是之前帶領四千名暴徒逃往埃及的那個人，於是下令用兩條鐵鍊將他綑綁，然後審問他。

保羅用希臘語告訴千夫長，自己不是那個逃亡的暴徒，並請求千夫長允許他直接對猶太群眾說幾句話，然後他就以希伯來語開始對民眾講話。

保羅在該撒利亞被囚禁了兩年

在傳道活動中長達兩年的監禁生活，給予保羅回顧過去展望未來的機會。

百夫長撤回鞭打保羅的決定

保羅的談話內容主要有三點。

第一點，自己生來就是猶太人；第二點，自己並沒有破壞摩西律法；第三點，他成為宣教士並不是由自己起的念頭，而是從死裡復活的拿撒勒人耶穌呼召他前往向外邦人傳道。

群眾聽完保羅的話更加忿怒瘋狂，紛紛一湧而上想要將他殺害。

就在千鈞一髮之際，羅馬軍隊的士兵趕緊把保羅帶進了營房內保護他，

千夫長感到很不安，因為他聽不懂保羅用希伯來語所說的內容。於是他吩咐手下對保羅施以鞭刑，問出真相。

當士兵用繩子把保羅綁起來的時候，保羅以沉穩的語氣說道：「你們鞭打一個還沒有定罪的羅馬公民，這樣合法嗎？」由於法律規定羅馬公民若未經判決就不得施以鞭刑，因此若保羅被鞭打的話，就表示公僕自己本身做了違法的行為。

百夫長聽他這麼說，就向上司千夫長報告此事。

千夫長聽說了保羅是羅馬公民有些驚訝，他必須向保羅本人確認這件事。於是，他對保羅說：「我的公民權是花大錢買來的。」結果保羅回答他：「我生來就是羅馬公民。」千夫長就立刻解開了保羅身上的繩子。

千夫長將保羅護送至該撒利亞

有四十個猶太人計畫要殺害保羅的消息，傳到了千夫長呂西亞的耳裡。

無罪的羅馬公民絕不能讓他被無辜地殺害。因此千夫長呂西亞派了總計三百名士兵嚴密看守保羅，並且寫了一封信給總督腓力斯（公元五二～五九年在位），從耶路撒冷送往位於西

MEMO

吃了美味的食物、獲得獎賞、中了馬票或彩券、達成業績、加薪或晉升等等，在上述的時刻裡，人們會感到高興喜悅。換言之，人會隨著環境的優勢而感到喜悅。然而，聖經中所闡述的「喜樂」，是從人與神建立關係當中所

北方一百公里處的該撒利亞。

信中的內容寫著：「這個人沒有犯下什麼應該判死刑或囚禁起來的罪，可是耶路撒冷的那些猶太人卻要殺害他的性命，所以我將他押送到你那裡，如果有人對他提出控訴，則請總督自行審理。」

在該撒利亞過了兩年監禁生活

於是，士兵們連夜將保羅護送到該撒利亞，他在這裡被迫囚禁了兩年。

總督腓力斯原本可以馬上釋放保羅，但他並沒有這麼做。腓力斯為奴隸出身，後來才出人頭地一直升到總督。自卑心作祟的他，知道保羅與有錢人是熟識，而且曾經從海外教會帶回來許多援助資金，因此盤算保羅會為了要求釋放而以金錢向他行賄。

可是，他的期待卻落空了。

在宣教活動正如火如荼展開的時候，卻被迫中止兩年的保羅，在這段期間當中一邊回顧過去，並一邊思考著著將來的計畫。

此外，總督腓力斯給予保羅某種程度的寬待，因此傳道者腓利和他的四個女兒可以前往探望他、勉勵他，也可以帶食物給他。

就這樣，保羅在該撒利亞過了兩年的囚禁生活（公元五七～五九年）。

得到的喜樂，因此即使身處於逆境或痛苦之中，人依然可以獲得喜樂。保羅就是最好的例證。當他身陷牢獄時，仍舊寫信勉勵腓立比人：「你們要靠主喜樂。」

第四次傳道之旅至羅馬帝國

船隻朝非尼基港出航沒多久，就如保羅先前所說的受到暴風襲擊而遭遇船難。

保羅前往
向羅馬皇
帝上訴

被囚禁之後過了兩年的歲月，總督從腓力斯換成了波求‧非斯都（公元五九～六〇年在位）。

非斯都才就任第三天，大祭司亞拿尼亞和猶太人就看準這是殺害保羅的機會，於是出發前往該撒利亞，向新任總督控告保羅犯了重罪。然而雖然總督開庭審判了，但他們就是提不出任何證據。

另一方面，保羅也表明了無論是對於猶太人的律法、聖殿、或是羅馬帝國，自己都從來不曾冒犯過。若依照原本的判決，保羅應該確定無罪才對，但是才剛新上任的總督，並不想要和猶太人的領袖作對。

因此，總督徵詢保羅的意思，問他是否同意按照大祭司的要求，回到耶路撒冷重新審判。

如果保羅同意在耶路撒冷審判，會有怎麼樣的後果，他心裡相當清楚。他有可能會在半途被暗

亞得里亞海

羅馬
三館
部丟利

利基翁

敘拉古

西西里島

馬爾他島

地中海

殺，或是在法院被判死刑。

保羅根本不怕死，甚至，他認為為耶穌而死是相當光榮的。然而，他現在還沒有理由就這樣白白送死。對保羅來說，無論如何都要將福音傳到羅馬帝國首都羅馬，這是他一直以來的夢想。因此，保羅決定要向羅馬皇帝提出上訴，這是羅馬公

第四次傳道之旅的路線

黑海

馬其頓

腓立比　尼亞波利
暗非波里
帖撒羅尼迦
比里亞　亞波羅尼亞　特羅亞
亞該亞　米推利尼　亞朔
以弗所　以哥念　特庇
安提阿　大數
米利都　路司得　安提阿
哥林多　雅典
革尼土
每拉
羅德斯島　帕大拉
西頓
非尼基　克里特島　推羅
佳澳　多利買
該撒利亞（出發點）
耶路撒冷

第四次傳道之旅（公元六〇～六一年），
成員有保羅、路加、提摩太、亞里達古

民權所擁有的特權。於是，總督非斯都便下令護送保羅前往羅馬。

就這樣，保羅以被告的身分利用羅馬公民權，終於逮到了機會前往夢寐以求的羅馬。

所有船難者都平安上岸

總督任命百夫長猶流負責將保羅及一干囚犯護送到羅馬。這次旅行的同行者還有路加、提摩太以及帖撒羅尼迦的信徒亞里達古三人。公元六〇年，保羅終於朝向他期待已久的羅馬帝國出發！他們搭乘的船隻從該撒利亞出航，隔天在西頓入港。猶流對保羅非常親切，准許他前往探視友人並接受招待。

之後，船隻再度從西頓啟航，然後在每拉入港。他們在這裡換乘了另一艘開往義大利的船，船上乘客總計有兩百七十六人。經過數日的航行，船隻通過了小亞細亞的革尼土旁的海面，沿著克里特島的岸邊航行，幾經波折，終於到達位於島中央名為佳澳的海港。這時候已經是十月下旬，由於冬季即將來臨，海上將會颳起猛烈的狂風，恐怕無法再繼續航行下去。

保羅警告猶流，如果強行開船的話，不僅貨物和船會嚴重受損，連大家的性命也會有危險。但是，船長和水手們都認為應該要將船開到島上西方八十公里處的非尼基港，在那裡會比較好過冬。於是，猶流沒有聽進保羅的警告，而採信了船長和水手們的經驗，決定開船駛向非尼基港。

然而，航行途中海上的風向改變，甚至吹起了狂風掀起大浪，使得船身嚴重破損。之後他們在海上漂流了十四天，終於擱淺在暗礁上無法動彈，又因為激烈的海浪拍打過來，船身完全被沖毀。

因此，諳水性的人就先跳進海裡游上岸，其餘的人則抓著船板或船上的雜物，所有的人都平安上了岸。

〈使徒行傳〉28章1～31節

保羅來到期待已久的羅馬

出身自貧窮村落拿撒勒的耶穌所傳的道，透過神所揀選的保羅大力宣揚，終於傳到了羅馬帝國的首都。

保羅在馬爾他島上治好島民的病

　　從殘破的船上逃命的保羅一行人，來到了位於地中海中央一座名為馬爾他的小島上。

　　此時已接近十一月下旬，親切的島民協助這些遇難的人們，提供他們食物、暖爐和居住的地方。

　　在一個下著雨的寒冷日子，保羅拾起一捆柴放在火堆上，或許是熱氣的緣故，有一條蛇爬了出來，冷不防咬住保羅的手，並且纏繞在他的手臂上。

　　見到這個情況的島民，就彼此說：「這個人一定是個殺人兇手，雖然他從海中逃到了這裡，但正義的女神不容他活著。」

　　然而，保羅竟面不改色地將蛇甩開，扔到火裡去。他非但沒有被蛇咬死，手臂也沒有腫起來，完全沒有任何傷口。

　　於是，島上的人這次又開始把保羅當做神來崇拜。人們的評價急遽轉變，是世間常有的事。

　　島上的長官部百流也招待了這些難民，盛情款待他們三天。恰好此時部百流的父親罹患了熱病和痢疾躺臥在床上，保羅便前往探視，然後將手按在部百流父親的頭上，他的病就治好了。

　　於是，島上其他的病人都來找保羅，請求他為他們醫治。

　　保羅一行人備受島民的尊敬，當他們要再度出航的時候，島民甚至提供了他們所有需要的物資。

決志七年後保羅進入羅馬

　　在馬爾他島登陸三個月後，冬天終於結束了。

　　之後，保羅一行人便搭乘一艘在這座島上過冬、從亞歷山太來的船，一同離開了島上。

　　這艘船隻北上來到西西里島的港口敘拉古停泊三天，又繞行到義大利半島西南方，停靠在利基翁，最後在拿坡里旁的城

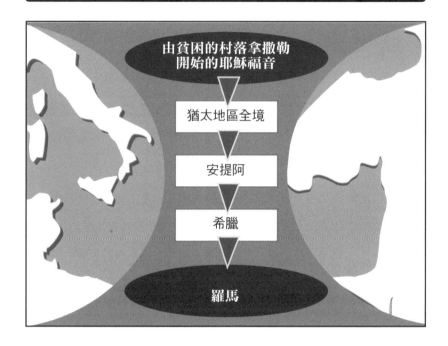

基督教的傳播

由貧困的村落拿撒勒
開始的耶穌福音

猶太地區全境

安提阿

希臘

羅馬

市部丟利入港，結束了這次的航程。

從拿坡里沿陸路往西北方前進兩百四十公里，就會抵達目的地——帝國的首都羅馬。

不過，保羅一行人並沒有立即出發，他們在部丟利與當地的信徒會面，逗留了一個星期。保羅受到了百夫長給予不同於其他普通囚犯的特別待遇。

一聽到「大使徒保羅來了」的消息，部丟利的信徒立即將消息傳給了羅馬的信徒，他們便從羅馬出發先行前往途中的三館，準備迎接保羅一行人的到來。

就這樣，他們與被綑綁著的大使徒保羅有了初次的會面。

保羅一行人徒步抵達了帝國的首都羅馬。這是公元六一年的事。從宣教至全世界的考量上，保羅下定決定無論如何都必須親自走訪羅馬一趟，而從他決志算起，已經過了七年。

保羅在羅馬雖然有衛兵看守著，但是被允許可以單獨住在一間大房子裡。保羅並沒有犯罪，所以這樣的安排相當合理。

不過，保羅確實是被鎖鍊綁著來到了羅馬，若要避免產生誤解，他應該對那些住在羅馬的非基督徒猶太人，解釋他為何會被當成囚犯對待的緣由。當然，保羅也選擇這麼做了。

保羅在羅馬傳耶穌的福音長達兩年

抵達羅馬的三天後，保羅召集了當地重要的猶太人，對他們進行了以下四點的談話。

①他自己從不曾違反猶太人的宗教和傳統。

②也不曾違反過羅馬帝國的法律。

③在耶路撒冷和該撒利亞，羅馬人想要無罪釋放無辜的自己，但因為猶太人想要殺害他，因此他決定上訴羅馬皇帝。

④自己被鎖綁住，是為了要前來宣揚猶太人長年以來的期盼已經成真，也就是彌賽亞的到來和神國的降臨。

猶太人於是提出要求，希望能夠直接聽聽保羅說明有關耶穌信仰的問題。

因此，保羅便同時引用了摩西五經和先知書，說明猶太人長年盼望的彌賽亞就是耶穌。

有些人相信了保羅所說的話，其他的人則是不願意相信。

於是，保羅又引用了舊約時代的先知以賽亞的話，陳述猶太人起初聽福音，卻不願意接受，只好將福音傳給外邦人的事實。

就這樣保羅待在羅馬的兩年期間，毫無任何妨礙地在自費租來的房子裡，對來訪的人們傳揚主耶穌基督的福音。

耶穌的道從貧困的村落拿撒勒開始，藉由主耶穌基督直接召命的使徒保羅不斷大力地推廣，終於傳到了帝國的首都羅馬。

至此為止所發生的事情，都記載在《新約聖經》的福音書和〈使徒行傳〉裡。

罪人要如何才能獲得拯救？

透過信仰耶穌得到上帝的救恩

在這裡要來探究，猶太人究竟犯了什麼罪。

猶太人因遵守律法而覺得心安理得，認為自己知道神的心意以及一切成就之事而自傲。然而他們教訓別人，自己卻沒有力行實踐。

因為如此，保羅甚至說：「應被尊崇的上帝的名，因為猶太人的緣故，而受到外邦人的輕蔑。」

保羅說的是實話，可是卻因此遭到猶太人的忌恨，有好幾次都差點被殺害。

此外，與律法並列為猶太人最重視的傳統之一的，還有另一項割禮儀式。割禮是上帝與猶太人的先祖亞伯拉罕締結契約時所制定，為猶太人確立身為契約之民的立約表徵。

然而，遵守律法卻不服從神的旨意，割禮本身就失去了他的意義。

因為這個緣故，保羅連猶太人極為重視的割禮也都粉碎摒除了。因為，保羅主張所有的人（包括外邦人和猶太人）都是罪人。

此外，保羅也主張要透過信仰耶穌基督，才能得到上帝的救恩。

也就是說，為了贖人類的罪，上帝將他唯一的兒子耶穌釘在十字架上，並讓他從死裡復活。

而唯有相信耶穌為上帝所派遣來的救世主，才能被上帝視為義人而獲得拯救。救恩分成三個階段，意即：

①因信稱義；

②分別為聖；

③領受榮光。

MEMO

所謂「靈魂」，指的既是生命，也是人格。日文的新改譯本聖經譯做「生命」，新共同譯本譯做「命」，另外在新欽定版聖經（New King James

由違逆上帝的子民成為順服的子民

救恩的第一階段「因信稱義」，指的並不是成為優秀的社會模範，也不是成為受人尊敬的人，更不是成為有錢人，或是出人頭地。

因信稱義，是指人要和上帝保有正確合宜的關係。

意即，過去雖然違逆上帝，但今後卻能成為順服神的子民。

在浪子回頭的故事裡，小兒子在異鄉把身上所有的錢都揮霍殆盡，而淪落到像乞丐一樣，但最後卻願意悔改而回到家中，乞求父親的原諒。小兒子決心悔改，不再叛逆父親，於是父親相當高興地接納這個孩子並疼愛他。這就是「因信稱義」。

明明是不肖的兒子，但因為父親的愛，而仍然稱許他是個好孩子。

但如果兒子原本就行為良好，父親便接納且稱許他是對的，這就不是「因信稱義」了。為什麼呢？這是由於如果因行為良好而受到父親的稱許，表示這是努力後所得來的代價。

就好比上班族領到公司發的薪水，這不是出於恩惠和愛，而是工作所應得的報償，是公司應盡支付薪水的義務。無條件地接納不肖的兒子，這才是出於恩典，出於愛。

藉由信仰，人們得以無條件蒙神赦罪得到救恩。也因為如此，任何人都不能以此為自豪或誇口。

然而，只到「因信稱義」的階段，如此救恩還不算完成，只能算是踏出邁向救恩的第一步。

除去罪的殘骸是救恩的第二階段

救恩的第二階段是「分別為聖」。

停止違逆神的行為，與神有了正確合宜的關係之後，人的靈魂便開始恢復

Version）以及新國際版研讀本聖經（New International Version）裡則譯做「Soul」。

到正常狀態。然而，在停止違逆神的階段，救恩並沒有就此完全達成。為什麼呢？因為人就算悔改而停止犯罪，身上依舊留有罪的殘骸。因此，必須要將這些殘骸處理掉。

這就像人感染了流行性感冒而發燒躺在床上，因免疫力的發揮而擊敗了病毒之後的身體狀況。由於身體尚未完全恢復健康，因此還無法立即精神抖擻地去工作。

換個方式來說，第一階段的「因信稱義」是讓人的靈魂停止犯罪，將罪惡除去；第二的階段的「分別為聖」，就是將聖靈注入人的靈魂裡，如此一來，人的靈魂才會回復到無罪的狀態。

透過耶穌再臨使上帝和人類和好完成救贖

救恩的第三階段是「領受榮光」。

經由這個階段之後，救恩才會得以完全達成。聖經上記載著，在十字架上受難並從死裡復活的耶穌，終有一天會再降臨人世，但經上並沒有明確地指出何時會發生。如果有人很肯定地說耶穌某年某月會再臨，那就要特別小心，因為那人不是在吹牛就是欺騙世人。

聖經壓軸之卷〈啟示錄〉上明文記載，耶穌再臨的時候，信徒們將會與升天的耶穌在他復活的形體上合而為一。

聖經上沒有詳細說明何謂復活的形體，但可以確定的是，這裡指的並不是有形的肉體。於是，當耶穌基督再臨時，因亞當犯的罪而背離上帝的人類將獲得赦免，上帝與人類將再次和好。

這時候，罪自然也就被免了。〈啟示錄〉當中預言：「我又看見一個新天新地，因為先前的天地都過去了，海也再沒有了。」（啟21：1）

這就是萬物的復興。同時〈啟示錄〉當中也預言了，這復興的萬物都將完全交到信徒的手中。

MEMO

「邪教」（Cult）專指那些狂熱崇拜而異端，會對信徒進行洗腦的新興宗教。純正的信仰崇尚精神的自由，而不好的宗教或邪教，則會使信徒淪為精神的奴隸。

索引

369

西門（彼得）	シモン	Simon	229
西流基	セルキヤ	Seleucia	334, 335, 343
西面	シメオン	Simeon	215, 217
西頓	シドン	Sidon	49, 168, 330, 350, 359, 360
西緬	シメオン	Simeon	96, 97, 101, 132, 165
七劃			
〈何西阿書〉	ホセア書	The Book of Hosea	20
〈但以理書〉	ダニエル書	The Book of Daniel	20
〈利未記〉	レビ記	The Book of Leviticus	14, 20
〈希伯來書〉	ヘブル人への手紙	Epistle to the Hebrews	19, 21, 38
〈那鴻書〉	ナホム書	The Book of Nahum	20
《希伯來文聖經》	ヘブル語聖書	Hebrew Bible	209
住棚節	仮庵の祭り	the Feast of Tabernacles	15, 141
何列斯	ホレシュ	Horesh	155
何烈山	ホレブ山	Horeb	110, 111, 112, 119
何細亞	ホセア	Hoshea	195, 196
但	ダン	Dan	101, 132, 146, 165, 277
伯大尼	ベタニヤ	Bethany	250, 282
伯利恆	ベツレヘム	Bethlehem	49, 132, 138, 140, 150, 151, 152, 155, 157, 193, 206, 208, 209, 215, 218, 219, 220, 221
伯・珊	ベテ・シャン	Beth-shan	146, 159, 160
伯特利	ベテル	Bethel	57, 62, 87
伯賽大	ベツサイダ	Bethsaida	229, 230, 232
低米丟	デメテリオ	Demetrius	352
克里特島	クレテ；クレタ	Crete	152, 204, 335, 343, 350, 359, 360
別加	ペルガ	Perga	334, 335, 340, 343
別是巴	ベエル・シェバ	Beersheba	57, 84, 100, 111, 140
利比亞	リビア	Libya	204
利未	レビ	Levi	101, 107, 262
利未人	レビ人	Levite	262, 264
利百加	リベカ	Rebekah	79, 80, 81, 82, 83, 84, 85, 87
利亞	レア	Leah	82, 85, 86
利非訂	レフィディム	Rephidim	119
利基翁	レギオン	Rhegium	350, 359, 362
利遜	レゾン	Rezon	190, 191
努米底亞	ヌミディア	Numidia	204
吾珥	ウル	Ur	49, 55, 56, 57, 58, 59, 78
呂西亞	ルシヤ	Lysias	355, 356
呂底亞	ルデヤ	Lydia	344
吹角節	ラッパが吹き鳴らされる日	Fesat of Trumpets	15, 135, 136
含	ハム	Ham	48, 50, 51, 52
希未人	ヒビ人	Hivite	131, 136
希西家	ヒゼキヤ	Hezekiah	197, 198
希伯來人	ヘブル人	Hebrew	16, 92, 100, 101, 313, 314, 315, 337, 354
希伯崙	ヘブロン	Hebron	57, 79, 89, 105, 132, 155, 157, 161, 162, 164, 165, 166, 168, 174, 176, 177, 178, 193, 221
希律王（希律・安提帕）	ヘロデ・アンテパス	Herod Antipas	220, 222, 226, 228, 233, 293, 294, 295, 296, 299, 329, 331
希律・亞基帕	ヘロデ・アグリッパ1世	Herod Agrippa I	329, 330, 331, 332
希律・腓力二世	ヘロデ・ピリポ2世	Herod Philip II	226, 331

彼拉多	ピラト	Pilate	293, 294, 295, 296, 297, 298, 299, 300, 308, 329, 331
彼得	ペテロ	Petros, 英 Peter	19, 103, 228, 229, 230, 246, 247, 248, 249, 276, 278, 285, 288, 291, 292, 299, 301, 302, 304, 307, 310, 311, 312, 318, 324, 329, 330, 337, 339
所多瑪	ソドム	Sodom	62, 63, 68, 69, 70, 71, 132, 193
所羅巴伯	ゼルバベル	Zerubbabel	105, 199, 200
所羅門	ソロモン	Solomon	19, 50, 105, 168, 172, 174, 182, 183, 184, 185, 186, 187, 188, 189, 190, 191, 192, 194, 196, 197, 198, 199, 205, 216, 218
所羅門聖殿	ソロモン神殿	Solomon's Temple	79, 187, 199, 205, 218
拉末	ラモテ	Ramoth	165
拉班	ラバン	Laban	80, 84, 85, 86, 87
拉結	ラケル	Rachel	86, 87
拉瑪	ラマ	Ramah	146, 157
拉撒路	ラザロ	Lazarus	250, 282
抹大拉	マグダラ	Magdalene	232, 240, 246, 280, 298, 301, 302
拔示巴	バテ・シェバ	Bathsheba	169, 170, 172, 174, 178, 182, 183
押尼珥	アブネル	Abner	158, 162, 163, 164, 166
押沙龍	アブシャロム	Absalom	174, 175, 176, 177, 178, 179, 180, 181
昔蘭尼加	キレナイカ	Cyrenaica	204
昆蘭	キルベト・クムラン	Khirbet Qumran	19
東正教會	東方教会	Eastern Orthodox Church	206
武加大譯本	ウルガタ	Vulgata	44, 46
波阿斯	ボアズ	Boaz	139, 141, 142
波提乏	ポティファル	Potiphar	89, 90, 91
波斯	ペルシヤ	Persia	49, 200, 206
波斯帝國	ペルシヤ帝国	Persian Empire	26, 105, 199, 200, 202, 203
波斯灣	ペルシヤ湾	Persian Gulf	49, 57, 200
法老	パロ	Pharaoh	60, 89, 91, 92, 93, 99, 100, 106, 107, 109, 110, 112, 113, 114, 115, 117, 118, 189
法利賽人（派）	パリサイ派	Pharisees	208, 222, 223, 236, 237, 265, 266, 271, 273, 274, 279, 281, 313, 324, 325, 326, 327, 339
空雅	コンヤ	Konya	336
舍客勒	シェケル	shekel	81, 89
初熟節	初穂の祭り	Feast of First Fruits	127, 133
門諾教派	メノナイト	Mennonite	167
陀拉	トラ	Tola	134
阿列坡	アレポ	Aleppo	200
阿里斯托布魯斯二世	アリストブロス 2 世	Aristobulus II	204
阿芙羅黛蒂	アプロディーテ	Aphrodite	347
阿非利加	アフリカ	Africa	204
阿曼教派	アーミッシュ	Amish	167
阿博拿	アブロナ	Ebronah	119
阿媞亞	アティア	Atia	215
阿撒瀉勒	アザゼル	Azazel	316
非尼基	ピニクス	Phoenix	350, 359, 360
非利士	ペリシテ	Philistine	148, 149, 152, 153, 157, 159, 163, 167, 168, 189, 193
非利士人	ペリシテ人	Philistine	134, 146, 152, 153, 154, 155, 156, 159, 160, 161
非斯都	フェスト	Festus	331, 358, 360

374

九劃

〈俄巴底亞書〉	オバデヤ書	The Book of Obadiah	20

約阿施 （以色列王）	ヨアシュ	Joash	196
約阿施 （猶大王）	ヨアシュ	Joash	198
約哈斯 （以色列王）	エホアハズ	Jehoahaz	196
約哈斯 （猶大王）	エホアハズ	Jehoahaz	197, 198
約拿單 （掃羅王之子）	ヨナタン	Jonathan	146, 148, 154, 155, 160, 167
約拿單 （祭司之子）	ヨナタン	Jonathan	177, 181
約書亞	ヨシュア	Joshua	105, 126, 127, 128, 130, 131, 132, 133, 134, 135, 143, 213, 214
約雅斤	エホヤキン	Jehoiachin	197, 198
約雅敬	エホヤキム	Jehoiakim	197, 198
約瑟 （亞利馬太）	ヨセフ	Joseph	298, 299, 300, 302, 308
約瑟 （耶穌之父）	ヨセフ	Joseph	36, 208, 210, 212, 213, 214, 215, 216, 217, 218, 219, 220, 221, 242
約瑟 （雅各之子）	ヨセフ	Joseph	86, 87, 88, 89, 90, 91, 92, 93, 94, 96, 97, 98, 99, 101, 116, 238
約翰 （十二門徒）	ヨハネ	Iohannes, 英 John	19, 22, 229, 230, 247, 278, 285, 298, 301, 302, 304, 307, 312, 318, 324, 329
約翰 （施洗者）	（洗礼者） ヨハネ	John （the Baptist）	206, 207, 210, 211, 212, 215, 222, 223, 224, 225, 228, 230, 241, 276, 278, 294, 345, 349, 350
約翰·羅傑	ジョン・ロジャー	John Roger	45
約蘭 （以色列王）	ヨラム	Joram	196
約蘭 （猶大王）	ヨラム	Jehoram	198
美索不達米亞	メソポタミア	Mesopotamia	49, 128, 134, 136, 195
美國標準本聖經	アメリカン・スタンダード	American Standard	46
耶戶	エフー	Jehu	196
耶布斯人	エブス人	Jebusite	131
耶弗他	エフタ	Jephthah	134
耶西	エッサイ	Jesse	142, 150, 152
耶利米	エレミヤ	Jeremiah	16, 276
耶利哥	エリコ	Jericho	49, 119, 128, 130, 129, 131, 132, 140, 168, 262, 264
耶和華（亦稱為 「雅威」）	ヤハウエ	Yahweh	16, 17, 65, 77, 78, 102, 103, 110, 131, 142, 189, 213, 214, 262, 275, 297
耶和華以勒	アドナイ・イエル	Jehovah Jireh	78
耶哥尼雅	エコニヤ	Jeconiah	216
耶路撒冷	エルサレム	Jerusalem	26, 49, 79, 87, 105, 132, 133, 140, 141, 143, 157, 165, 167, 168, 169, 176, 177, 178, 181, 188, 189, 193, 197, 198, 199, 200, 201, 202, 203, 204, 214, 217, 218, 220, 221, 223, 227, 228, 233, 236, 238, 240, 250, 262, 264, 276, 279, 280, 281, 282, 291, 294, 300, 302, 304, 307, 308, 309, 311, 312, 313, 314, 315, 317, 318, 319, 320, 321, 323, 324, 325, 326, 327, 329, 330, 332, 335, 337, 340, 343, 348, 350, 353, 354, 355, 357, 358, 359, 363
耶賓	ヤビン	Jabin	134

耶穌	イエス	Jesus	16, 17, 18, 19, 22, 25, 36, 55, 71, 102, 103, 104, 131, 132, 133, 142, 164, 168, 195, 202, 203, 204, 206, 207, 208, 209, 210, 212, 213, 214, 215, 216, 217, 218, 220, 221, 222, 223, 224, 225, 227, 228, 229, 230, 231, 232, 233, 234, 236, 237, 238, 239, 240,
耶羅波安（一世）	ヤロブアム	Jeroboam	190, 191, 192, 194, 195, 196
耶羅波安（二世）	ヤロブアム	Jeroboam	196
茅利塔尼亞	マウレタニア	Mauretania	204
迦太基	カルタゴ	Carthage	204
迦百農	カペナウム	Capernaum	228, 232, 233, 240, 242, 243, 245, 277
迦南	カナン	Canaan	16, 24, 25, 49, 50, 55, 56, 57, 58, 59, 60, 61, 62, 64, 79, 83, 84, 89, 94, 96, 97, 100, 105, 106, 110, 117, 119, 124, 125, 126, 128, 129, 130, 131, 132, 133, 134, 138, 148, 152, 160, 186, 189, 204
迦南人	カナン人	Canaanite	50, 51, 79, 80, 126, 133, 136, 195
迦流	ガリオ	Gallio	347, 348
迦拿	カナ	Cana	229, 231, 233
迦特	ガテ	Gath	157, 159
迦勒	カレブ	Caleb	126
迦勒底	カルデヤ	Chaldees	55, 56
迦密	カルメル	Carmel	157, 158
迦密山	カルメル山	Mount Carmel	132, 168, 193
迦得	ガド	Gad	101, 132, 165
迦瑪列	ガマリエル	Gamaliel	313, 324, 325
迦薩	ガザ	Gaza	49, 140, 168, 319, 353
革尼土	クニド	Cnidus	350, 359, 360
革尼撒勒	ゲネサル	Gennesaret	232
革老丟	クラウディオ	Claudius	332, 348
原始湯	原始のスープ	prebiotic soup	30
哥拉汛	コラジン	Chorazin	232
哥林多	コリント	Corinth	204, 304, 307, 343, 346, 348, 349, 350, 353, 359
哥蘭	ゴラン	Golan	140, 165, 181
十劃			
〈馬太福音〉	マタイの福音書	The Gospel of Matthew	21
〈馬可福音〉	マルコの福音書	The Gospel of Mark	21, 340, 341
哪噠香膏	ナルドの香油	ointment of spikenard	282
夏甲	ハガル	Hagar	66, 67, 73, 74, 75, 76, 81
夏娃	エバ	Eve	24, 32, 33, 34, 35, 37, 40, 41
夏瑪希	シャマシュ	Shamash	80
拿弗他利	ナフタリ	Naphtali	101, 132, 165
拿但業	ナタナエル	Nathanael	229, 230
拿坡里	ナポリ	Napoli	362
拿俄米	ナオミ	Naomi	138, 139, 140, 141, 142
拿破崙	ナポレオン		54
拿單（大衛之子）	ナタン	Nathan	174
拿單（先知）	ナタン	Nathan	168, 171, 172, 173, 179, 182, 183
拿答	ナダブ	Nadab	196
拿撒勒	ナザレ	Nazareth	209, 210, 215, 220, 221, 228, 231, 232, 241, 242, 277, 361, 362, 363

國家圖書館出版品預行編目(CIP)資料

圖解聖經更新版 / 生田哲著；銀色快手譯. -- 修訂三版.
-- 臺北市：易博士文化, 城邦事業股份有限公司出版：英屬蓋曼群島商家庭
傳媒股份有限公司城邦分公司發行, 2024.05
面；　公分. -- (Knowledge BASE)
譯自：早わかり聖書
ISBN 978-986-480-376-7(平裝)
1.聖經
241　　　　　　　　　　　　　　　　　　　　　　　113005670

Knowledge BASE 122

圖解聖經【更新版】

| 原　著　書　名／早わかり聖書 |
| 原　出　版　社／日本実業出版社 |
| 作　　　　　者／生田哲 |
| 譯　　　　　者／銀色快手 |
| 選　　書　　人／蕭麗媛 |
| 責　任　編　輯／蔡曼利、涂逸凡、林荃瑋 |
| 總　　編　　輯／蕭麗媛 |

發　　行　　人／何飛鵬
出　　　　　版／易博士文化
　　　　　　　　城邦文化事業股份有限公司
　　　　　　　　台北市南港區昆陽街16號4樓
　　　　　　　　電話：(02) 2500-7008　傳真：(02) 2502-7676
　　　　　　　　E-mail：ct_easybooks@hmg.com.tw
發　　　　　行／英屬蓋曼群島商家庭傳媒股份有限公司城邦分公司
　　　　　　　　台北市南港區昆陽街16號5樓
　　　　　　　　書虫客服服務專線：(02) 2500-7718、2500-7719
　　　　　　　　服務時間：週一至週五上午09:30-12:00；下午13:30-17:00
　　　　　　　　24小時傳真服務：(02) 2500-1990、2500-1991
　　　　　　　　讀者服務信箱：service@readingclub.com.tw
　　　　　　　　劃撥帳號：19863813
　　　　　　　　戶名：書虫股份有限公司
香 港 發 行 所／城邦（香港）出版集團有限公司
　　　　　　　　香港九龍土瓜灣土瓜灣道86號順聯工業大廈6樓A室
　　　　　　　　電話：(852) 2508-6231　傳真：(852) 2578-9337
　　　　　　　　E-mail：hkcite@biznetvigator.com
馬 新 發 行 所／城邦（馬新）出版集團【Cite (M) Sdn Bhd】
　　　　　　　　41, Jalan Radin Anum, Bandar Baru Sri Petaling,
　　　　　　　　57000 Kuala Lumpur, Malaysia
　　　　　　　　電話：(603) 9057-8822　傳真：(603) 9057-6622
視　覺　總　監／陳栩椿
美　術　編　輯／劉怡君
封　面　構　成／陳姿秀
製　版　印　刷／卡樂彩色製版印刷有限公司

HAYAWAKARI SEISYO ©SATOSHI IKUTA 2000
Originally published in Japan in 2000 by NIPPON JITSUGYO PUBLISHING CO. , LTD. .
Traditional Chinese translation rights arranged with NIPPON JITSUGYO PUBLISHING CO. , LTD. through
AMANN CO. , LTD.

■ 2008年03月01日初版
■ 2014年07月15日修訂一版
■ 2020年01月02日修訂二版
■ 2024年05月14日修訂三版
ISBN 978-986-480-376-7

定價450元　HK＄150

城邦讀書花園
www.cite.com.tw